우리 젊은이들의 예리한 시선과 목소리

비상구는 이쪽이다

박태준미래전략연구총서 10

우리 젊은이들의 예리한 시선과 목소리

비상구는 이쪽이다

아시아

'열린 사회' 내부의 '심각한 막힘'을 뚫기 위하여

김승환(포스텍 박태준미래전략연구소장·대학원장)

2018년 새봄에 포스텍 박태준미래전략연구소는 올해 집중할 주요 미래전략 연구로서 20세기말에 들이닥쳤던 외환위기사태(IMF사태) 이래로 거의 이십 년에 걸쳐 마치 사방이 막혀버린 것 같은 한국사회의 비상구를 모색하고 제시하는 과제를 기획하였다. 이미 우리의 귀에 익숙해질 대로 익숙해진 청년실업, 저성장 저출산과 고령화, 양극화, 사회 안전망, 젠더갈등, 세대갈등, 이념갈등, 정치개혁 등 중대 현안들은 밝은 미래로 나아갈 앞길을 가로막은 장벽이라 하지 않을 수 없다. 물론 휴전의 분단체제를 상징하는 철조망과 지뢰는 가장 강고한 장벽이지만 때마침 화해와 평화의 새로운 기운이 감돌기 시작한 데다 민족사를 좌우할 거대 과제여서 별개의 독립연구 대상으로 삼아야 할 것이다.

장벽들이 가로놓인 현실과 상황을 박태준미래전략연구소는 '막힌 사회'라 부르기로 했다. 이는 20세기의 고전적 명저로 꼽히는 카를 포퍼(1902-1994)의 『열린 사회와 그 적들』에서 차용한 표현이다. 널리 알려진 대로, 이상(理想)과 계획이 개인의 판단과 비판을 압제하는 전체주의가 포퍼의 '닫힌 사회'라면, 개인이 이성적으로 판단하며 타인의 비판에 귀를 기울인다는 믿음에 근거하여 자유와 소통을 제도적으로 보장하는 사회가 그의 '열린 사회'다. 그러니까 우리는 한국사회의 여러 장벽들을 '닫힌 사회'로 나아가는 어떤 징후로 보는 것이 아니라 '열린 사회' 내부의 '심각한 막힘'으로 진단하는 것이다. 여기서 무엇보다 급선무는 '막힘'을 뚫고 바깥으로 나갈 수 있는 '비상구'를 확보하는 일이다.

그 '비상구'를 찾거나 만드는 연구기획을 우리는 『막힌 사회와 그 비상구들』로 명명했다. 미래전략연구로서 시리즈로 출간할 계획인 『막힌 사회와 그 비상구들』의 첫 결실은 한국 인문·사회·정치학계 중진 교수들의 에세이로 꾸려져 현재 출간 준비 상태에 있다. 우선 박태준미래전략연구소가 지난 5년에 걸쳐 공모했던 '대학(원)생 미래전략 에세이 대회'의 뛰어난 수상작 15편을 한데 모았다. 말 그대로 '한국사회를 고뇌하는 우리 젊은이들의 빛나는 시선과 신선한 목소리'를 생생히 담아낸 『비상구는 이쪽이다』는 『막힌 사회와 그 비상구들』의 전주(前奏) 또는 서장(序章)과 비슷한 성격이다. 이 책에 실린 에세이 15편은 '한국사회의 막힘'을 뚫어줄 수 있는 '비상구 15개'라 불러도 크게 손색이 없을 것이다.

포스코 창업회장이며 포스텍을 설립한 고(故) 박태준 선생은 탁월한 미래전략가였다. 포스코와 포스텍은 바로 그 실증 사례라 할 수 있다. 일찍이 선생은 북한의 원산이나 청진 어디쯤에 포스코의 신인도로 포항제철·광양제철 같은 제철소를 세워주고 초기 인력들은 인민군대에서 선발해 포항과 광양으로 불러 연수시키려는 포부를 천명했다. 아직은 비원으로 남은 그 뜻을 실현하려는 차원에서도 박태준미래전략연구소는 앞에서 밝힌 바와 같이 남북관계를 포함한 동북아의 '평화번영비전 연구'를 수행할 것이다. 또한 '제철보국'과 함께 주창했던 선생의 '교육보국'을 헤아려가며 우리 젊은이들의 목소리를 경청하고 전파할 수 있는 '교육적 노력'을 확장하기 위해 기존의 '대학(원)생 에세이 공모'를 비롯해 다양한 소통과 확산의 방안을 마련해 나갈 것이다.

한국 현대사도 증명하다시피 사회적 문제를 고뇌하는 젊은이들의 목소리에는 미래의 희망이 담겨 있다. 그들의 자유로운 주장과 비판을 보장하고 경청하며 소통하는 일은 '열린 사회' 내부의 '심각한 막힘'을 뚫어줄 '비상구'를 찾거나 만들 수 있는 귀중한 방안의 하나라는 믿음을 우리는 언제든 견지할 것이다.

2018년 11월

차례

2018년 수상작

젠더 갈등의 정점에 있는 이 시대, 남녀의 대화는 가능할까?
—인터뷰 및 미디어 콘텐츠 분석을 중심으로

백승연(서울여자대학교 언론영상학부), 이수현(서울여자대학교 언론영상학부)

1. 들어가는 글

늘 궁금했다. 이 시대의 남성과 여성, 여성과 남성이 커뮤니케이션할 수 있을까. 그리고 남성들은 왜 이토록 페미니즘에 거부감을 가지게 됐나. 그렇다면 과연 이 사회의 끝은 분리일까?

남녀갈등이 다양한 방식과 형태로 드러나고 있는 현재, 남녀의 커뮤니케이션은 어렵게만 보인다. 이런 상황에서 갈등 완화의 실마리를 찾아봤다. 본 에세이는 미디어, 사회, 사람을 통해 젠더 갈등을 바라본 치열한 고민의 흔적들이다. 현 사회 내에서 미디어가 사람들에게 미치는 영향력이 지대하다는 것을 고려하여 갈등 상황 분석과 해결책 도출 과정에서 미디어 콘텐츠를 활용하였다. 남녀갈등에 대한 현 상황을 일련의 사건들을 통해 되짚어보고, 20대 남성들을 심층 인터뷰하는 방식의 질적 연구를 통해 해결방안 도출에 활용하고자 했다. 더불어 젠더갈등을 해소할 수 있는 방안으로 미디어 콘텐츠가 사회 내에서 상당한 역할을 할 수 있음을 함께 포함시켰다.

2. 남성들의 반격 '백래시'

1) "페미니즘은 너무 과격해"

혜화역 시위(몰카 범죄 규탄 시위), 상의 탈의 시위(여성 몸 성적 대상화 반대 시위) 등 여성만 참여가 가능한 집회들이 줄지어 일어나고 있는 요즘, ㅇ씨(23)는 심기가 불편하다. 왜 여성들이 '그렇게까지 하는지' 도저히 이해할 수가 없기 때문이다. 마침 일본여행에서 겪었던 일도 떠오른다. 실수로 지하철 여성 전용 칸에 타 시선을 어디에 둬야 할지도 모른 채 허겁지겁 옆 칸으로 옮겨갔던, 웃지 못 할 기억이다. 그는 "남성이라는 이유로 이미 범죄자가 된 것 같은 기분이었다."며 당시를 회상했다. 이어 "페미니즘의 가치에 공감하고 성평등이 이루어져야 한다고 생각하지만, 최근 페미니스트들의 행보를 보면 있던 정도 떨어진다."며 안타까워했다. 자신이 그나마 나은 편이라며 친구들 사이에서 페미니즘 얘기를 하면 '왕따'당한다는 말도 덧붙였다.

2) 멀어져만 가는 여성과 남성

대체 페미니즘이 뭐기에 여자건 남자건 이렇게 '난리'인 걸까? 페미니즘의 사전적 정의를 살펴보면 '여성의 권리 및 기회의 평등을 핵심으로 하는 여러 형태의 사회적·정치적 운동과 이론들을 아우르는 용어' 혹은 '여성주의를 기반으로 여성들이 주체가 되어 성평등 사회를 실현하기 위해 벌이는 조직적이고 지속적인 실천 활동'이다. 『모두를 위한 페미니즘』의 저자 벨 훅스는 '페미니즘 운동을 남성혐오운동이 아닌, 성차별주의와 그에 근거한 착취와 억압을 끝내기 위한 운동'이라 강조한다. 종합해보면 페미니즘은 세상에 반드시 필요한 움직임인 셈이다.

문제는 앞서 살펴본 남성들의 반응처럼, 페미니즘에 반감을 가지고 배척하는 사람들이 날이 갈수록 많아지고 있다는 것이다. 그간 여성들이 겪어온 언어적 혐오와 차별을 똑같이 당하게 하는 이른바 '미러링'을 시작한 '메갈리아'의 등장이 그 발단이었다. 이후 2016년 강남역 살인 사건(여성혐오 범죄)를 계기로 여성들은 더욱 적극적으로 목소리를 내기 시작했다. 여성 커뮤니티 내 활발한 교류나 시위 등을 통해 분노와 의견을 표출하는 방법 등을 통해서다.

사회적으로는 여성할당제, 임산부 배려석, 여성전용주차장 등 오직 여성만이 적용 대상이 되는 제도 및 전용 시설들이 속속 등장했다. 남성들 눈에 여성이 '그렇게까지' 목소리를 내야만 하는 약자 혹은 피해자로 비춰질 리가 없는 맥락이 만들어진 것이다.

결국 페미니즘은 남성들에게 '여성우월주의' 혹은 '여성이기주의'로 비춰지기 시작했다. 사회·정치적 변화에 대해 나타나는 반발 심리 및 행동을 이르는, 이른바 '백래시'가 시작된 것이다. 서지현 검사를 시작으로 각계각층의 여성들이 성폭행 및 성추행을 폭로하는 '미투(#MeToo·나도 고발한다)' 운동이 현재도 진행 중이지만, 일부 남성들은 사회적 맥락을 이해하지 못하는 듯한 반응을 보이기도 한다. '그때는 침묵하다가 왜 이제 말해서 한 사람 인생 망치냐'는 식의 발언이 그 예다. 또한 다음과 같이 생각하는 남성들도 있다. '페미니스트 및 여러 여성들의 추악한 행동으로 많은 남성과 국민들이 고통 받고 있'으며, '페미니즘은 인권과는 거리가 멀고 몇몇 여성들의 이기적인 행동을 합리화하기 위한 도구로 전락한지 오래'라고.

청와대 국민청원 사이트에는 '담뱃값만 인상하지 말고 생리대 값도 올리라'는 청원, '무분별한 페미니즘을 막아달라'는 청원, '여성의 입대 의무화에 대한 청원' 등 페미니즘에 대한 배척과 남녀의 대립 구도를 확인할 수 있는 청원이 15개 중 2개꼴로 등록돼 있다. 잘못된 정보를 가지고 성범죄 피해자를 옹호했다는 이유로 연예인 수지에게 사형 선고를 내려달라는 청원도 올라왔다.

서강대학교에서는 지난 5월 10일 섹스칼럼니스트로 알려진 은하선 작가의 '섹스, 많이 해봤어?' 강연이 취소되기도 했다. 앞서 서강대 학생들은 페이스북 등 교내 커뮤니티에서 은 작가가 남성 혐오적 발언을 해온 문제의 소지가 있는 인물이라거나, 은 작가를 포함한 강연회 연사들이 여러 인권 중에서도 여성인권 옹호에 치우쳤다는 등의 비판을 제기했다. 논란이 일자 서강대 총학생회는 "성별, 젠더, 섹슈얼리티와 관계없이 누구나 자신의 몸에 대해 탐구해볼 필요가 있다고 생각해 은하선 씨를 섭외한 것"이라고 해명했다. 하지만 이후 캠퍼스에 총학 탄핵 연서가 나붙고 수백 명이 서명에 참여하는 등 문제가 커지면서 결국 강연이 취소된 것이다. 이에 여성학자 정희진 씨는 은 작가와 연대하겠다는 차원에서 〈미투를 다시 생각한다- 범죄 신고가 혁명인 사회〉 강의를 스스로 보이콧했다. 은 작가는 해당 사건을 두고 "페미니즘의 부재를 느꼈다"며 안타까워했다.

3) 그냥 따로 살자고?

사회적 분위기가 이렇다 보니 여성과 남성은 서로에게 '적'이 돼버렸다. 페미니즘에 대한 공감대가 형성되지 못하고 있으며 그 시각도 다르다. 인식이 다르다 보니 논의와 토론도 제대로 이루어지지 못하고 있다. 결국 남녀의 단절이 이루어지고, 분리까지 주장하는 상황인 것이다. '펜스룰(여자를 멀리 하자는 것)' 현상 혹은 '믿거(믿고 거르는) 한남(한국남자)', '꼴페미(꼴통 페미니스트)'와 같은 말이 유행하는 것, 비혼·비출산을 주장하는 여성들이 많아지고 있는 것도 그런 맥락에서다.

여성도 답답하다. 당장 말이 통하지 않기 때문이다. 그렇다고 해서 남녀가 평생 대화를 단절한 채 살아갈 수는 없다. 특히 페미니즘과 관련해서라면 더더욱. 결국 이들은 모두 살아가면서 반드시 커뮤니케이션해야 할 사람들이다.

'그런 불편한 대화 안 해도 일상생활에는 문제없다'고 생각할 수도 있다. 하지만 그렇게 안일해도 된다면, 이 세상은 참 살기 좋은 곳일 것이다. 성 평등의 사회로 가기 위해서 변해야 할 주체에는 여성뿐 아니라 남성도 포함된다. 함께 대화하고 행동해야 한다. 그래야 '진짜' 살기 좋은 세상이 된다. 상호간의 공감과 참여 없이 어떻게 페미니즘의 궁극적 목적을 달성할 수 있겠는가. 한 쪽만 목소리를 내는 운동은 공허할 수밖에 없다. 문제에 대한 논의가 없으면 변화도 없다.

3. '그들'은 왜 공감하지 못했을까

1) '페미니즘 콘텐츠'의 등장

공방이 거센 사회 분위기를 반영하듯 페미니즘 콘텐츠들이 등장했다. 하지만 이런 콘텐츠들이 백래시를 시작한 남성들에게 받아들여질 만 했는지에 대해서는 한 번쯤 생각해 볼 일이다. 미디어는 삶 속 한 부분을 차지하고 사람들의 생각을 움직일 정도로 영향력이 크다. 그렇기에 책과 영화는 물론이고 웹툰, 페이지, 방송 프로그램에 이르기까지 미디어가 페미니즘을 다루는 폭이 이전에 비해 확장된 것은 환영해 마땅하다.

페미니즘 콘텐츠가 다루는 내용은 천차만별이다. 여성이 일상적으로 당면하고 있는 문제들에 대해 이야기를 나누는 토크쇼, 여성의 실제 삶을 적나라하게 보여주는 관찰 예능, 드러내기 꺼려했던 여성의 성에 대한 이야기까지. 관련 기사와 콘텐츠들은 빠르게 확산됐고 사람들은 이에 대해 각양각색의 반응을 보였다. 공감이 된다며 옹호하는 목소리도 많았지만, 이는 곧 반대 의견을 가진 사람들의 거센 비난에 상처·나기 일쑤였다. 핵심은 이 비난에 남성들의 목소리가 상당수 포함됐다는 것이다. 실제로 여러 페미니즘 콘텐츠에 대한 수용자 반응을 살펴봤을 때 많은 남성들은 소셜 미디어(SNS)나 시청자 게시판과 포털 사이트의 댓글을 통해 '과장하지 말라'며 불편한 기색을 가감 없이 표출하고 있었다. 여태껏 봐 왔던 '보기 편한' 콘텐츠들과 달리 어딘가 '불편한' 내용들이 포함돼서일까. 잠잠했던 미디어에 페미니즘의 물결이 일으킨 파동은 생각보다 거셌다.

2) 〈까칠남녀〉와 〈이상한 나라의 며느리〉에 주목하다

'페미니즘 콘텐츠'가 유독 수난을 겪는 이유는 무엇일까. 페미니즘 콘텐츠들은 수면 아래에 갇혀 있던 여성의 목소리를 끌어올렸다는 점에서 사회적으로 유의미하다. 그러나 텍스트 자체가 아무리 좋아도 수용자들이 그 안에 담긴 의미를 읽어내지 못한다면 갈등과 아쉬움만이 남을 수밖에 없다. 수용자들에게 생산자의 기획의도가 잘 전달된다면 더할 나위 없이 좋겠지만, 이는 매우 어려운 작업이다. 페미니즘에 대한 남녀의 인식 차이가 좁혀지지 않은 상황에서는 그 어떤 페미니즘 콘텐츠에도 남성의 반감이 거셀 수밖에 없기 때문이다. 과연 남성들도 공감할 수 있는 페미니즘 콘텐츠가 존재할 수는 있는 것일까.

도대체 두 콘텐츠가 남성들에게 어떻게 받아들여졌기에 그토록 부정적으로 여기는지 이유를 찾아보았다. 남성 시청자들의 격렬한 반응이 특히 두드러졌던 방송 프로그램인 〈까칠남녀〉(EBS)와 〈이상한 나라의 며느리〉(MBC)를 분석 대상으로 선정했다. 실제로 이 프로그램들은 연출과 내용 측면에서 현재 페미니즘에 대한 남성의 인식을 고려하지 못한 접근법을 사용했다는 한계가 있다. 이들 프로그램에 남성이 반감을 가지는 요소를 분석하고, 앞에서 진행한 남성 인터뷰 결과와 연결해 공통점을 찾아볼 것이다. 남성들은 이 프로그램들을 왜 그렇게 싫어할까. 원인을 알면 개선책도 알 수 있을 것이라는 일념으로 남성들이 가진 페미니즘에 대한 부정적인 생각을 이들 콘텐츠가 어떻게 강화시키고 있는지를 들여다봤다.

프로그램 소개

〈까칠남녀〉, 까칠한 남녀가 만나 토론을 펼치다

〈까칠남녀〉는 '일상 속에서 무심코 지나쳤던 성(性)에 대한 고정관념과 성 역할에 대한 갈등을 유쾌하고 솔직하게 이야기하자'는 기획의도로 제작됐다. 남녀 전문가들이 출연해 다양한 주제에 대해 이야기를 나눈다. 2017년 3월 27일 ▲공주도 털이 있다 를 첫 방송으로, ▲오빠 한 번 믿어봐, 피임전쟁 ▲김치녀라 부르지 마라 ▲벌레가 된 엄마 '맘충' ▲나는 오늘 쩍벌녀가 됐다 ▲부장님, 그건 성희롱입니다 ▲모르는 형님 – 성소수자 특집 등 총 43회에 걸쳐 다양한 주제를 다뤘다. 성소수자 특집 이후로 논란을 빚고 1년도 되지 않아 폐지됐다.

〈이상한 나라의 며느리〉, 이상한 나라에서 살고 있는 며느리들의 이야기

〈이상한 나라의 며느리〉는 '결혼 이후 여성에게 보다 많은 책임과 희생을 요구하는 이 사회의 불합리한 관행을 꼬집어낸 신개념 관찰 프로그램'이라는 기획의도로 제작됐다. 고부 관계와 부부를 담은 관찰예능 형식이 실험적이라는 평가를 받고 있다. 남성 진행자 두 명과 세 명의 며느리(김단빈, 민지영, 박세미)가 출연해 관찰 카메라로 촬영된 영상을 보고 이야기를 나눈다. 파일럿 프로그램으로, 4월 12일 첫 방송을 시작으로 총 3부작을 방영했다. 현재는 6월 27일 정규 프로그램 편성을 앞두고 있으며, 이에 대한 찬반 대립이 뜨거운 상황이다.

3) 자극적 전개에 자극받는 男 시청자

두 프로그램은 모두 상황 속에서 벌어지는 갈등 관계를 자극적으로 그리고 있다. 이러한 연출의 가장 큰 문제점은 자극적인 상황 자체에 대한 비난으로만 그치고 정작 본질적인 문제에 대한 공감까지 이어질 수는 없다는 것이다. 실제로 남녀 간 대립을 다룬 〈까칠남녀〉의 '혐오전쟁: 반격의 서막' 편은 남성들이 가장 크게 불쾌감을 표현한 회차다. 남성들의 많은 행동들을 혐오라 일컫고 비판하는 여성 패널, 그리고 이에 반박하는 남성 패널의 토론 상황을 '공격적인 큰 눈(여성) VS 전략적인 실눈(남성)'으로 표현하는 등 대립적 구도로 그리고 있기 때문으로 보인다. 해당 회차의 유튜브 댓글창은 "남자, 여자 전체로 몰고 가지 말고 그 놈, 그 년, 그 인간한테 따져라", "진짜 이해가 안 간다. 범죄에 왜 프레임이 붙냐", "그동안 노골적으로 여자가 무조건적 피해자라는 틀에서 기획 및 제작됐고, 사회자는 티 나게 여자 편을 들며, 패널도 여자에게 유리하게 구성됐다. 토론하자면서 남자가 무슨 주장을 하던 범죄자 혹은 여혐종자 취급하는 분위기는 분명 문제가 있다" 등 프로그램을 비판하는 내용들로 가득했다. 이유진 스포츠경향 기자는 "젠더 감수성을 높이자는 프로그램의 취지에는 실패한 느낌이다. 자의든 타의든 프로그램으로 인해 젠더들 간의 분란이 더 조장됐기 때문"이라고 말했다. 김민지

〈까칠남녀〉 PD조차도 "아무리 좋은 말도 너무 어렵거나 격렬한 감정을 갖고 전달하면 오히려 반감을 살 수 있다"고 한계를 인식하기도 했다.

〈이상한 나라의 며느리〉에서도 유사한 문제점을 발견할 수 있다. 2회 내용 중 김단비와 시어머니의 갈등 장면이 나오는데, 여기서는 '소리 지르고', '펑펑 울고', '싸우는' 장면에 많은 시간을 할애해 보여준다. 어쩌면 이는 실제로 자주 일어나는 현실 속 상황을 드러내기 위한 일종의 '충격 요법'일지도 모른다. 그러나 이는 단지 상황에 대한 비난으로만 그치고 만다. "저 집안이 유독 극단적인 거다. 저렇게 많이 싸우는 시어머니랑 며느리가 어디 있냐", "우리 집은 안 그렇다"와 같은 남성의 반응이 대부분인 이유다. 고부 갈등 사이에서 이도 저도 아닌 입장을 보이거나 시어머니 입장에서 말하는 남편의 태도, 그리고 시댁에 대한 비판만이 난무하는 것이다. 남성들은 프로그램에서 다루는 상황들이 과장됐다고 말한다.

이러한 반응은 남성이 페미니즘을 부정적으로 생각하는 이유에 대한 인터뷰와 연결해 볼 때 '과격한 페미니즘에 대한 분노'와 맥락이 같다. '페미니즘은 역시 저렇게 과격하구나'하고 여기며 그 원인에 대해 생각하기보다는 단순히 방송 내용에 대한 분노에만 그치는 것이다. 이봉우 민주언론시민연합 활동가는 "갈등의 바람직한 해결을 위한 '논의' 대신 무의미한 남녀 간 말다툼을 보여주며 갈등을 '시연'하는 모습을 보여주고 있다"는 한계를 지적한바 있다. 자극적으로 드러낸 눈앞의 장면에 대한 단순 분노로만 그치면 안 된다. 분노의 화살이 개인을 겨냥하게 하는 방법으로는 근본적인 문제를 해결할 수 없다.

4) "나는 맞고 너는 틀리다"
두 프로그램은 기획 의도에서도 드러나듯 대화와 공감에 초점을 맞추고 있다. 하지만 프로그램 내용을 들여다보면 일방적 커뮤니케이션에만 그치고 있는 모습을 발견할 수 있다. 〈까칠남녀〉에서는 패널 남녀가 대화를 나눈다기보다 서로에게 '너의 의견은 틀렸어' 식의 판단자로 존재하고 있다. 더 심각한 것은 일방적인 대화 중단이다. 토론 진행 중 깊이 논의해봄직한 여러 쟁점이 나왔음에도, 방송 끝 부분에서 사회자는 "자, 이제 자기 생각을 한 문장으로 정리해봅시다"라며 마무리를 요구한다. 급하게 내린 남녀 패널들의 결론의 방향은 제각각일 수밖에 없다. 쟁점은 있으나 결론이 없는 셈이다. 해당 회차에서 다뤄진 주제에 대한 토론이 이루어진 것인지 의심스러울 정도로 토론 이후에도 그 어떤 변화도 없이 각자의 주장에만 머물러 있는 모습이 자주 관찰된다. 이를 보는 시청자들 또한 혼란만 가중된다는 반응을 보인다.

〈이상한 나라의 며느리〉에서도 마찬가지다. 문제 상황과 관련된 부부 간 커뮤니케이션이 이루어지는 모습은 방송에서 거의 찾아볼 수 없다. 관찰카메라 영상을 며느리들은 스튜디오에서, 남편들은 각각 분리된 별도의 공간에서 시청한다. 이처럼 상황 내부의 입장에서 토로하는 실질적인 고충과 이를 상황 외부에서 관찰하고 평가하는 소감은 같을 수 없다. 소통이라고 보기에는 무리가 있는 모습이다.

인터뷰 결과와의 연관성은 여기서도 드러난다. '여자는 무조건 피해자, 남자는 가해자'라고 생각하는 이분법적구도에 대한 불만적 태도와 연결되는 것이다. 프로그램에서 보여주는 상황에 대한 맥락을 배제하고, 감정 소모적인 논쟁에 대한 비판에 지나치게 치중하는 모습이다. 우리 사회 속에 녹아있는 성차별 지점을 꼬집고 젠더 감수성을 일깨운다는 의도와는 달리, 사실 무슨 이야기를 나누든 결론은 이미 정해져 있는 모양새다. '남자는 무조건 잘못했으니 여자 말을 들어야 한다'는 식이다. '남성은 여성이 느끼는 기분을 절대 알 수 없다', '제대로 알고나 말하라', '남편들은 뭘 몰라요'와 같은 대사들이 이를 뒷받침한다. 두 프로 그램 모두에서 드러나는 몰아가기식 편집 또한 자극적이다. 상황을 묘사하는 자막과 효과음, 각종 그림이 갈등을 극대화한다. '쯧쯧', '(아내는 요리하는데) 그저 손을 씻으러 온 남편' 등의 편집에 따라오는 여성들의 비난과 욕설은 남성을 향한다. 김교석 대중문화평론가는 이러한 부분에 대해 "모든 남자들을 계몽의 대상으로 바라보는 이미 정해진 도식에 따라 전개되는 데다, 그 태도가 다소 공격적이다 보니 페미니즘 콘텐츠로서의 새로움도, TV 콘텐츠로서의 호감과 관심을 얻는 데도 고전하고 있다"고 지적하기도 했다.

5) "숲은 문제없어, 나무 하나가 썩은 거지"

페미니즘을 내건 콘텐츠라면, 우리 사회의 구조적 문제에 대한 고발을 얼마나 성실하게 수행하고 있는지도 중요하게 볼 필요가 있다. 하지만 두 프로그램 다 문제의 본질이 사실은 오랜 시간 체계적으로 작동해 온 구조적인 문제라는 점을 시청자들에게 잘 전달하지 못했다. 〈까칠남녀〉는 그래도 '불편함을 못 느꼈다면 권력자의 위치에 있었던 것', '기울어진 운동장인 남녀 성별 불균형 사회에서는 절대 동일선상으로 볼 수 없는 문제', '직업 특성을 노려 꽃뱀 프레임을 만드는 것이 문제'와 같은 지적을 하는 등 구조적인 측면을 짚으려는 시도는 했다. 그러나 앞서 살펴봤듯 논의가 중도에 급작스럽게 단절된다는 점에서 한계를 보인다. "남자, 여자 전체로 몰고 가지 말고 그 놈, 그 년, 그 인간한테 따져라"와 같이 상황 속에서 발생하는 문제가 단지 개인이 이상하기 때문이라는 식의 거친 반응을 보이는 남성들도 꽤 발견할 수 있었다.

〈이상한 나라의 며느리〉에서 이러한 문제는 더욱 극단적으로 표출된다. '전지적 며느리 시점'으로 보여주는 관찰 카메라와 스튜디오 토크가 빚어내는 고발의 역할이 분명히 있음에도, 여러 댓글과 커뮤니티 반응 등을 통해 본 남성 시청자의 반응은 여성 시청자와는 다르다. 이러한 '그대로 관찰' 방식이 역효과로 작용한 것이다. 시청자들의 분노가 향한 곳은 사회가 아닌 개인이었다. 안전을 위해 의사의 권유대로 제왕절개를 해야만 하는 아내 박세미와 뱃속 아이의 IQ를 걱정해 자연분만을 강요하는 시아버지 사이에서 '둘의 의견을 절충하자', '그럼 아빠 말대로 할까?' 식의 방관적, 중립적 태도를 보인 남편 김재욱에게는 비난이 폭주했다. 이처럼 프로그램은 가족 내에서 일어나는 갈등을 자극적으로 보여주기만 할 뿐, 왜 문제인지는 '대놓고' 말해주지 않는다. 근본적인 솔루션을 제공하지 못한 것이다. 고부 갈등의 직접적 원인인 성차별, 그리고 한국의 기형적인 결혼문화에 대한 비판은 이루어지지 않았다. 그저 방송에 보여진 남편의 태도와 시댁에 대한 비판만이 난무할 뿐이었다.

이 지점은 앞서 진행한 인터뷰에서 드러난 남성들의 답변 내용과 가장 일치한다. 우선 '여자는 무조건 피해자, 남자는 가해자'라고 생각하는 이분법적 구도에 대한 불만은 이 부분에도 해당된다. '나는 아니야, 저 남자가 문제지'라고 하는 반응이 대표적이다. 인터뷰 수행 중 남성에게 미투운동에서 파생된 '펜스룰'에 대해 어떻게 생각하는지도 물었더니 "내가 의심받을 수도 있는 상황을 조심하고 피하겠다는데, 뭐가 문제냐"라는 답변이 돌아왔다. 근원을 보지 못하고 일부 개인의 문제에만 치중하는 모습이다. 실제로 "유독 극단적인 집안만 보여준다. 실제로 저런 집안이 어딨냐"라는 반응도 발견할 수 있었다.

〈이상한 나라의 며느리〉는 사회에 문제의식을 던지는 것에는 성공했지만, 이 프로그램 역시 현상의 미시적 분석에만 치중했다는 것을 알 수 있다. 문제에 대한 직접적인 솔루션이 즉각 제공되지 않아 불똥은 엉뚱한 곳으로 튀었다. 특히나 남성이 주가 되어 여성출연자들을 향해 가해진 비난은 고스란히 며느리 개인과 그의 가족이 감당해야 할 문제가 됐다. 사회 구조를 향해야 할 비난이 개인을 향하며 이들이 고통 받는 상황에 놓이게 된 것이다. 진정 '며느리를 위한 방송'이라고 할 수 없다. 이러한 남성의 반응은 '며느리'라는 이름으로 억압받고 있는 여성들의 삶을 제대로 이해하지 못한 편협한 사고이며, 가정 내에서 비정상적으로 작동돼 온 젠더 권력 관계를 제대로 파악하지 못한 것으로 분석할 수 있다. 거시적으로 보지 못하고 미시적 시각에 갇힌 탓이다.

4. 마치며… 우리 모두는 어디에선가 '을'이다

1) 남성들이 공감할 수 있는 페미니즘 콘텐츠가 필요한 때

위 같은 상황, 참 답답하다. 그러나 이 같은 현상과 반응이 단지 방송 프로그램에만 머물지 않고 현재 일상 속에서도 공공연하게 벌어지고 있는 일들이라는 것이 갈등을 더욱 심화시킨다. 지금 이 시대엔 '남성들이 공감할 수 있는 페미니즘 콘텐츠'가 필요하다. 새로운 시도를 접목한 콘텐츠를 통해 바라는 남성 변화의 정도는 '인식의 변화'다. 태어나면서부터 가지게 된 젠더권력이 어떤 부분에서 옳지 않게 작동할 수 있는지를 의심해보도록 하는 것이다. 이를 위해 미디어가 기여할 방식은 페미니즘에 대한 인식을 거시적으로 확장하는 일이어야 한다. 포인트는 남성과 여성 간 공감 지점을 발굴하는 것이다.

페미니즘 콘텐츠의 방향성은 앞의 인터뷰 결과와 기존 콘텐츠 분석 내용을 반영해 크게 두 가지로 나눌 수 있다. 첫 번째는 '그 사람도 물론 이상하지만 이에 영향을 미친 구조는 더 이상하다'는 점을 대놓고 보여주는 거다. 몰카 찍는 남자, 성희롱을 밥 먹듯 하는 부장, 오직 아이의 아이큐 걱정에 위험한 자연분만을 강요하는 아버지가 진짜 나쁘지만, 이건 '그 사람이 이상하다' 선에서 끝날 문제가 아니라 뿌리 깊은 구조의 영향임을 있는 그대로 드러내는 전략을 곳곳에 배치하는 것이다. 사실 지금의 미디어가 페미니즘을 다루는 방식은 확실히 통쾌하기는 하지만 그것에만 그치는 경우가 많다. 최태섭 문화평론가도 "방송이라는 한계 때문이긴 하지만 흥미 위주의 소재를 찾으려는 경향을 보이거나 듣기에는 시원시원하지만 논의의 맥락이나 역사를 배제하고 이뤄지는 '사이다' 비판이 많다"며 "이것이 양성 간 이해를 오히려 방해하거나 왜곡하는 역할을 하기도 한다"고 우려했다. 이제는 이를 넘어 바닥에 가라앉은 덩어리들을 끌어올려서 단물과 함께 떠먹여주는 '식혜' 같은 프로그램이 필요하다. 식혜 콘텐츠를 통해 사회학적 상상력을 가질 수 있게 돕는 것이다. (사회학적 상상력이란 거시적인 사회와 그에 속한 개인의 행위로부터 형성되는 관계를 인지해 내는 능력을 말한다. 여기에는 사회 내 개개인의 특성과 역사적 변천 사이의 관계를 인지하는 능력과 더불어 사회 내 인과관계가 해당 사회에 어떤 영향을 미치는지를 파악하는 능력이 모두 포함된다.)

두 번째는 페미니즘이 먼 얘기가 아니라 알고 보면 자신의 이야기라는 점을 심어주는 것이다. 젠더 권력의 작동 방식처럼 부당한 구조적 권력관계를 쉽게 이해하고 와 닿게 할 수 있도록 여러 예시와 비유를 곳곳에 배치하는 것이다. 백인과 흑인 혹은 서양인과 동양인의 인종 간 권력관계, 일본과 한국의 식민지 권력 관계, 그리고 서울대와 본인의 학벌 권력 관계가 대표적이다. 서울대 예시에서는 '서울대생들이 펜스룰과 같은 장벽을 쳐서 따돌렸으면 좋겠는가?'와 같은 질문을 던질 수 있을 것이다. 민가영 교수(서울여대)는 "한국 남성들도 어떤 지점에서는 명백한 '을'의 위치에 놓이기 때문에 궁극적으로 페미니즘을 외면할 수 없다"면서 "자신의 소수자성을 성찰할 때 다른 을과 연대할 수 있다"고 말했다.

또 남성들의 경험인 '맨박스'를 건드리는 방법도 있다. 맨박스가 남성들의 방어 기제로만 기능하게 될 수 있기 때문에 회의적으로 보는 사람들도 있다. 하지만 페미니즘이 남성의 해방이기도 하다는 점에서 공감 포인트를 발견하는 것이 현재 상황에서는 효과적인 장치가 될 수 있다. '차이가 차별이 되지 않는 사회를 지향하는 페미니즘'이 곧 남성을 위한 운동이기도 하다는 점에서 말이다. '남성다움'의 신화에 옥죄여 왔던 남성들의 해방 기제로 기능할 수 있다는 것을 강조하는 것이다. 남자라는 이유로 가부장제 사회에서 온전히 짊어져야 했던 책임감을 내려놓고, 자신의 성격을 애써 부정하지 않아도 된다는 것 등을 말할 수 있다. 해당 부분들을 콘텐츠가 잘 꼬집는다면 남성 또한 페미니즘이 자신과 별개의 문제가 아님을 인식할 수 있을 것이다. 앞서 등장했던 ○씨(23) 또한 "그런(맨박스) 내용이 페미니즘의 가치 중 하나가 되는 건 좋은 것 같다"고 말했다.

위 방법론들의 효과에 대해서 당장은 단언할 수 없다. 다만 희망은 보였다. 앞서 등장한 ㅎ씨(23)는 "한 번 더 생각해봐야겠다"고 했다. 그는 페미니즘에 대한 사유조차 꺼려했던 사람이다. 또 다른 남성 ㅅ씨(23)는 "기존 페미니즘 콘텐츠를 무조건 옹호하던 것에서 벗어나서 일단 문제의식을 느끼고 접근한 것 자체가 남성도 수용할 준비를 할 수 있게 해주는 것 같다"고 말했다. 그 또한 '성 평등엔 동의하지만 한국의 페미니즘이 한 가지 길만 강요하고 가르치려드는 게 싫다'고 했던 사람이다.

2) '날 때부터 페미니스트'는 없다

세상에 '태어날 때부터 페미니스트'인 사람은 없다. 이렇게 말하는 (여성인)필자들도 페미니즘이 주는 배움에 혼란과 충격을 아직도 열심히 겪는 중이다. 가부장제의 주인공은 아니었어도 태어날 때부터 가부장제였던 사회에서 가부장제가 전제된 교과서, 그리고 미디어와 함께 자라온 탓일 것이다. 하지만 페미니즘을 접한 후 '프로 불편러'를 자처해 모든 것에 질문을 던지고 있다. 이번 기획에서도 "남성들은 어떨까"라는 의문을 갖고 그들의 입장에서 생각을 출발시켰다.

몸소 부딪히고 경험하고, 아파도 보고, 다른 생각을 가진 사람과 논쟁도 벌여보고, 결국엔 스스로 혹은 타인에게 공감해보면서 페미니스트가 된다. 남성 페미니스트인 데이비드 커헤인이 페미니스트가 되려는 우리에게 다음과 같이 부탁한 것도 그런 맥락에서일 것이다. 자신을 윤리적으로 불완전하고 복합적인 존재로 기꺼이 받아들일 것, 비판에 대해 개방적일 것, 지속적으로 자아 성찰을 할 것.

이제 미디어 콘텐츠도 걸어온 길을 돌아보고 방향을 틀어 보려는 시도가 필요하다. 지금 이 시대, 불가능해 보이는 '한남'과 '꼴페미'의 대화가, 남녀의 대화가 가능해지기 위해서는 말이다.

'젠더 갈등'이 공모 주제로 제시될 만큼 남녀의 갈등은 한국사회에서 발생하는 대표적인 대립 상황 중 하나다. 박태준미래전략연구소에서 주관하는 본 공모전을 통해 젠더 갈등에 대한 표면적인 분석에만 머물지 않고, 전공생으로서 시도해볼 수 있는 방식으로 그 해결 방안을 고민했다. 연구소에서 제시한 시기적절한 주제가 필자들을 비롯한 많은 청년들이 생각해볼 수 있는 지점을 마련했다고 본다. 이는 그 해결 방안을 모색하는 데 큰 기여를 할 것이다. 사회 문제의 해결은 개개인의 진지한 고민으로부터 출발한다고 믿기 때문이다. 더 나은 한국사회를 위한 길에 청년들이 의미 있는 발자국을 찍어볼 수 있도록 기회를 제공한 박태준미래전략연구소에 감사를 전하며 에세이를 마무리한다.

참고문헌

1. 청와대 국민청원 http://www1.president.go.kr/petitions/238453

2. EBS 유튜브 채널 https://www.youtube.com/watch?v=4XqQVKPNr3s

3. EBS 〈까칠남녀〉 홈페이지 http://home.ebs.co.kr/gender/board/10/10080848/list?hmpMnuId=101

4. [오마이뉴스] 충분히 '까칠'하지 않은 〈까칠남녀〉, 그래도 난 응원한다 http://entertain.naver.com/read?oid=047&aid=0002147620

5. [중앙일보] 논쟁적 프로그램, 페미니즘 토크쇼…이 논란이 가치 있는 이유 http://news.joins.com/article/22157899

6. [오마이뉴스] 남자MC 허튼소리, '이상한 나라의 며느리'를 향한 공분 http://entertain.naver.com/comment/list?oid=047&aid=0002187326

7. 벨 훅스, 『모두를 위한 페미니즘』, 문학동네(2017)

8. 홍명근 블로그입니다 '남성 페미니즘은 가능할까?' https://blog.naver.com/lolen86/220996910791

9. [스포츠경향] '까칠남녀' 논란…시청자가 바라는 EBS의 가치 http://sports.khan.co.kr/entertainment/sk_index.html?art_id=201711221640003&sec_id=540201&pt=nv

10. [PD저널] '까칠남녀'에 까칠하게 반응하는 이유 http://www.pdjournal.com/news/articleView.html?idxno=61302

11. [아이즈] '까칠남녀' 김민지, 이대경 PD "보는 사람들과 용기를 같이 나눠 가지고 싶다." http://ize.co.kr/articleView.html?no=2017052404157272976

우리의 언어에 존중이 있는가

노현태(한양대학교 경제금융학부), 유용재(서울대학교 수리과학부)

들어가며

'국가의 불의는 국가를 몰락으로 이끄는 가장 정확한 길이다'라고 말한 글래드스턴의 말에 경각심이 생겨서일까? 지난 2016년 10월부터 약 5개월간 벌어진 광화문의 뜨거운 외침에서, 부드럽지만 날카롭고 평화롭지만 의연했던 시위 속에서, 우리는 한국의 민주주의, 나아가 정치적 시민의식의 성숙을 목도할 수 있었다. 시민들은 평화롭게 행진하였고 일체의 폭력시위 없이 자발적인 시위현장의 환경미화까지 부여주며 성숙한 시민의식을 보여주었다. 우직함 속에 들어있는 뜨거운 분노는 때로는 함성, 때로는 정중동(靜中動)의 피켓으로 세련되게 표현되었다. 우리 스스로도 놀랐고, 외신들도 놀랐다. '이것이 그 한국이 맞는가?' 하고. 일련의 정치적 이슈에 분노한 시민들이 자유로이 의견을 표출하고 토론하면서, 오랜 기간 침묵 속에 잠재되어 있던 시민들의 불만이 정치적 행동으로 구현되었다. 80년대에 우리 아버지 세대가 "호헌철폐, 독재타도"를 외치며 넥타이 부대를 결성해 시위에 참여한 것처럼, 그동안 많은 정치적 불의에 맞선 시위들이 있었지만 광화문 시위만큼 평범한 직장인이, 평범한 주부가, 노인이, 중학생이, 고등학생, 대학생이 다 함께 분노하며 참여한 시위는 없었다. 이러한 범국민, 범연령대적 참여의 배경에는 우리사회의 변화된 언어적 의사소통이 한 몫을 하였다. 바로 인터넷과 미디어를 통한 의사소통이다.

언론 미디어의 독립성과 유튜브(Youtube)와 같은 1인매체의 확대, 카카오톡과 같은 메신저의 보편화는 평화시위의 마중물 역할을 충실히 해 주었고, 남녀노소 가릴 것 없이 전(全)연령대적 참여를 이끌어낸 1등공신의 역할을 하였다. 인터넷과 미디어의 파급력으로 인해 더 이상 정부는 정보를 독점하기 힘들어졌고, 정보의 주도권은 시민사회로 넘어오게 되었다. 그리고 오늘날 우리는 숨 쉬듯이 인터넷을 누리고 있고, 미디어를 소비하고 있다. 모르는 것이 있으면 초록색 창에 검색을 하거나, 친구의 근황을 알고 싶으면 페이스북을 연다. 한국인들은 평균 3시간 이상 스마트폰을 사용하며, 인터넷 이용률은 만 3세 이상 인구에서 88%를 상회한다. 특히 세대별 이용률이 10대 및 20대에서 100%, 60대 이상도 75% 수준으로 매우 높은 편이다. 가구 인터넷 접속률이 99.2%로 175개국의 국제전기통신연합(ITU)회원국 중 단연 1위이다. 그만큼 인터넷 공간의 파급력은 대단하다.

메칼피의 법칙(metcalfe's Law)에 따르면 통신망의 효용성은 사용자 수의 제곱에 비례한다. 이 법칙에서 인터넷 공간의 엄청난 파급력을 가늠할 수 있다. 그러나 정작 인터넷 속에서의 시민의식은 어떨까? 특히 2020년을 바라보는 이 시점에서, 인터넷 공간 속의 언어 생태에 대해 주목해보지 아니할 수 없다. 광화문시위는 인터넷 시민의식의 긍정적 면모를 정말 잘 보여준 사례이다. 하지만 인터넷 공간의 익명성과 불완전한 커뮤니케이션 구조는 자극적인 갈등을 지속해서 조장하고 있으며,

비난일색의 언어는 그 속에서 전염병처럼 창궐하고 있다. 이러한 언어가 인터넷공간을 통해 빠르게 재생산되고, 확대되면서, 또 현대 미디어와 결합되면서 언어에 담긴 시민의식은 오히려 실종되고 있는 것이 현 주소이다.

사회적 약자의 조롱과 공감의식의 결여

한 사회의 언어사용의 생태는 시민의식 진단의 중요한 척도이다. 인류 언어학자인 워프는 "언어는 우리의 행동과 사고의 양식을 결정하고 주조한다."고 했으며, 실러겔은 '언어는 인간 정신을 그대로 본떠 놓은 것'이라고 했다. 철학자 라이프니츠는 '언어는 인간 정신의 가장 훌륭한 반영'이라고 했으며, 헤르더는 '우리는 말하는 것을 통해 사고를 배우는 것이니까, 사고는 언어에서, 언어로써, 그리고 언어를 통해 형성되는 것'이라고 했다. 문제는 한국사회에서, 특히 인터넷 공간을 중심으로 사회적 약자의 조롱과 멸시가 끊임없이 이뤄지며, 이러한 행태가 반영된 언어가 인터넷을 넘어 신조어로서 실생활에서도 영향력을 행사한다는 것이다. 어느 신문기사에서 후천적으로 장애를 가진 대리운전기사의 사연을 읽은 적이 있다. 그는 공장에서 일을 하다가 불의의 사고로 손가락을 잃었다. 여느 때처럼 대리운전을 하러 손님을 찾아갔는데, 해당 손님이 손가락이 없는 그를 보고 뱉은 첫 마디, "뭐야……. 손 병신이네? 너 운전할 수 있어?" 손님은 차를 타고 나서도 운전 중인 기사에게 장애인 비하 발언을 비롯한 모욕적 언행을 했다고 한다. 이처럼 '장애인'이라는 일반명사와 관련 단어 자체가 타인을 비하하는 용어로 악용되고 있으며, '흑형' 등 인종차별적 발언 또한 서슴없이 사용되고 있다. 지금 든 예시는 그나마 표현 수위가 낮은 편에 속한다. 최근에는 '답답하다'라는 의미에서 '암 걸린다'라는 표현이 만연하게 쓰이고 있다. 이러한 사회적 약자에 대한 조롱과 공감의식이 결여된 표현은 점점 자극적으로 변하며 위험 수위를 넘나들고 있다. 이러한 약자(弱者)멸시적 표현이 어린 학생들에 의해 무분별하게 사용되면서, 아이들은 해당 표현의 수위에 대해 무감각해지게 되었다. 앞서 언급한 헤르더가 이야기 하였듯이, 사고는 언어를 통해 형성된다. 자연스럽게 이러한 멸시, 비하 풍조가 그들의 사고와 행동에 잠재되어 표출될 걱정을 하지 아니할 수 없다. 이와 같은 문제의 근본 원인이 인터넷이라고 생각되는가? 정말 인터넷이 문제일까. 만약 우리 사회가 보다 사회적 약자를 배려하는 멋진 시민의식을 갖춘 사회였다면, 지금 살펴본 것과 같은 문제는 일어나지 않았을 것이다. 결국 이러한 세태의 근본적인 원인에는 사회의 경쟁적 풍조의 굴레에서 벗어나지 못한 한국사회의 시민의식에 있다. 남에 대한 배려를 오지랖이라고 생각하는 사회, 뒤처짐에 대해 쓸모없음으로 규정하는 사회, 타인에게 상처 주는 것을 자기합리화 하는 사회에서 사회적 약자에 대한 공감은 사치로 치부될 수밖에 없다.

갈등을 조장하는 어휘의 지배

한편으로 한국사회의 언어 생태계에는 분열과 갈등을 조장하는 어휘가 그 어느 때보다 팽배해 있다. 평화시위로서 높은 수준의 시민의식을 보여준 광화문 시위와는 다르게 안타깝게도 인터넷에서는 극심한 세대갈등이 나타났다. 젊은이뿐만 아니라 노년층까지 인터넷 접속률이 높아지자 인터넷에서는 노인층을 '틀딱'이라며 비하하는 용어가 난무하였고, 소리 내어 읽기 힘들 정도의 모욕적 언사가 넘쳐났다. 검색어의 검색빈도를 알려주는 구글 트렌드(Google Trend)에 따르면, '틀딱'의 검색빈도는 2015년 12월 이후 점차 증가하여 2016년 12월 최고점을 기록하였다. 한창 탄핵 여론이 거세지던 시기였다.

뿐만 아니라 지역갈등을 조장하는 용어도 끊임없이 확대·재생산되고 있으며, 지역갈등을 넘어 남녀 갈등을 부르는 어휘들도 심각한 수준이다. 논란이 있었던 여초 사이트의 명칭에서 비롯된 '메뙈지', 남성 비하 단어인 '한남충' 등 이 시간에도 계속 분열과 갈등을 일으키고 있다. '왜 이렇게 갈등을 조장하지 못해 안달이 난 것일까?'라고 생각될 정도로 말이다.

이러한 자극적인 언어는 사용자로 하여금 극단적 혐오감을 표출시키고, 대상에 대한 낙인과 조롱을 심는다. 또한 갈등이 일어나면서 중립적이던 사람들도 한쪽으로 몰리게끔 분위기가 조성되는 경우가 많으며 꼬리에 꼬리를 물 듯 끊임없이 확대되는 경우가 많다. 인터넷상에서 발현된 혐오가 자칫 상대에 대한 혐오범죄 등으로 이어질 수 있다는 점에서 자극적 언어의 확산은 결코 가볍게 다루어선 안 될 문제이다. 이러한 난제의 발단에는 앞서 근본적 원인으로 지목한 경쟁적 사회 분위기와 더불어, 인터넷 공간에서 비롯되는 의사소통의 구조적 한계와 사용자의 몰지각성이 복합적으로 작용하는 문제가 존재한다. 우선 인터넷 공간에서는 익명성이라는 가면 아래에 평소 자아와 다른 자아가 얼마든지 등장할 수 있으며, 직접 대면하는 커뮤니케이션이 아닌 만큼 자기중심적 언어사고가 주를 이루게 되고, 제한된 소통 속에서 상대에 대한 섣부른 판단을 내리게 된다. 이는 상대에 대한 비방과 모욕을 쉽게 만들며 이러한 행위가 당사자에게 어떠한 불이익도 주지 않기 때문에, 사용자는 이러한 행태에 대해 무감각해지게 되는 것이다. 이러한 토대에서 성장한 갈등과 자극의 언어는 한국사회의 언어 생태계를 무너뜨리고 성숙한 언어 사용 문화를 가로막는 주범으로 자리 잡고 말았다.

명예를 훼손하고 공익집단을 폄하하는 어휘의 사용

종종 술자리에서 현 시국에 대한 담론이나 우리 사회에 대한 자화상을 성찰해본 경험이 한번쯤 있을 것이다. 여느 술자리가 다 그렇듯이, 취기가 오른 몇몇 테이블에서는 큰 목소리로 우리 사회를 거세게 비판하곤 한다. 그럴 때마다 결코 이야기를 엿들을 의도가 없음에도 불구하고 쩌렁쩌렁한 이야기를 본의 아니게 경청할 수밖에 없는 상황에 놓이게 되었다. 검찰 조직이 어떻다느니, 경찰을 모두 갈아엎어야 한다느니, 하는 그런 이야기들. 그런데 지금 돌이켜 생각해보면 무척 흥미로운 점이 있다. 검찰과 경찰을 맹렬히 비판하는 그들의 입에서 '검찰'과 '경찰'이라는 단어가 한 번도 등장하지 않았다는 것이다. '검찰'이라는 말 대신 '떡검'이라는 말이, '경찰'이라는 말 대신 '짭새'라는 말이 이야기 속에서 오갔기 때문이다. 사실 이렇게 공익집단을 폄하하는 단어를 사용하는 일은 우리 주위에서 너무나도 흔하다. 닷컴 언론의 댓글 창에서는 '저런 구타 사건이 끊이질 않으니까 개병대라고 불리는 거지'와 같은 글을 심심찮게 볼 수 있고, 일상 속 대화에서도 '경찰이 아니라 권력에 아첨하는 견찰 아니냐'는 비판을 익숙하게 들을 수 있다. 물론, 사회에 대한 비판적 시선을 가지고 공익집단의 부패를 경계하는 일은 당연히 필요하고 오히려 바람직한 현상이라고도 볼 수 있다. 하지만 무분별하게 조직의 명예를 훼손하고 조직에 속한 이들을 폄하하는 단어를 사용하는 일을 과연 긍정적으로 볼 수 있을까? 집단과 조직을 비난하는 단어가 가지는 가장 무서운

점은, '단 한 마디'로 그들의 겉과 속 모두를 베어버릴 수 있기 때문이다. 어렵고 길게 이야기할 필요 없이, 조직을 비하하는 단어 하나만 던지면 그들을 손쉽게 깎아내릴 수 있다. 그들이 어떤 일을 하고 있고 어떤 노력을 기울이고 있든 간에 조직을 폄하하는 딱 한 단어로 그들의 모습은 규정된다. 그러나 성숙한 시민의식을 가진 사회라면, 단 한 마디로 조직을 비난하기보다는 대상 조직이 어떤 잘못을 했는지에 집중하여 '생산적인 비판'을 수행할 것이다. 바꾸어 말하면, 말 한 마디로 공익집단을 깎아내리는 사회가 성숙한 시민의식을 갖춘 사회라고 볼 수는 없다는 것이다.

언어, 이제 성숙해져야 할 때

혹자는 이렇게 되물을 수도 있다. '광화문에서 보여준 성숙한 시민의식만 해도 충분히 대단한데, 뭐 일상에서 쓰는 한두 마디 가지고 시민의식이 결여되어 있다고 하느냐?' 완전히 틀린 말은 아니다. 앞서 이야기했듯 대한민국 시민들이 광화문에서 보여준 시민의식은 박수갈채를 받아 마땅했다. 그러나 분명한 사실 한 가지는, 시민의식에 있어서 '이 정도면 됐다'라는 생각은 결코 바람직하지 못하다는 것이다. 시민사회의 성숙에 '완성'이란 없다. 한 가지 측면에서 시민의식이 성장했다면, 그렇지 못한 면을 찾아 또 한 번의 발전을 도모하는 것이 합당하다. 한국사회 역시 정치적 측면에서 성숙함을 보여주었다면, 아직 온전히 시민의식이 성장하지 못한 다른 면에서의 발전을 위해 노력해야 하며, 우리는 그러한 '한국사회의 미완성된 성숙'이 바로 언어 생태계에 있음을 지금까지 면밀히 살펴보았다.

그렇다면 한국사회의 언어는 어떠한 방법으로 성숙해질 수 있는가?

당장 생각할 수 있는 방법은 많다. 성숙한 언어를 사용하자는 캠페인을 전국적으로 실시한다든지, 올바르지 못한 언어 사용을 강하게 제재한다든지. 그러나 이런 방법들은 이미 수도 없이 갖가지 형태로 시행되어 왔으며 단기적으로 작은 성과만 거두었을 뿐 언어 생태계 자체를 바꾸어 놓지는 못했다. 무너져가는 언어 시민의식을 바로잡기 위해서는 보다 근본적이고, 실질적인 대책이 절실하다. 이에 지금부터는 한국사회의 언어문화를 보다 더 성숙하게 만들 수 있는 세 가지 방안을 제시하고자 한다. 이 방법들이 즉각적인 만병통치의 역할을 할 수는 없을 것이다. 그러나 분명한 것은 이러한 노력들이 지속적이고 체계적인 실천으로 이어진다면 분명 우리 사회의 언어 행태에는 큰 변화가 일어날 것이라는 점이다. 시민의식에 완벽은 없지만, 완벽을 향해 나아가는 길은 분명 존재한다. 지금부터 그 길의 입구로 천천히 걸어 들어가겠다.

하나, 바른 언어를 선도하는 언론과 방송

한국사회의 거대한 지각변동을 이끌어낸 촛불처럼, 모든 변화에는 그것을 선도할 주체가 필요하다. 그렇다면 한국사회의 언어 생태계 변화를 이끌 주체로는 무엇이 가장 적절할까. 우리는 언론과 방송이 그 답이 될 수 있다고 생각한다. 언론과 방송은 과거부터 지금까지 언어문화의 등대이자 지표로 기능해 왔다. 일상 언어에서 수많은 문제점이 발생할지언정 언론의 언어는 정제된 모습을 보여 왔고, 방송 매체 역시 언어 지킴이의 역할을 자처하며 우리의 언어를 보호하는 데 적지 않은 역할을 도맡았다. 이러한 언론과 방송이 바른 언어 사용의 선도자 역할을 한다면 한국사회의 언어 생태계는 더욱 올바른 방향으로 발전할 수 있을 것이다. 물론 언론과 방송이 지금까지 해오던 역할을 그저 지속하면 된다는 이야기는 결코 아니다. 지금까지 언론과 방송이 우리 언어를 지키기 위하여 해왔던 노력을 살펴보면, 대체로 언어를 '정확하게 사용하는 것'에 초점이 맞추어져 있었다. 맞춤법을 올바르게 사용한다든지, 비문이 없는 문장을 구사한다든지, 외래어 표기법을 지킨다든지 하는 것들에 대부분의 노력이 집중되어 왔고, '성숙한 언어 사용 문화'를 만들기 위한 노력은 상대적으로 부족했던 것이 사실이다. 이제 언론과 방송이 '정확한 언어 사용'을 넘어 '성숙한 언어 사용'을 주도하는 변화의 중심이 되어야 한다. 언론은 언어 사용이 빚어내는 사회 갈등에 더 주목해야 하며, 방송은 사회적 약자에 대한 멸시와 조롱으로 비쳐질 수 있는 콘텐츠의 생산을 경계해야만 한다. KBS한국어진흥원과 같이 국민들의 우리말 사용 능력을 높이는 데 집중했던 기존의 기관들은 이제 국민들의 성숙한 우리말 사용을 장려하고 유도해야 한다. 물론, 언론과 방송이 다각적인 노력을 기울인다 하더라도 그것이 온 국민의 언어생활 변화를 즉각적으로 이끌어낼 수는 없을 것이다. 그러나 중요한 것은 그렇다고 해서 언론과 방송이 아무런 노력도 하지 않는다면 언어 생태계의 변화는 더욱 요원할 것이라는 점이다. 지금까지 언어 사용의 길잡이가 되어 왔던 언론과 방송인만큼, 그들이 성숙한 언어 사용을 주도한다면 분명 괄목할만한 변화를 기대할 수 있을 것이다.

둘, 학생들의 언어 변화를 이끌어내는 교육

학창 시절, 비속어를 쓰는 학생들에게 '말 좀 예쁘게 쓰라'고 귀에 못이 박히도록 훈계하던 선생님의 모습을 다들 쉽게 떠올릴 수 있을 것이다. 그런데 가만 생각해보면, 초등학교에 입학할 때부터 고등학교를 졸업할 때까지 언어 사용에 대해서 체계적인 교육을 받은 적을 떠올리기는 쉽지 않다. 실제로 지금 우리나라의 교육체계에서 '성숙한 언어 사용'을 직접적으로 지도하는 교과목은 국어와 윤리 관련 교과목 정도에 그치며, 이마저도 교육이 형식적으로 이루어지는 경우가 다반사이다. '친구와 함께 어울릴 때는 바르고 고운 말을 써요'와 같은 문구가 학생들에게 얼마나 실질적으로 다가갈 수 있을까? '사회적 약자를 존중하는 언어를 사용하자'라는 교과서의 내용만으로 얼마나 많은 학생들이 자신의 언어생활을 되돌아볼까? 이제는 형식적이고 단순한 언어 사용 교육에서 벗어나야 할 시점이다. 그러기 위해서 우리는 성숙한 언어 사용을 지도하기 위한 '언어생활' 교과목의 신설을 제안하고 싶다. 지금까지 올바른 언어 사용을 가르치는 교과목은 국어와 도덕 정도였다. 이 교과목에서 바른 언어 사용을 지도하는 것만으로 학생들의 언어생활을 개선하기에는 무리가 따른다. 각 교과목이 다루어야 할 내용들이 너무나 많기 때문이다. 수많은 학습 내용들을 담다 보면 올바른 언어 사용은 자연스레 교육의 우선순위에서 중요도가 떨어질 수밖에 없고, 결국 성숙한 언어 사용을 지도하는 일은 학습 현장의 뒷전으로 밀려나게 된다. 따라서 〈언어생활〉과 같이 학생들의 언어 습관을 본질적으로 변화시킬 수 있는 교과목이 신설될 필요가 있다. 신설된 교과목은 단순히 올바른 언어가 무엇인지 가르치거나 어떤 언어를 사용해야 하는지를 교육하는 경직된 방식에서 탈피하여, 실제로 학생들이 자유롭게 자신들의 언어를 구사하고 언어 습관을 세밀하게 되돌아볼 수 있는 다양한 체험 활동을 제시해야 한다. 나도 모르게 '흑형'이라는 말을 익숙하게 쓰고 있었다거나, 누군가를 비하할 때 '장애인'이라는 단어를 서슴지 않고 사용했다는 사실을 스스로 발견하고 이것을 직접 바꿀 수 있는 기회를 교과목이 제공해야 한다. 또한 교과목을 신설하는 방안의 도입뿐 아니라 실제 교육 현장에서 교사와 학생의 언어 사용을 총체적으로 검증할 수 있는 도구를 도입하여 교육 현장의 실질적인 변화를 도모해야 하며, 기존의 국어와 윤리 관련 교과목이 부분적으로 담당했던 학생들의 언어생활 교육 역시 추상적이고 형식적인 방법에서 탈피하여 실천적, 참여 중심적으로 변모해야만 할 것이다.

셋, 시민사회가 함께 가꾸는 언어 생태계

사회적 약자에 대한 공감과 배려, 분열이 아닌 통합을 이루는 시민의식을 위해서는 시민이 직접적으로 참여하고 느낄 수 있는 프로젝트 기회가 많이 주어져야한다. 시민사회의 참여를 이끌어 내어 시민들 스스로가 사회적 약자에 대한 배려, 성별과 계층, 지역 간 통합을 일구어낼 수 있도록 해야 한다. 또한 방법이 실효적 효과를 낼 수 있는 방법이어야 한다. 대표적으로 야구, 축구 등 수많은 팬덤(fandom)을 보유하고 있는 스포츠클럽 등을 통한 공익제고 활동이 좋은 사례라고 할 수 있다. 큰 인기를 얻고 있는 스포츠 스타들이 참여하는 의식적 언어사용 캠페인을 제안하는 바이다. 한편으로 공익집단의 명예와 위상은 우리 사회를 위해서도 필요불가결한 요소이다. 건강한 사회의 유지, 예컨대 치안과 질서를 위해서는 해당 기관에 대한 권위를 시민이 인정하고, 시민협조가 원활하게 이루어져야 최상의 기능을 유지할 수 있기 때문이다. 그러나 앞서 살펴보았듯 한국사회에서 경찰과 군대, 그 외에 많은 공익집단에 대한 언어적 존중이 부족한 것이 사실이다. 비하되고 실추되는 공익집단의 명예를 드높이기 위해 시민참여형 프로젝트가 지속적으로 이어져야하며, 시민과 의사소통을 통해 건설적인 비판이 수용될 수 있는 경로를 만들고, 공익유지의 활약상을 시민사회에 알릴 수 있는 효과적인 수단을 활용해야한다. 가장 잘 실천하고 있는 사례로서 경찰청 페이스북 페이지인 '폴인러브'가 있다. 해당 페이지는 시민들의 경찰에 대한 미담 제보 등을 활용하여 경찰의 명예와 시민사회의 신뢰 향상에 큰 역할을 하고 있다. 또한 나아가 공공예술 부문을 활용하여 시민들의 사회적 참여를 독려해야 한다. 대형 벽보에 포스트잇을 붙이거나, 영상을 응모하는 등 시민들의 언어로 공익집단에 대한 존중을 표현할 수 있는 장(場)이 지속적으로 제공되어야 한다. 이러한 방안들이 기존의 캠페인과 같은 '형식적 대책'들과 가장 차별화되는 점은 '시민으로부터 시작되는 변화'라는 것이다. 이제까지 시민의식의 변화를 위해 투입되었던 많은 노력들이 제대로 된 성과를 거두지 못한 가장 큰 이유 중 하나는 시민을 변화시키려고만 했지, 시민 스스로 변화하는 방안을 모색하지 못했기 때문이다. 결국 시민의식을 구성하는 것은 시민 개개인이고, 그들이 직접 일어나고 변화해야만 시민의식의 성장이 있는 것임에도 불구하고 지금까지의 변화는 시민에 초점을 두지 않았다. 따라서 지금까지 제시했던 시민사회가 중심이 된 방안들이 도입되어 모두가 언어 생태계를 함께 가꿀 수 있게 된다면 시민의식의 실질적 성장을 우리는 충분히 기대해볼 수 있을 것이다.

마치며

한국사회의 언어는 지역, 집단, 세대의 변화에 따라 함께 변화해오고 있다. 다만 과거와 달리 미디어의 영향과 인터넷 공간을 중심으로 퇴폐적 언어의 확대 · 재생산이 커짐에 따라, 발전을 거듭하고 있는 한국 시민의식의 아킬레스 건으로 자리 잡고 있다. 건설적 토론이 아닌, 비방과 욕설이 난무하는 언어 생태계를 단순히 기술의 발전에 의해 구축된 언어의 쓰레기장으로 치부하기에는 우리 스스로에 대해 생각해볼 문제가 많다. 이른바 문화지체(물질문화와 빗물질문화의 차이에서 생겨나는 사회적 부조화)라는 이 증상의 본질을 꼬집지 못한 체, 인터넷 실명제와 같은 표면적인 조치만을 취한다는 것은 결국 시민의식의 성숙을 도외시하는 것이다. 따라서 이에 대한 세 가지 방법, 미디어의 성숙한 언어 사용, 생활언어의 변화를 이끌어내는 교육 현장의 개편, 시민참여형 프로젝트를 통해 의식적 언어사용을 일깨워야 한다. 특히 어린 학생들이 폭력성과 자극성을 강하게 지닌 언어 사용을 무의식적으로 학습하고, 그들의 사고의 저변에서 무의식적 위험으로 자리 잡기 때문에, 이러한 일깨움은 언어 사용자의 자기 필터링을 강화하는 측면에서 굉장한 효과를 발휘하게 될 것이다. 프랑스나 영국과 같이 시민사회의 역사가 오래된 선진국에서 시민교육의 토대는 다양성을 존중하며, 포용적인 자세로 토론함에 있다. 하지만 한국의 현 시점의 언어 생태계는 심각한 오염으로 얼룩져 있으며, 특히 학생들의 경우 무분별한 어휘의 사용, 특정 집단에 대한 혐오감의 표출이 지나칠 정도로서 사회갈등의 씨앗이 되고 있다. 이를 방치할 경우 어떤 문제가 발생할까? 가장 근접한 사례가 있다. 지난 해 7월 온 국민을 분노케 한, 모 교육부 정책기획관의 '국민은 개, 돼지' 발언이 신문지면을 뒤덮었다. 해당 공무원의 변명을 들어보자면, '출발선상이 다른 게 현실이기 때문에 상하간의 격차를 인정하자는 취지'의 발언이었다고 한다. 취지도 공무원의 입에서 나올 말은 아닌 것이기도 하거니와, 자신의 발언에 대한 필터링을 할 수 있는 판단력이 있음에도 불구하고, 이 발언이 등장한 것은 우연이 아니다. 이전부터 오랜 기간 동안 인터넷 공간에서 확대, 재생산된 일종의 자기비하 및 자조적 표현으로 쓰이곤 하였으며, 당시 이 발언을 차용한 영화 〈내부자들〉의 흥행을 통해 널리 퍼졌다. 결국 이 사례에서 볼 수 있는 것은 자명하다. 한국사회에서 무의식 속에 내재된 혐오, 멸시적 표현에 대한 필터링이 없으며, 이에 대한 문제의식이 여태까지 부족했다는 것이다.

우리가 두려워하는 것은 단순히 한국사회의 언어에서 욕설이 많아지고, 경박한 표현이 잦아지는 것이 아니다. 미국의 사업가 로리.B.존스는 "우리는 의식적이든 무의식적이든 자신에게 선언된 말에 의하여 살아간다. 말은 우리가 어떠한 사람이 되도록 만든다. 우리가 자신에게 혹은 남들에게 선언하는 말은 곧 예언이 된다." 라는 말을 남겼다. 결국 언어가 사람을 만들고, 사람이 사회를 만들기 때문에, 앞으로 살아갈 한국사회가 극단적 사회 분열과 갈등으로 둘러싸일 가능성이 두려운 것이다. 시민의식을 나타내는 척도에는 수많은 종류가 있다. 하지만 그 중에서도 언어가 시민의식의 수준을 대표하는 얼굴이자, 그 수준의 깊이를 나타내는 잣대가 아닐까? 우리는 시대를 막론하고 빛날 통찰력 깊은 한마디를 재인용하며 이 글을 마치고자 한다.

"우리는 말하는 것을 통해 사고를 배우는 것이니까,
사고는 언어에서, 언어로써, 그리고 언어를 통해 형성된다."
- 요한 고트프리트 헤르더

'이타주의'와 '배타주의' 가치관 갈등을 넘어 바람직한 합의를 위해 : 예멘 난민 수용 이슈를 중심으로

이은수(서울대학교 아시아언어문명학부)

1. 서론

"Wish the goodness for your neighbor, you'll see it in your house." 이웃에 대한 관용을 중시하는 아랍인들의 특성을 잘 보여주는 아랍어 속담이다. 개인주의가 가속화되는 현대 사회에서 공동체 의식을 생각하게 하는 말이기도 하다. 국가 간 관계를 이웃의 관계에 대입하는 '지구촌 시대'의 세계 시민의식은 이웃 관계를 세계로 확장해 국가 간 상호의존과 각 국가에 부여되는 책임 의식을 더 강조한다. 하지만 개인과 국가 모두 책임 의식을 '이타주의'로만 발현하는 것은 아니다. 외부인에 대한 보호가 개인과 국가의 안보를 침해할 우려가 있을 때 배타적 행동을 통해 내부의 보호를 우선시하는 모습도 나타난다. 개인과 달리 국가는 각기 다른 의견 간 합의를 이루어야 하기에 이타주의와 배타주의의 균형점을 정하는 의사결정이 더 복잡하게 나타난다. 특히나 국민 간 갈등이 좁혀지지 않을 때 의사 결정은 더 어렵다. 현재 한국사회의 최대 이슈로 떠오른 난민 수용문제에서도 이타주의, 배타주의 사이의 가치관 갈등은 극명히 나타난다.

  예멘 난민은 2018년 6월 말 기준으로 561명이 입국하였고 519명이 난민 신청을 하였다. 그 이후 예멘 난민입국 반대 청원이 6월 13일 게시되어 5일 만에 20만명을 기록하였고 7월 7일 기준으로 65만명을 넘어섰다. 입국 허용과 반대 사이에서 첨예한 의견 충돌이 나타났고 찬반 집회가 동시에 열렸다.[1] '이타주의'와 '배타주의' 가치관 갈등은 계속 나타났음에도 합의가 이루어지지 못했고 이번 이슈에서는 더욱 심각한 갈등으로 나타나게 되었다. 본 에세이에서는 난민 이슈를 예시로 다루되 넓은 의미의 '이타주의' '배타주의' 가치관 갈등의 원인과 해결에 더 초점을 두었다. 즉 난민 이슈 자체에 대한 결론에 초점을 맞추기보다는 상충하는 두 가치관 갈등의 해결방안을 중심으로 살펴보았다. 이번 예맨 난민 이슈를 예시로 한 이유는 이 예시가 '이타주의'와 '배타주의' 가치관 갈등을 가장 잘 드러내기 때문이다. 난민이 가장 수혜적 입장의 이주민이며 예멘 무슬림이라는 이질적 집단이기 때문에 갈등 소지가 크고 충돌 양상을 잘 보여줄 수 있다. 한편으로 국제 사회에서의 '이타주의'와 '보호주의' 가치관 갈등을 다룬 이유는 다음과 같다. 첫 번째로 한국 사회가 긴 역사를 두고 경험해보지 않은 가치관 갈등이라는 점에서 풀기 어려운 갈등이기 때문이다. 두 번째로, 어려운 갈등임에도 합의가 되지 않으면 미래에 더 큰 문제를 일으킬 가능성이 있기 때문이다. 넓은 의미에서 이주민 수용문제, 그중에서도 난민 문제는 계속됐고 계속될 문제이다. 마지막으로 이주민과의 갈등 해결법에 관해서는 연구가 많지만 그 앞 단계에 있는 한국사회 내에서의 이주민 '허용'과 '거부'에 대한 갈등 해결책을 제시한 연구는 적기 때문이다. 사회적 관심도가 낮았던 난민 문제는 더욱 그 수가 적다.

1   고제규, 〈8000km 건너온 낯선 질문〉, 시사IN 제563호, 2018.06.26

본 에세이에서 쓰인 '이타주의'와 '배타주의'라는 용어는 다소 모호하고 기준에 따라 그 의미가 다르게 보일 수 있다. 본 에세이에서 정의한 '이타주의'는 세계시민주의와 연결되는 개념으로서 난민, 이주 노동자 등 국제적 약자의 수용과 복지를 지향하는 측이다. '배타주의'는 국가의 경제, 안보를 최우선으로 하며 국민 이익 도모를 지향하는 측으로 정의하였다. 난민 문제에 한정해서 보면 각각의 가치관이 수용, 거부의 대조적 입장을 취한다고 보았다.

2. 본론

본론에서는 난민 이슈에 있어 '이타주의'와 '배타주의' 가치관 갈등 상황과 원인, 해결책을 서술하였다. 서론에서 소개한 바와 같이 본 에세이에서는 난민과 한국인 사이에서 나타나는 갈등이 아니라 이주민 수용을 둘러싼 한국인 간의 가치관 갈등을 핵심적으로 다루었다. 구성에 있어서 가치관 갈등의 현황과 원인, 그리고 해결방안을 차례로 소개하였다.

2.1. 가치관 갈등 현황과 문제점

현재 나타나는 가치관 갈등상황을 정리하자면 크게 갈등 주제인 난민에 대한 오해, 상대 가치관에 대한 무시, 갈등전환과 변화에 관한 관심 부족이 있다. 이 상황은 가치관 갈등을 더 첨예하게 만들고 있어 문제에 대한 합의와 해결을 어렵게 만들고 있다.

2.1.1. 갈등 주제인 난민에 대한 오해

갈등이 발생할 때 주제 자체에 대한 단편적 시각과 오해는 해결을 어렵게 만든다. 특히나 대상에 대한 감정적 인식이 극단화되었을 때 갈등은 평행선을 그리게 된다. 난민 이슈와 관련되어 한국사회에서 나타나는 현상 중 하나가 주제인 난민에 대한 극단적으로 편향된 인식과 감정적 대응이다. 한국의 다문화 정책에서 나타난 온정주의와 혐오주의가 난민 문제에서도 비슷한 양상으로 나타나고 있다. 한국사회는 다문화라는 개념이 도입된 지 얼마 되지 않았고 갑자기 들어온 다문화에 대한 이해 요구와 낮은 문화적 수용성 간의 괴리가 생겼다. 이해 요구와 관련되어서는 이주민 수용에 대한 극단적 온정주의를 만들어내기도 하였고, 이주민 처우개선 요구가 피로감과 혐오증 같은 반감을 만들기도 하였다.[2] 이번 이슈에서도 두 가지 측면은 극단적으로 대조된다.

'배타주의' 측의 일부가 보이는 모습은 논리적 근거를 통한 우려가 아닌 종교와 인종에 대한 차별적 인식이다. 이슬람교를 믿는 것과 이슬람주의자는 확연히 다른 개념이다. 후자만이 종교를 이데올로기화해서 사회운동에 쓰는 것이다. 일부 테러의 원인이 극단적 이슬람주의 운동이기 때문에 종교적 문제처럼 보일 수 있으나 이슬람교라는 종교가 테러와 연결되는 것은 아니다. 마찬가지로 여성인권과 관련된 사회불안도 종교적 교리로 보는 것에는 논리적 비약이 나타난다. 일부 '배타주의' 측은 이슬람교와 이슬람주의를 분리하지 않은 오해를 하고 상대방에게도 이러한 오해를 강요한다. 무조건적 부정은 미디어의 보도로 더 심화된다. 예를 들면 '예멘 난민 속에 알카에다 IS요원 숨어 트럭 테러 자행한다면?'[3]이라는 칼럼은 대상에 대한 편파적 시선을 담고 수용자를 호도할 수 있다. 이미 다문화 사회가 정착된 독일에서도 파리테러와 같은

---

2   이수범, 장성준, 《다문화사회에서의 미디어 역할-독일 사례를 중심으로》, 한울 아카데미, 2017, pp.162-165.

3   이래권, 「예멘 난민 속에 알카에다 IS요원 숨어 트럭 테러 자행한다면? 제주도 무비자 입국과 3개월 체류가능 조항 시급히 제고돼야.」, Breaknews, 작성 : 2018.07.02 [10:34], 검색 : 2018.07.07. (URL :www.breaknews.com/587280)

난민으로 나타난 사회문제의 보도는 인식을 부정적으로 만들었고 페기다(이슬람화에 반대하는 애국적 기독교인 모임)와 같은 극단적 반대자가 나왔다.[4] 많은 수의 이민자가 함께 사는 다문화 사회를 경험해본 적 없는 한국 내에서는 미디어의 편향적 태도가 무조건적 혐오로 이어질 소지가 더 크다. 댓글에서 이러한 상황은 심화된다. '유럽 성폭력 범죄 대부분이 이슬람 난민에 의한 것이다.'라는 것처럼 사실 여부를 확인할 수 없고 종교적 폄하를 띄는 글이 많은데 이용자는 이를 무비판적으로 수용할 수 있다.

한편 '이타주의' 측에서도 갈등 대상자인 난민을 정확히 바라본 것은 아니다. 난민으로 발생할 가능성이 있는 사회문제도 온정적으로만 덮을 수 없다. 이주민과 현지인 간의 갈등이 계속 나타나는 현상만 보더라도 감수해야 할 위험성은 크다. 독일에서 난민을 돕던 인권 운동가가 이주민에 납치돼서 죽임을 당했던 사건은 난민과 관련된 세계의 여론에 큰 파장을 주었다.[5] 난민이 독일의 난민이 다른 국가에 넘어가 다른 국가와의 갈등을 만들고 있는 사례도 있다.[6] 한국이 난민 수용을 적극적으로 할 때 생길 수 있는 주변 국가와의 갈등문제도 분명 있는 것이다. 이렇게 온정주의로만 생각할 수 없는 현실적 문제들은 분명 존재한다. 분명 다름은 틀림이 아니다. 하지만 다름이 틀림으로 변할 위험을 감수하면서까지 수용할 수 있는 가는 별개의 문제이다. 이타주의에서는 난민 자체에 대해서 극단적 온정주의 시각을 갖는 문제와 난민 수용의 위험성을 간과하는 문제가 나타난다. 그리고 상대방이 제기하는 이러한 우려

---

4   최유, 권채리, 《난민법에 대한 사후적 입법 평가》, 세종 : 한국법제연구원, 2017, pp.18-19.

5   서울신문, 「난민 돕던 독일 여성, 무슬림 이민자에게 살해당해」 작성 : 2018.06.27. [15:07], 검색 :
      2018.07.01 (URL : http://nownews.seoul.co.kr/news/newsView.php?id=20180627601015&wlog_tag3=naver#c
      sidx100114b0d24a01ea02746e9ef1b8ad8).

6   연합뉴스, 「난민논쟁 때문에 유럽 동서로, 남북으로 갈라진다.」 기사 작성 : 2018.06.28. [12:05] 검색 :
      2018.07.01 (URL : http://www.yonhapnews.co.kr/bulletin/2018/06/28/0200000000AKR20180628088900009.
      HTML?input=1195m

점에 적절히 대응하지 않고 감정적 대응을 하고 있다.

2.1.2. 상대 가치관에 대한 무시

이렇게 양측이 상반된 인식을 극단화하는 것에서 더 큰 문제는 상대 가치를 이분화하고 폄하하는 상황이다. 두 입장 모두 상대 입장을 흑백 논리로 이분화하고 일반화시킨다. 합리적 비판이 아닌 비난과 인신공격을 하고 있다. 이는 민주주의의 기본 원리를 깨트리며 사회적 합의가 형성되기 전부터 갈등 해결을 어렵게 만들고 있다. 난민 수용에 대한 찬성과 반대는 이분법적으로 나눌 수 없는 다양한 층위가 있다. 찬성, 반대라는 용어 사용은 서로 다른 의견을 동질적으로 묶는다. 예를 들어 수용 찬성 측의 입장에도 수용하되 긴 시간을 두자는 주장이 있고 수용 반대 측 입장에도 당장의 수용은 불가하되 대비를 꾀하는 방식을 생각하는 주장이 있다. 국제 원조나 협력을 통한 대안적 입장도 있다. 이렇게 의견의 층위를 나누어서 살펴보면 분명 합치될 수 있는 지점이 있다. 찬성, 반대라는 기준이 다소 편한 분리기준이 될 수 있으나 이는 다양한 의견을 묵살하는 가능성도 갖는다.

이분법적 의견 분류는 모든 의견을 동질적으로 보이게 하는 성급한 일반화로 연결되었고 두 의견이 서로에 대한 대립각을 극단화하도록 유도했다. 대립각이 극단화되어 SNS 상에서는 상대에 대한 공격적 발언과 인격모독, 폄하가 나타났다. 예를 들어 "찬성하는 사람들 집에만 살게 하면 된다. (중략) 그리고 거기에 드는 비용은 찬성하는 사람들 재산과 세금으로 해결해라."[7] 라는 댓글에는 상대편에 대한 공격적 발언이 드러났다. 한편으로는 난민 거부에 대한 입장은 '인간애의 상실', '국제

---

7   법률N미디어, 「[법조기자 뒷담화] "난민 고 홈!!" vs "우리도 난민이었다"」의 댓글, 2018.07.02. [17:54]
    (URL : https://blog.naver.com/naverlaw/221311109359)

사회에서의 이미지 추락 유도'로 폄하된다. 난민 문제뿐만 아니라 이주자 수용과 관련된 많은 이슈에서 이주자 수용 입장은 현실성 없는 이상주의로 인식되었고 거부 입장은 인종주의자로 인식되었다. 그리고 이 인식을 공론화 하는 것은 침묵의 나선효과로 인한 고정관념을 유도한다. 침묵의 나선 효과란 아무 의견을 제시하고 있지 않지만 자연스럽게 다수의 의견으로 편향되는 현상을 가리킨다.[8] 소수로서 고립되지 않고 싶은 심리적 동기 때문에[9] 정보 수용자인 일반 네티즌은 주위 사람들의 의견에 좌우되는 동조화 현상을 경험한다. 그렇기에 정보를 제공하는 측에서의 일반화, 흑백논리, 그리고 극단화로 만들어진 정보가 수용자에게 고정관념이 될 수 있다. '이타주의' 측은 난민 수용 후 사회 혼란이 나타나는 예시를 보며 반대 측이 제기하는 문제를 현실적으로 인식할 필요가 있다. 난민 수용을 하지 않되, 국제 원조를 늘린 일본의 예도 생각해볼 지점이 있다. '배타주의' 측은 난민 수용이 사회 전반에 엄청난 안보 불안과 경제 위기를 불러올 것처럼 말하지만 성공적 수용으로 오히려 국가의 발전을 꾀한 반례도 고려해야 한다. 나아가 두측 다 인격 모독을 통해 갈등을 부추기는 상황을 지양해야 한다. 하지만 현재 상황에서 두 측 모두 상대 의견을 무시하고 있으며 정보 제공자로서도 편향된 시각을 양산하고 있다.

2.1.3. 갈등 해소와 갈등 전환에 대한 관심 부족

갈등 전환이란 "건설적 사회변환과 통합의 선순환적 구조의 구축을 목표로 구조적 폭력의 최소화, 정의의 극대화 및 갈등문제 해결을 위한

---

8   온라인 디지털 경제미디어 키뉴스(KINEWS), 「댓글 의식하는 여론사회...네티즌, 미디어 리터러시 필요」 기사작성: 2018.07.02. [11:58] 검색 : 2018.07.04. (URL : http://www.kinews.net/news/articleView.html?idxno=200950)
9   온라인 디지털 경제미디어 키뉴스(KINEWS), ibid..

창의적 대응을 위한 과정"이다. 갈등 관리나 해소에서 나아가 갈등을 어떻게 해소할 것인지를 적절한 방법을 고려한다. 또, 해소에서 그치는 것이 아니라 더 나은 발전 방향을 위해 장기적으로 변화해야 할 방안을 모색한다.[10] 현재의 갈등 상황을 보았을 때 과거의 이주민 관련 문제와 마찬가지로 합의를 통한 변화 의지가 드러나지 않는다. 과거 이주민 관련 문제가 불거졌을 때 단순한 문제 제기와 감정적 갈등이 벌어졌다가 합의를 이루지 못했다. 이 상황은 이번 이슈에서도 반복되고 있다. 현재 난민 기초 생계비 지원액 495,879원에 대해서 난민법 개정 당시와 직후만 하더라도 논란이 없었는데 현재는 갈등의 핵심원인으로까지 커지게 되었다. 만약 법 개정 당시의 합의에 대한 필요성이 제기되었다면 갈등 예방의 기회를 가질 수 있었을 것이다. 하지만 이 법에 대한 논의는 제정 당시에도 그랬듯, 이슈화된 현재에도 바람직한 변화 방향에 대해서는 관심과 논의가 부족하다. 만약 제도가 잘못되었다면 보완을 통한 해결책 마련이 필요하고, 그 이전에 합의에 대한 열린 태도가 필요하다. 하지만 법에 대한 보완을 이끌어내고자 하는 주장보다는 이미 있는 법에 대한 문제 제기, 나아가 비방의 목소리만 높다.

　난민 문제를 둘러싼 결과적 측면에 대한 미디어의 전망제시와 해결방안 검토에 대한 부분이 없는 것도 해결책에 대안 논의가 없는 상황을 대변한다. 많은 미디어가 난민 수용의 거부와 허용 각각의 우려점을 제시하지만 긍정적, 부정적 결과에 대해 구체적 전망을 내놓는 경우는 드물다. 예를 들어, 국민들이 걱정하는 세금 증가 문제나 실질적으로 범죄가 증가할 수 있는 확률에 대한 예측은 극히 드물다. 변화 방향에 대해서도 마찬가지이다. 한국사회는 제대로 된 다문화 사회를 경험해본 적이 없었다. 예멘 난민이 아니더라도 이주자를 수용하거나 통합해본 경험이

10　김명환, 「우리는 왜 갈등을 전환하여야 하는가?」, 한국공공관리학보 31(3), 21-45, 2017, pp.21-45.

없는 상태에서 미래를 예단하기란 어렵다. '배타주의' 측은 다문화 사회에서 대상과의 통합이 어떻게 이루어지는지, 그 과정에서 어떠한 일이 생길지 모르는 두려움이 있다. 반면 '이타주의' 측에서는 모두가 함께 공존하는 다문화 사회에 대한 낙관이 있다. 경험이 더 적은 난민 문제에 있어서는 이러한 인식의 온도차가 더 극명하다. 갈등 전환에 대한 필요성이나 구체적인 전망을 바탕으로 한 해결책 모색 노력이 없는 상황은 대립만을 격화시키고 있다.

2.2. 가치관 갈등의 원인

위에 언급한 가치관 갈등의 이유는 복합적이다. 갈등 주제에 대해 이해도가 낮은 문제는 오해를 낳고, 미디어를 통해 잘못된 인식은 더 심화된다. 한국사회 내 갈등에 대해 특히 이주민 관련 갈등에 대해 해결해 본 경험이 부족한 것은 바람직한 해결 방향성을 제시하지 못한다.

2.2.1 갈등 대상인 난민에 대한 경험 부족

첫 번째로, 갈등 대상에 대한 이해 부족이 나타나는 이유는 대상과 관련된 직·간접적 경험이 없었기 때문이다. 경험이 없는 상태에서의 가치관 형성은 논리적 타당성보다 감정적 요소에 영향을 받게 된다. 또 한편으로는 갈등 대립 상황을 논리적 비판이 아닌 감정싸움으로 이어지게 만든다. 경험이라고 함은 크게 이번 이슈에 중심이 되는 예멘 난민에 대한 직·간접적 문화 경험 부족과 일반적인 난민에 대한 직·간접적 경험 부족이다. 먼저, 예멘 난민은 무슬림이라는 종교적 배경과 아랍인이라는 문화적 배경이 있다. 이 둘 모두 한국에서 경험이 적었는데 그 이유는 한국 자체의 인구구성 특성과 사회적 관심 부족이 있다. 한국은 다른 국가처럼 다민족으로 구성되어 있지 않고 최근 국제화로 외국인 거주자가 늘어났지만 다른 국가들에 비해 수가 많지 않다. 그리고 그중에서도 이슬람교와 아랍인의 수는 타종교인, 타민족에 비해 적다. 그 결과 사회적인 관심도도 크지 않다. 국내 이슬람교 관련 전문가는 극소수이며 중동지역의 문화 정치 경제 전문가도 마찬가지로 부족하다. 이에 따라 전문적 정보의 전달이 적고 전달되는 지식이 단편적인 경우가 많다. 직접적 경험을 할 수 있는 통로도 제한적이다. 국내의 아랍인 관광객은 있다 하더라도 한국인이 관광을 가는 경우는 드물다. 국내 학교들도 일부 외국어 대학교를 제외하고 중동지역 학교와의 교환학생 사례는 보기 힘들다. 즉 국내외에서 예멘 무슬림에 대한 직·간접적 경험을 할 수 있는 통로 모두 제한적인 것이다.

일반적인 난민에 대한 직·간접적 경험 또한 부족하다. 난민 전반에 대한 간접적 경험은 국제법과 국제 사회의 난민조약에 대한 지식과 관련이 깊다. 난민을 수용하는 국가의 사례도 간접 경험이 될 수 있을 것이다. 간접 경험과 관련해 국제 사회에서의 책임이나 국제법의 국내법 적용 여부 등에 대해서도 국민이 실질적으로 관심이 있거나 인식하고 있지 않다. 국제 조약에서 충족해야 하는 범위나 국제 사회에서의 책임 범위를 알지 못하는 상황에서 공허한 의견 다툼은 갈등으로 이어지게 되었다. 보도되는 난민 수용국가의 사례도 단편적이다. 난민 수용 사례 분석 위주의 기사는 찾아보기 어렵다.

난민과 교류를 통한 직접 경험에도 한계가 많다. 직접 경험은 난민 문제와 관련해 굉장히 중요하다. 독일은 난민에 대해 찬성과 반대 의견이 모두 있지만 한 측의 극단주의가 대다수 여론을 차지하지 않는다. 이전부터 다문화 사회를 경험해오며 가지게 된 인식이 바탕이 되었기 때문이다. 이주 배경이 있는 사람(자신 혹은 부모 한 명에게 이주 경험이 있는 사람)

이 22.5%일 만큼 상당수의 난민이 이미 사회 내에 들어와 있고[11] 접촉을 통한 경험이 난민 문제에 대한 시각의 바탕이 된 것이다. 난민들이 일자리 창출을 통한 경제 성장의 동력이 된다는 여론이 있는 캐나다 또한 역사상 처음부터 이주민으로 구성된 사회였다.[12] 이미 이주자로 구성된 사회에서는 다문화와 관련된 이슈가 나와 동떨어진 반대편 논쟁이 아니라 친척, 친구의 일인 경우가 많다. 장점과 단점을 모두 경험해보았기에 막연한 경제, 안보, 문화적 두려움을 갖거나 동정적 의식만을 갖는 것에서 벗어날 수 있었다. 한국인 대상 설문조사에서 약 98%가 난민을 직접 만난 적이 없을 정도로 실제 교류가 일어난 경우는 극소수이다.[13] 이렇게 대상과의 접촉이 없는 상태에서 긍정적으로만 혹은 부정적으로만 미래를 진단하는 것은 자의적 판단일 가능성이 크다. 이에 더해 결과를 예측할 수 없는 불안감은 합의 방식이나 변화 방향에 대한 논의를 막는다.

2.2.2. 미디어를 통한 오해와 왜곡

특히나 실제로 경험해보지 않았다는 점에서 접근성 강한 간접 경험의 통로인 미디어는 난민이슈에 대한 가치관 형성에 중요한 역할을 한다. 2015년 프랑스 파리테러는 난민으로 위장한 테러리스트가 일으킨 것이었고 난민에 대한 부정적 세계여론을 만들었고[14] 한국 내에서도 이러한 정서가 나타난 예가 있을 만큼 미디어는 가치관 형성에 큰 역할을 한다. 하지만 현재 미디어가 난민에 보여주는 모습은 매우 극단적이다. 한편에서는 난민이 일으킨 사회문제가 강조된다. 사회 안보적 측면에서 나아가 종교 이슬람이 기독교에 대한 위협이 될 것이라는 보도, 일자리

---

11 오예원, 독일 이주자 사회통합 프로그램에 대한 연구, 법학연구 55, 185-214, 2018, p.192.
12 박미숙, 《국내·외 인권정책을 통한 이주민 인권보호의 방향 모색》, 손영화문화교류연구 Vol.7(2), .69-90, 2018, p.80.
13 최유, 권채리, ibid., pp.249-260.
14 op.cit., pp.22-23.

위협과 같은 경제적 문제에 대한 보도도 난민에 대한 인식을 부정적으로 만든다. 다른 한편에서는 난민에 대한 동정 여론을 불러일으키는 상황만을 묘사한다. 지중해를 건너는 보트 난민을 묘사하고 난민 드라마처럼 만들어[15] 동정심을 자극하고자 한다. 두 측 모두 가치관 갈등에 원인을 제공한다. 긍정적 측면과 부정적 측면이 모두 있는 문제에서 한 측만이 강조되기 때문이다. 이렇게 만들어진 인식이 고정관념으로 굳어지게 되거나 상대의 타당한 문제제기를 받아들이지 않는 요소가 되기 때문이다. 직간접적 경험이 아닌 미디어에 의존하는 상황에서 편파적인 보도는 합의를 어렵게 만든다.

현재 새로운 미디어로서 의견을 만들어내는 SNS 댓글과 관련해 미디어로 인한 가치관 갈등은 더 대두된다. '댓글리케이션'은 댓글과 커뮤니케이션 합성어로 인터넷 댓글을 통해 소통하는 것이다. 댓글리케이션으로 인해 미디어에서의 여론 형성에 SNS 댓글이 큰 역할을 한다. 하지만 이런 댓글을 통한 소통과 정보 습득은 상대방과의 편가르기, 확증 편향 유도 우려가 있다.[16] 확증 편향이란 자신의 신념과 일치하는 정보는 받아들이고 그렇지 않은 정보는 무시하는 것이다.[17] 댓글은 신속하게 의견을 개제하고 상대적으로 쉬운 방식으로 동의/비동의를 표현한다. 상대적으로 짧은 길이의 의견 게시를 하였을 때 수용자 입장에서는 단편적 정보를 습득하게 만든다. 이 의견 게시가 모든 사용자의 참여로 만들어진다는 특성은 부정확한 정보를 수용할 가능성을 높이다. 또한 동의/비동의 방식은 무의식적으로 의견이 다른 상대방과 편을 가르도록 만들 수 있다.

---

15 op.cit., p.17.
16 온라인 디지털 경제미디어 키뉴스(KINEWS), ibid..
17 김미경, 「뉴스 노출 집단의 확증편향과 관여도가 소셜미디어 커뮤니케이션 행위에 미치는 영향 : 진짜뉴스와 가짜뉴스 비교」, 한국소통학회 세미나자료, 2017, pp.37-43

2.2.3. 사회적 문제에 대한 갈등 합의 경험 부재

일반적으로 갈등에 대한 평화적 해결을 해본 경험이 많은 사회가 갈등이 발생하였을 때 지속적 노력으로 갈등 상황을 변화시키는 '갈등 전환'이 잘 나타난다고 한다.[18] 즉, 합의 경험이 많을수록 갈등 관리 능력이 높아지는 것이다. 하지만 한국사회는 이러한 경험이 부족하였다. 정책 연구가들의 의견에 따르면 우리나라 정책 결정 과정에서는 일반 시민의 참여나 여론의 영향력이 적다. 정책 결정 과정의 의사결정이 비공식적으로 이루어지는 것이 많고 공개적 토론이 이루어지는 국회, 정당의 기능이 약하기 때문이다.[19] 구조적 문제와 더불어 사회적 이슈에 대한 낮은 관심도가 실질적 합의 경험 부족으로 이어지기도 하였다. 낮은 관심도의 이유는 가치관 갈등이 자신과 직접적으로 관련된 우선순위가 아니라는 것에서 오는 안심이나 안일함이다. 보통의 사회 문제에 대해서 자신과 지역사회에 대한 이해관계가 얽히기 전까지 관심도가 낮다. 그 뒤 이해관계가 얽힌 갈등으로 번지면 급박한 의견 수렴이 이루어지고 빠르게 처리하는 과정에서 갈등이 드러난다. 이제까지 한국사회에서 나타난 이주민 관련 가치관 갈등에서도 이 점은 유사하게 나타났다. 근본적인 가치관 갈등에 대한 합의나 합의 노력이 이루어지지 않았고 직접적으로 다가오는 이해관계 갈등으로 번졌을 때 단기적 이슈화가 이루어지기만 하였다.

예를 들어, 탈북민에 대한 지원, 조선족 이주민에 대한 통합 등에 대해 특혜와 보호를 둘러싼 찬성 반대 논란이 있었다. 이때에도 지원 정도에 대한 가치관 갈등이 드러났는데 합의가 이루어지지 않았고 그 상황

---

18 김명환, 「우리는 왜 갈등을 전환하여야 하는가?」 한국공공관리학보 31(3), 21-45, 2017, p.35.
19 이수범, 장성준, ibid., p.53.

에서 이주민들은 차별 상황에 놓였다.[20] 기본적으로 이주민에 대한 문제는 가치관 갈등이 이해관계 갈등으로 번져 이슈화가 되기 전에 관심도가 낮았다. 이슈화가 되었을 때는 단기간에 문제를 판단하려 하였고 갑론을박이 이어졌다. 이 과정에서 상충하는 가치관 사이에서 근본적 합의를 이루는 경험은 거의 이루어지지 않았다. 합의가 이루어지지 않았기 때문에 법제화와 같은 후행의 구체적인 접근은 더 드물었다. '냄비근성'이라는 말처럼 이슈화가 되었을 때 관심도가 증가했으나 시간이 지나면서 이슈에 대한 관심도가 낮아지는 양상을 보이기도 하였다. 이렇게 합의나 법제화에서의 경험 부족은 서로 다른 가치관의 갈등 상황을 심화시켰고 갈등 해결을 어렵게 했다. 축적된 갈등 관리 방안을 선례로 적용할 수 없고 수용적 태도와 같은 갈등관리 역량이 뒷받침되지 못하기 때문이다. 예를 들어 이주민 관련 갈등에서 어떤 방식으로 합의를 내리는지의 선례가 있다면 이번 상황에서도 적용할 수 있었고 예방책을 찾을 수 있었을 것이다. 합의 경험으로 배워나간 열린 태도는 갈등 대립을 완화시키는 역량이 되었을 것이다. 하지만 사회 내에서 그러한 경험이 부족하였다. 난민 이슈와 관련되어서는 특히 낮은 관심도와 맞물려 합의 경험 부재가 두드러졌고 이는 갈등을 격화시킨 이유가 되었다. 현재 대립하는 양측 입장 모두 합의나 법적 시행에 대한 해결책 고민이 부족하고 합의를 이끌어가는데 필요한 태도가 부족하다.

2.3. 가치관 갈등의 해결방안

앞서 난민에 대한 '이타주의'와 '배타주의'입장이 합의되지 못하고 있는 원인을 알아보았다. 원인 분석으로 살펴본 상황적 맥락을 고려하였

---

20 김혜련, 임채완, 「한국 이주민 사회통합정책 연구 : 상생·소통 모형을 중심으로」, 재외한인연구 32, 2014, pp. 299-330.

을 때 가치관 갈등이 나타나는 것은 필연적으로 보인다. 하지만 그것이 갈등 관리의 불가능성을 의미하는 것은 아니다. 갈등 관리 매커니즘을 고려할 때 현재 상황에서 중요한 것은 갈등이 나타난 것보다 어떻게 갈등을 관리할지, 그리고 사후 갈등을 어떻게 예방할지 이다.[21] 이를 위해서 갈등 주제에 대한 직, 간접적 경험, 미디어 공급자와 수용자의 상호노력 그리고 실질적 합의 경험을 통한 갈등 전환 역량 강화 방식이 있다.

2.3.1. 갈등 주제에 대한 직, 간접적 경험

갈등 주제인 난민에 대한 직·간접적 경험으로 유언비어를 막고 논의가 감정 다툼으로 진행되는 것을 막아야 한다. 나아가 실질적 해결책을 모색하는데 바탕이 될 수 있도록 해야 한다. 해결책과 관련해서 원인에서 분석하였듯 갈등 주제라 함은 일반적 난민과 이슈가 되는 예맨 난민이 될 수 있다. 이를 이해하기 위해서는 직·간접적 경험 모두가 필요하다. 먼저, 난민에 대한 직접적 경험을 위해 국내 탈북자 봉사의 예시에서 볼 수 있듯 자원봉사 방식으로 교류하는 것이 가능하다. 유사한 예를 찾아 이주민 수용 혹은 다문화와 관련된 경험을 통해 이해를 도모할 수도 있다. 국내에 한정되지 않고 국외에서 교류 방법을 찾을 수도 있다. 현지화 된 난민 봉사활동이 하나의 방안이 될 수 있다. 한국 내 많은 봉사활동 단체가 국제봉사단을 파견한다. 하지만 개발도상국에서 짧은 시간을 머무르며 한국인끼리의 봉사가 대부분이다. 이러한 봉사활동을 발전시켜 현지인과의 소통 기회를 늘리고 실제적 교류가 이루어질 수 있도록 해야 한다. 난민 캠프 봉사에 체제비를 지원해주는 EU 국가도 좋은 사례로 생각해볼 수 있다. 그래야만 난민이 어떤 상황에 있으며 국내 수용을 할 때 생길 수 있는 가능한 장단점을 파악할 수 있다.

---

21 하혜영, 《공공부문 갈등해결에 미치는 영향요인 연구》, 행정학박사학위논문, 서울대학교, 2007, p.266

간접적 경험으로는 난민 수용국가, 혹은 이주민 수용국가의 예시를 참고하는 것이 있다. 스페인의 경우 외국인 이민자에게 딸기재배 농업을 맡겨 큰 성과를 거두었다[22]. 홍콩, 싱가포르의 경우 이주민을 수용하되 임금 상한성을 두어 자국민의 불안을 최소화하였다[23]. 일본의 경우 난민 수용 자체를 반대하는 대신 난민 부담금을 더 많이 기부하였다.[24] 이렇게 이주민 수용을 하는 방식과 결과는 다 다르다. 이러한 방식 비교를 통해 사전 예측의 정확성을 증가시키고 결정을 할 때 시사점을 얻을 수 있다. 국내 사례로는 광주 고려인 관련 사례가 있다. 광주에서 온 고려인 이주민과 원래 거주한 사람들과의 쓰레기 문제를 둘러싼 갈등이 발생하였다.[25] 협의를 거쳐 조를 편성하여 청소하는 방식의 해결책을 이끌어내었다. 이 경우 좋은 결론이 났고 문제가 바람직한 합의점을 찾았다. 하지만 문제 자체가 발생했다는 점은 이주민과의 마찰이 생기는 가능성을 보이기도 한다. 난민 수용에 있어서도 문제가 제기되었을 때 상쇄할 수 있는 방안이 있을지 파악하는 것이 중요하다. 새로운 가치관을 단기간에 적립하거나 갈등을 없앨 수는 없더라도 사례에 대한 대상과 사례에 대한 지식의 탐구가 주는 시사점이 분명히 있고 한 주장만이 정답이라는 인식을 없앨 수 있다.

한편으로는 난민의 문화적 배경에 대한 경험도 반드시 필요하다. 직접 경험을 위한 구체적 방안으로 문화 경험 기회의 확대와 확장이 있다. 수많은 학교 간 교류가 이루어지고 있지만 대부분 선진국에 훨씬 더 많은 수가 맞추어져 있다. 국내의 문화교류에도 과거에 비해서는 교류의

22 모종린, 《이민강국 : 인재전쟁 시대의 이민정책》, 한국학술정보, 2013, pp.135-150.

23 op.cit.,p.177.

24 국민일보, 「난민 찬반논란' 일본은 어떨까?… 20만명 중 20명 인정 "인색"일본 법무성 "난민 신청자 대부분 취업 목적"」, 기사작성 : 2018.06.19 [15:15] 검색 : 2018.06.25 (URL : http://news.kmib.co.kr/article/view.asp?arcid=0012453366&code=61121111&cp=nv)

25 김경학, 《경계를 넘나드는 사람들》, 전남대학교 출판부, 2015, pp.13-45.

장이 늘어나고 있지만 경제 수준이 낮거나 지리적으로 먼 국가에 대한 교류나 관심은 적다. 이루어지고 있는 행사들이 수도권에 모두 집중되어 있어서 지방에서 교류 경험의 기회를 얻는 것은 어렵다. 간접 경험은 갈등 대상자인 난민에 대한 일반적, 특수한 정보는 장기적인 투자가 있어야 형성될 수 있다. 따라서 국제법 전문가나 소수문화, 지역 전문가의 양성이 계속해서 필요하다. 특히 난민 수용이 되었다면 난민을 선별하는 과정과 정착을 돕는 과정 전반에서 언어나 문화에 대한 전문가가 필요하다. 난민 수용이 되지 않았다면 그 결과를 국제 사회로부터의 요구와 조화할 수 있는 분석이 필요하다. 그래서 국가적 투자와 국민적 관심이 지속적으로 필요하다. 직간접적으로 소수문화에 대해 이해하는 것은 인권에 대한 공감을 일으킬 수도, 문화권의 수용에 대한 반감을 일으킬 수도 있다. 그러나 최소한 막연한 감정적 호도가 아닌 개개인의 구체적 인식을 바탕으로 한 가치관 형성을 돕는다. 또한 편견을 깨거나 사후의 갈등을 막는 예방책이 될 수도 있다.

2.3.2. '미디어 리터러시'와 '미디어 능력'을 위한 노력

매스미디어에서 상대 가치에 대해 어떤 프레이밍을 형성하는지는 개인의 인식에 큰 영향을 미친다.[26] 그러므로 미디어에서 정보를 생산할 때 윤리의식과 자정 노력은 필수적이다. 많은 정보가 다양한 생산자에 의해 제공되는 현대 사회에서 모두가 그러한 노력을 할 것이라 기대할 수 없기 때문에 수용자가 스스로 정보를 가려낼 수 있는 능력 또한 필요하다. 결국 '미디어 리터러시'와 '미디어 능력' 모두 향상 하는 노력이 필요하다. '미디어 리터러시'란 미디어를 수용의 방식과 관련된 능력을 뜻하고 '미디어 능력'이란 미디어 리터러시에서 나아가 미디어를 창조적으로

26　이수범, 장성준, ibid., pp.166-167.

이용하는 것을 뜻한다. 미디어 능력에서는 공급 측면의 책임 의식과 자기 결정권까지 강조된다.[27] 미디어 제공자와 정부는 축적된 지식을 어떻게 대중에 알릴 수 있을지 고민 해야하고 수용자는 정보에 비판적으로 접근해야 한다. 수용자가 공급자가 되기도 하는 오픈형 플랫폼의 양방향적 접근을 고려했을 때 대중의 정보 제공자로서의 역할도 교육이 필요하다. 즉, 미디어 리터러시와 미디어 능력 향상은 모두 교육되어야 하며 이를 위해 공급자와 수용자, 시스템적 노력이 통합적으로 요구된다.

먼저, '미디어 리터러시'와 '미디어 능력' 향상을 위해 미디어 공급 측면에서 기대되는 것은 다양한 컨텐츠의 공급이다. 캐나다의 사례에서 이를 확인할 수 있다. 캐나다는 방송 통신위원회를 통해 채널과 컨텐츠에서 사회, 문화, 경제적 다양성을 추구하도록 규제하였다. 각 사회집단이 고르게 방송을 제작할 수 있도록 하였고 그 중심에 공익성을 두었다.[28] 다양한 컨텐츠를 접하는 것이 단기간에 디지털 리터러시로 이어지지 않을 수 있지만 다양한 시각의 비교는 고정관념에서 벗어나는 기본적 토대가 된다. 앞선 예에서는 문화적 컨텐츠의 다양화를 예로 들었지만 국내에 적용할 때는 난민에 대한 일반적 사실 정보와 문화적인 부분 모두가 컨텐츠화 될 수 있다. 예를 들어, 국제법의 일반적 원리나 이슈에 있어서 필요한 사항들을 전반적으로 알 수 있는 통로를 마련하는 것은 중요하다. 가치관과 의견 갈등에는 국제사회에서의 법과 협약에 관련된 것이 많다. 따라서 일반인들이 쉽게 알 수 있도록 하는 것이 필요하다. 문화에 대해서도 마찬가지이다. 무슬림 문화 뿐만 아니라 미래에 한국사회와의 접점이 생길 수 있는 문화는 많다. 각각 문화에 대한 지식을 대중이 접할 수 있도록 해서 문화 다양성을 간접적으로 경험할 수 있

---

27 op.cit., p.234.
28 op.cit., p.182-185.

도록 도와야 한다.

교육도 두 능력을 향상시키는 근본적 방법이 된다. 미디어 리터러시를 향상시키기 위한 교육으로 광고나 영상을 보고 정보를 찾는 것이 아니라 어떻게 매체에서 전달되는 정보를 다르게 볼 수 있을지 생각해보는 교수법이 가능하다. 미디어에서 왜곡이 나타나는 과정을 교육할 수도 있다[29]. '미디어 능력' 향상을 위해서는 미디어를 실제로 제작해보는 교육이 가능하다. 독일에서는 '지역미디어 첸트룸'이라는 미디어 센터가 일반인이 실제로 미디어를 만들 수 있는 교육 프로그램을 제공하고 송출에 참여할 수 있도록 한다. 난민과 관련해서는 난민들이 직접 만드는 컨텐츠로 권익 향상을 가능하게하고 일반인에게 난민 문화, 생활에 대한 이해 향상을 돕기도 한다. 구성원들의 '미디어 리터러시' 향상과 더불어 직접 제작을 통한 '미디어 능력' 강화를 모두 할 수 있도록 한다. 한국에도 장차 이러한 제도를 도입하여 두 능력을 동시에 향상하도록 해야 한다.

2.3.3. 실질적 합의 경험을 통한 갈등전환 역량 강화

가치관 갈등의 이유(2.2.3) 부분에서 언급한 '갈등 전환'을 위해서는 교과서적인 지식에서 벗어나 실질적 합의 경험이 필요하다. 단순히 갈등의 종결에서 만족하지 않고 변화를 꾀해야 하기 때문이다. 윤리, 도덕 수업에서 끊임없이 다원주의의 중요성에 대해서 배운다. 하지만 실제로 대립하는 이슈가 발생하였을 때 이는 실천되지 못한다. 그 이유는 학습된 내용이 이론에서 벗어나지 못하였고 각 개인이 다원주의를 실천할 동기부여를 갖지 못하였기 때문이다. 교육에서의 합의 경험은 필수적으로 선행되어야 한다. 토론을 통한 비판적 의식과 민주주의적 의사결정

---

29 민춘기, 「미디어 리터러시 수업의 외국 사례 및 국내 활용 가능성」, 독어교육, Vol.71, 2018, pp.7-30.

경험은 합의 역량을 기를 수 있는 중요한 토대가 된다. 하지만 이것이 학교 교육에서 그쳐서는 안 된다. 사회인이 되었을 때도 시민 혹은 국민으로서 사회문제와 관련된 토론에 참가할 수 있도록 하는 장이 마련되어야 한다.

사회인으로서 실질적 합의 경험을 할 때 가장 선행되어야 할 것은 법과 제도에 대한 관심이다. 예를 들어, 이번 이슈의 기본이 되었던 난민법과 관련해서도 관심의 중요성을 확인할 수 있다. 2012년 대한민국 난민법이 법률 11298호로 제정되었으며 특히 아시아 최초 단행법이라는 의의를 가졌다. 이 제도는 난민 인정절차의 보완과 처우 규정 보완으로 난민의 지위와 처우를 높이는 것이 목표였다. 난민법 제정 단계에서는 국민들의 관심 자체가 낮았다. 한국의 지정학적, 문화적 조건으로 난민 수 자체가 적었고 외국인 정책 자체 또한 2000년대 이후의 일이었다. 난민 이슈가 국민의 생활에 직접적으로 영향을 주는 것이 아니었기 때문에 난민법 제정에 관심을 갖지 않았다[30]. 그 결과 입법 과정에서 시민단체, 법무부, 국가 주도하에 하향식 법제정이 이루어졌다.[31] 이렇게 관심이 없는 상태에서 합의를 경험해보지 못하고 법제화까지 이루어졌기 때문에 이슈가 발생하자 갈등이 더 커지게 되었다. 그러므로 관심은 첫 번째로 필요한 바탕이다.

두 번째로 시민 참여를 통한 합의가 실질적으로 일어날 수 있도록 하는 직접 참여 방식도 필요하다. 갈등 해결에 있어서 주민 참여가 순기능을 가진다는 것이 연구로도 밝혀졌듯[32] 시민 참여는 합의 경험에 실질적으로 영향을 주는 요소이다. 이를 위해 시민 참여제도 도입을 할 수 있다. 시민참여제도(Public Involvement)는 사업 초기 단계부터 의사 결정

---

30 최유, 권채리, ibid., pp.64-65.

31 op.cit., pp.231-232.

32 하혜영, ibid.,p.271.

과정에 시민이 참여하는 것이다. 하지만 현재는 상황이 발생하고 악화된 끝에 도입되는 경우가 많다.[33] 이러한 상황을 전환해 상황 발생 전 주민 참여를 이끌 어야 한다. 가장 가까운 곳인 사업장, 학교, 지자체에서 실제 상황을 가정한 논의가 이루어질 수도 있고 토론회에 네티즌들이 댓글을 통해 실시간으로 참여할 수 있도록 하는 방안이 있다. 그 외에도 정보 통신 발달로 가능해진 가상 회의나 가상 컨퍼런스를 통한 참여가 가능하다. 합의된 결론을 통한 상향식 의사결정이 법제화로 나타나야 한다.

결론을 내리기 전 정책의 영향에 대한 사전 예측도 결과에 대한 불안감 해소를 가능케 해 갈등 해결을 도울 수 있다. 이 경우에는 프랑스에서 진행하고 있는 사전평가 영향제도 도입을 검토해보았다.[34] 사전적 영향평가제도는 입법의 영향을 선행적으로 분석하여 입법의 목적을 효과적으로 달성하도록 하는 것이다. 주무 부처에 의해 일차적으로 영향 분석이 이루어지고 부처 간 협의를 통한 수정 및 보완이 이루어진다. 이때 입법 필요성, 목적, 가능한 선택지와 새 규정의 입법 이유, 새 규정의 예정 가능한 영향, 자문활동, 개혁과 실행의 보고서를 작성해야 한다. 난민법과 관련된 이슈에서 가장 큰 예측 불가능성은 이 제도를 통해 보완될 수 있다. 또한, 수정 및 보완 단계에서 부처만의 협의가 아니라 국민의 자발적 참여가 이루어져야 한다. 이를 통해 난민 수용 이슈를 둘러싼 사후 결과에 대한 간접 경험을 해볼 수 있다. 그 결과로 모호성으로 인해 나타난 갈등을 최소화 할 수 있다.

---

33 op.cit., pp.262-268.
34 최유, 권채리, ibid., pp.176-177.

3. 결론

 이상으로 난민 수용과 관련된 '이타주의'와 '배타주의' 사이 가치관 갈등을 살펴보았다. 한 측은 '이타주의'로 행위 목적을 타인을 위한 선으로 보고 자국의 피해를 감수하더라도 국제적으로 윤리적인 행위를 해야한다고 본다. 한 측에서는 배타주의로 애국심이나 강경한 대외적 태도를 취하여 자국 이익을 우선시한다. 이 두 갈등은 국제적 이슈가 제기될 때 마다 각각 방식은 다르지만 유사한 형태로 나타났다. 이번 난민 이슈에서는 난민을 한국으로 수용할 것인지에서 허용과 거부로 입장차가 나뉘어졌다. 본 에세이에서는 두 측의 갈등이 드러나는 상황을 제시하고 그 이유와 해결방안을 서술하였다.

 가치관 갈등과 관련해 현재 갈등 주제인 난민과 상대 주장에 대한 오해와 부정이 나타난다. 합의 노력이나 갈등 전환 노력이 없다는 점에서 갈등은 더 심화되고 있다. 이 원인은 크게 갈등 주제와 상대에 대한 이해와 합의 경험 부족이다. 미디어를 통한 왜곡된 의식 수용도 문제가 된다. 갈등의 합의를 위해서는 대상에 대한 직·간접적 경험과 미디어 공급·수용 양면의 노력, 사회참여 연습 모두가 필요하다. 이러한 노력을 통해 맹목적인 온정주의나 차별의식이 아닌 성숙한 민주의식과 세계시민주의를 함양해야 한다. 사회 내에서 합의가 되지 않은 상황에서의 난민 거부나 수용은 계속된 사회적 문제로 이어질 수 있다. 수용 찬성, 반대에서 어떻게 합의를 끌어내는 것이 선행과제로서 중요한 까닭이다.

참고문헌

단행본

1. 김경학, 《경계를 넘나드는 사람들》, 전남대학교 출판부, 2015
2. 모종린, 《이민강국 : 인재전쟁 시대의 이민정책》, 한국학술정보, 2013
3. 이수범, 장성준, 《다문화사회에서의 미디어 역할-독일 사례를 중심으로》, 한울 아카데미, 2017
4. 최유, 권채리, 《난 민 법 에 대한 사후적 입법 평가》, 세종 : 한국 법제연구원, 2017

기사, 논문

1. 고제규, 「8,000km 건너온 낯선 질문」, 시사IN 제563호, 2018.06.26
2. 국민일보, 「'난민 찬반논란' 일본은 어떨까?… 20만명 중 20명 인정 "인색"일본 법무성 "난민 신청자 대부분 취업 목적"」기사작성 : 2018.06.19 [15:15] 검색 : 2018.06.25 (URL : http://news.kmib.co.kr/article/view.asp?arcid=0012453366&code=61121111&cp=nv)
3. 김미경, 「뉴스 노출 집단의 확증편향과 관여도가 소셜미디어 커뮤니케이션 행위에 미 치는 영향 : 진짜뉴스와 가짜뉴스 비교」, 한국소통학회 세미나자료, 2017
4. 김명환, 「우리는 왜 갈등을 전환하여야 하는가?」, 한국공공관리학보 31(3), 21-45, 2017
5. 김혜련, 임채완, 「한국 이주민 사회통합정책 연구 : 상생·소통 모형을 중심으로」, 재외한 인연구 32, 2014
6. 민춘기, 「미디어 리터러시 수업의 외국 사례 및 국내 활용 가능성」, 독어교육, Vol.71, 2018
7. 박미숙, 「국내·외 인권정책을 통한 이주민 인권보호의 방향 모색」, 손영화문화교류연 Vol.7(2), .69-90, 2018
8. 법률N미디어, 「[법조기자 뒷담화] "난민 고 홈!!" vs "우리도 난민이었다"」의 댓글, 2018.07.02. [17:54] (URL : https://blog.naver.com/naverlaw/221311109359)
9. 서울신문, 「난민 돕던 독일 여성, 무슬림 이민자에게 살해당해」작성 : 2018.06.27. [15:07], 검색 : 2018.07.01 (URL : http://nownews.seoul.co.kr/news/newsView.php?id= 20180627601015&wlog_tag3=naver#csidx100114b0d24a01ea02746e9ef1b8ad8).
10. 연합뉴스, 「난민논쟁 때문에 유럽 동서로, 남북으로 갈라진다.」기사 작성 : 2018.06.28. [12:05] 검색 : 2018.07.01 (URL : http://www.yonhapnews.co.kr/bulletin/2018/06/28/0200000000AKR20180628088900009.HTML?input=1195m)
11. 오예원, 「독일 이주자 사회통합 프로그램에 대한 연구」, 법학연구 55, 185-214, 2018
12. 온라인 디지털 경제미디어 키뉴스(KINEWS), 「댓글 의식하는 여론사회...네티즌, 미디어 리터러시 필요」기사작성: 2018.07.02. [11:58] 검색 : 2018.07.04. (URL : http://www.kinews.net/news/articleView.html?idxno=200950)
13. 이래권, 〈예맨 난민 속에 알카에다 IS요원 숨어 트럭 테러 자행한다면? 제주도 무비자 입국과 3개월 체류가능 조항 시급히 제고돼야...〉, Breaknews, 작성 : 2018.07.02 [10:34], 검색 : 2018.07.07 (URL: www.breaknews.com/587280)
14. 하혜영, 〈공공부문 갈등해결에 미치는 영향요인 연구〉, 행정학박사학위논문, 서울대학교, 2007

2018년 수상작

세대 간 갈등을 해결하기 위한 방안은 무엇인가?
—가족 내 세대 간 공감을 이끄는 대화법 확산을 중심으로

은주희(이화여자대학교 대학원 교육학과 박사학위과정), 온가영(이화여자대학교 대학원 교육학과 석사학위과정), 유미숙(성공회대학교 대학원 실천여성학 석사과정)

Ⅰ. 들어가며

한국사회는 급격한 산업발전을 통해 정치, 경제, 사회, 문화적 발전을 이루었다. 이 때문에 산업화를 경험한 기성세대와 정보화 사회를 경험한 젊은 세대 간 의식차이로 갈등이 나타났다. 2014년 OECD국가별 사회갈등 지수에서 한국의 사회갈등 지수는 34개국 중 3위에 해당하는 높은 지수를 보여주고 있다(한국경제연구원, 2016). 이와 같은 기성세대와 젊은 세대 간 갈등은 주로 이념갈등과 빈부격차에서 발생하는 갈등, 가치관 차이, 문화경험 및 사고방식 차이, 상호이해부족 등을 요인으로 하고 있다(한국행정연구원, 2017; 김희삼, 2015).

이 같은 갈등은 사회문제를 야기한다고 보며, 사회갈등비용 역시 적지 않은 것으로 나타나고 있다(삼성경제연구소, 2009)[35]. 이때문에 갈등 해결을 위한 노력을 해왔고, 주로 정치 및 경제 중심 즉 이념 및 빈부격차 갈등에서 비롯되는 세대 간 갈등을 해결하는 데 주목해왔다(김희삼, 2015). 이는 사회에 표면적으로 드러나는 갈등 문제에 집중하고 국가와 정부 주도의 사회통합을 중요시하였기 때문이다. 그러나 세대 간 차이가 반드시 갈등으로 이어지는 것은 아니며, 갈등으로 전환되는 데에는 세대별로 차이에 대응하는 방식이 중요하게 매개한다(박경숙, 서이종, 장세훈, 2012). 따라서 갈등이 발생하는 요인을 찾고 이를 사전에 대비 혹은, 예방을 포함하는 방안 모색도 필요하다.

본 논문에서는 사회문제화 되기 전 사회갈등을 적절하게 해결 또는 예방할 수 있는 집단인 가족에 주목하였다. 가족은 구성원 연령의 차이가 큰 집단이자 가족 내 세대 갈등이 사회로 이어질 수 있는 집단이기 때문이다(박경숙, 서이종, 장세훈, 2012). 특히 갈등을 해결하기 위해서는 사회적 비용이 발생하는데, 이를 최소화하여 해결할 수 있는 집단으로서 가족은 그 의미가 크다고 하겠다. 따라서 본 논문에서는 가족 내 세대 간 갈등이 발생하는 구체적인 차이와 이유, 그리고 갈등을 해결할 수 있는 방안에 주목하였다. 이를 위해 가족 내 세대 간 갈등의 원인의 구체적인 사례를 바탕으로 갈등을 해결하는 방안을 탐색하고자 하였다.

II. 세대 간 갈등 현황

1. 세대 간 갈등 요인

---

35 삼성경제연구소(2009)에 따르면 한국의 한 해 동안 발생하는 사회갈등 비용은 약 246조원에 달한다고 보고하고 있음

'세대'는 같은 시대에 살면서 공통의 의식을 가지는 비슷한 연령층의 사람 전체를 의미한다(위키피디아, 2018). 세대는 어떤 존재가 새로운 존재를 설명하기 위해 존재하는 개념으로, 한국사회의 세대는 산업의 발전에 따라 발생한 정치적, 경제적, 사회적 특성에 따라 구분할 수 있다(전상진, 2002). 〈표 1〉과 같이 1970년대 산업사회에서 1990년대 정보사회로 넘어오면서 각 세대별로 청소년기에 경험한 정치·경제·사회·기술적 특성이 모두 다르기 때문에 세대의 형성 또한 달라졌다(유병래, 2015; 서용석 2013). 먼저 산업화 세대는 60~70대로 유년시절 일제강점기와 한국전쟁에서 비롯된 절대 빈곤의 경험으로 성장지향적인 가치관을 갖게 되었다. 민주화 세대는 40대 중반 이후의 세대로 한국사회의 권위에 저항한 최초의 세대이며 산업화로 절대적 빈곤을 경험하지 않은 세대다. 정보화세대는 30대~40대 초반이며, 디지털 네트워크 환경을 삶의 일부로 받아들인 세대로 자녀 중심적 가족문화로 개인주의와 개성이 중요시 되는 세대이며, IMF와 신자유주의 등 무한 경쟁을 함께 겪은 세대다. 후기 정보화세대는 지금의 20대를 가리키며, 다양한 디지털 미디어와 스마트 기기가 체득된 세대로 디지털 미디어를 의사소통의 수단으로 활용한 기존 세대와 달리 자신만의 콘텐츠를 제작하는 공간으로 활용하고 있다.

세대 간 갈등에 영향을 미치는 요인은 다양하게 나타나고 있다. 먼저 이현우와 이정진(2013)은 정치적인 측면에서 세대 별로 이념에 따라 이슈를 보는 태도가 달라진다고 보고하였다. 전통적인 이슈나 새로운 이슈와 관계없이 세대별 이념에 따른 동질성은 20대와 30대에서 동일하게 나타나고, 40대와 50대에서는 동일한 세대에서도 이념에 따라 이슈 태도가 상이한 것을 밝혀주고 있다. 이재경과 장지연(2015)은 경제적인 측면에서 살펴볼 때 한국사회의 세대 간 갈등이 세대 간 경제적 불평등으로 인해 발생하여 일자리와 부동산 등 제한된 자원을 국가에서 세대별로 공평하게 배분되느냐에 따라 세대 간 갈등 정도가 달라질 수 있다고 보고하였다. 유병래(2015)는 문화적인 측면에서 각 세대에게 영향을 미친 환경적인 요인으로 인해 발생하는 정서, 의식, 가치관들이 문화를 형성하여 세대 간의 경계를 형성하게 된다고 하였다.

〈표 1〉 사회적 세대 분류에 의한 세대별 특성

구분(세대)	정치적 특성	경제적 특성	사회적 특성	기술적 특성
산업화세대 (1935~1953)	군사정권과 개발독재	경제개발, 고도성장	규범과 모방 시대, 집단 동원 시대	라디오
민주화세대 (1954~1971)	민주화의 과도기와 진행기	자립, 성장과 안정	시민 의식의 시대	TV, 워크맨
정보화세대 (1972~1989)	민주화정착기, 탈냉전	세계화, 신자유주의 경제위기	집단 규범의 파괴, 다양화 시대	PC, 인터넷
후기정보화세대 (1990~)	정치 참여 기회 확대	고용불안, 청년실업 양극화 심화	개성과 감각의 중시, 전교조 교육	Mobile Phone, Smart Devices

출처: 서용석(2013). 「세대 간 갈등이 유발할 미래위험관리」. KIPA 연구보고서 2013-26. p.53.

세대 간 갈등 요인에 대한 인식 조사 결과를 살펴보면, 연령대별로 다르게 나타나고 있다. 서용석(2013)에 따르면, 세대 간 갈등의 원인은 산업화 세대에서는 세대 간의 소통 부재, 세대 간 사고방식의 차이, 세대 간 문화적 경험의 차이 순으로 응답하였고, 민주화 세대와 정보화세대는 세대 간의 소통 부재, 세대 간 사고방식의 차이, 세대 간 문화적 경험의 차이 순으로 응답하였다. 후기정보화 세대는 세대 간 사고방식의 차이, 세대 간의 소통 부재, 세대 간 문화적 경험의 차이로 응답하였다. 산업화, 민주화, 정보화 세대는 세대 간 소통을 원하며, 후기 정보화 세대는 갈등이 대부분 세대 간 사고방식이 달라서 생기는 문제로 인식하고 있다.

이와 같은 요인을 볼 때, 세대 간 갈등을 느끼는 당사자들은 거시적인 문제보다 소통의 부재와 문화적 경험의 차이, 사고방식의 차이 등과 같은 세대 간의 이해를 넘지 못하는 요인들이 크게 작용하고 있다. 그러나 한국에서의 기존 지원책은 사회통합을 위한 정치, 경제적 갈등과 이를 해결하기 위한 방안에 초점이 맞춰져 있다(이재경, 장지연, 2015; 서용석, 2013; 신윤창, 2010). 따라서 거시적 문제와 그의 해결을 위한 것뿐만 아니라, 서로 다른 세대로 접하는 실질적인 공간에서 갈등을 예방할 수 있는 방안에 주목할 필요가 있다.

이에 [그림 1]의 세대 간 갈등 문제해결의 GAP분석에 따라 소통의 부재, 사고의 차이를 겪는 다른 세대를 만날 수 있는 최초의 공동체 공간이 가정이며 가정문제를 해결해 줄 수 있는 '공론의 물리적 공간'이 부재한 상황으로, 세대 간 갈등을 개선할 수 있는 다양한 방안이 마련되어야 한다(김이삼, 2015). 따라서 세대 간 갈등 해결을 바라보는 시선이 개인 간의 이해를 위한 의식변화, 이를 위해서 가족 내 세대 간 갈등을 극복하는 것에서부터 출발할 필요가 있다.

[그림 1] 세대 간 갈등 문제 해결 GAP

현재(As-is)	향후(To-be)
세대 간 표면적 갈등에 집중	**세대 간 소통 + 세대 간 접점공간에 집중**
정치/경제적 거시적 갈등을 중요시	세대 간 갈등을 예방하는 소통에 초점
세대 간 갈등예방을 위한 지원 부재	다른 세대가 만나는 최초의 공동체-가정에 초점

2. 세대 간 갈등 사례

다른 세대를 만나는 최초의 접점인 가족이라는 공동체를 통해 세대 간 갈등이 어떻게 발생하는지 살펴보고자 한다. 가족 내 세대 간 갈등이 나타나는 각 사례와 특성을 서용석(2013)이 제시한 기존 세대 구분에 따라 사례 1은 산업화 세대인 아버지와 정보화세대인 딸의 사례를, 사례 2는 민주화 세대인 어머니와 후기 정보화세대인 아들의 갈등을 살펴보았다. 실제 가족 내 부모-자녀 간의 갈등을 겪고 있는 사례를 선정하고 인터뷰하였다. 이를 통해 갈등이 발생하는 이유를 서술하였으며, 이 과정에서 가족 내 세대 갈등이 나타나는 갈등의 극복방법도 함께 이해하고자 하였다.

사례 1: 산업화세대(60대 아버지)-정보화세대(30대 딸)의 갈등

첫 번째 사례는 60대 아버지와 30대 딸의 사례이다. 부모의 입장에서 아버지는 딸이 자신과 같은 시행착오를 겪지 않고, 한 사회의 완전한 구성원이 되도록 지도를 해야하겠다는 의식을 가지고 있다. 이러한 의식은 자신의 판단이 옳기 때문에 딸에게 지시를 하는 쪽으로 의사전달과 이야기를 하게 되어 딸과 갈등을 야기하게 되었다.

> 딸과 갈등이 생긴 건 중학교 이후였어요. 나는 아버지의 입장이니까 인생을 살면서 시행착오를 겪었기 때문에 내 딸은 시행착오를 겪지 않길 바라는 마음에 이야기 하는 건데 딸은 늘 경험도 없으면서 자기 의견을 주장하는 거죠. 모든 삶에 과정이 있는데 딸은 듣는 게 싫은가봐요.
>
> [60대 아버지]

반면 딸은 아버지만의 고집이 있다고 여기고, 아버지의 의견에서 자식의 입장에서 복종해야 한다는 것을 불편하게 여기고 있었다. 자신의 생각보다 아버지의 판단과 비난이 들어간 대화는 지속적으로 이어지지 않는다는 한계를 가지고 있었다.

중학교 때 부모님께서 말씀하시면 '다 나를 생각해서 하는 말이구나.' 생각하곤 했어요. 최대한 부모님 말씀을 따르려고 했죠. 고등학교가 되고 성인이 되고도 부모님께서는 '이렇게 살아야한다.' 라고 틀을 정하시고 그것에 따라 살기를 원할 때가 많아요. 저도 제가 하고 싶은 것이 있고, 부모님께서 생각하시는 것을 충족할 수 없는데 부모님의 고집을 강요하다보면 언성이 높아지고 갈등이 생길 수밖에 없어요.

[30대 딸]

그러나 아버지는 딸이 자신의 입장에서 왜 그렇게 생각하는 지 공감하고 들어주기를 원하고 있었다. 한 명의 사회 구성원인 성인으로서 서로를 인정하고, 자신이 전달한 이야기를 들어주기를 바라고 있었다. 딸역시 자신을 인정하고, 공감하는 관계로 이어나가기를 바라고 있었다.

이해시키려고 대화를 하고 사례를 들어서 말을 해도 이야기를 존중해 주지 않고 묵인한 채 제 이야기를 잔소리로 받아들이는 경우가 많아요. 아버지로써 잔소리를 하는 이유는 중요하고 급한거니까 말하는건데 잔소리라고 받아들이니 잔소리가 아니라 시행착오를 겪은 한 사람으로서 걱정하는 마음으로 들어주었으면 좋겠어요.

[60대 아버지]

주로 아버지는 제가 하고 싶은 일에 대해 실패했던 사례, 실패했던 이

유에 대한 정당성, 시행착오만 이야기하세요. 부정적인 사례만 이야기하
니 제 일은 안될것 같다는 불안감을 심어주고 나중에 안되면 '봐라, 네 생
각대로 하니까 이렇게 된거다.' 라고 말씀하세요. 일단 그 일이 무모할지
라도 기다려주고 지켜주는 자세도 필요하고 대화할 때 무조건 안된다는
말보다 해보고 인정해주는 말이 필요하다고 봐요.

[30대 딸]

사례 2: 민주화세대(50대 어머니)와 후기정보화세대(20대 아들)의 갈등

두 번째 사례는 50대 엄마와 20대 아들의 사례이다. 아들의 입장에서
가족 내 세대갈등이 발생하는 이유는 주로 자신의 생활방식과 의견을
존중하지 않는 데서 갈등이 시작되고 있었다. 이 때문에 엄마와의 소통
에 흥미를 잃어가고 있었다.

엄마와 주로 말할 때 엄마는 내말을 끝까지 들어주지 않고 중간에 끊어
버리죠. 그럴 때 내가 무시 받는다는 생각 때문에 기분이 나빠져요 그래
서 기분 나쁘다고 말하면 엄마는 그만하자고 하고 결국은 다투게 되죠...

요즘은 제가 바빠서 거의 엄마가 자고 있을 때 집에 들어가요. 그래서
말할 기회가 자주 없어요. 최근에는 제가 심하게 엄마랑 다퉜는데 이유가
제 물건을 정리정돈 한 거예요 수납정리전문가를 불러서요. 제가 다른 사
람이 제 물건에 손대는 거 싫다고 이야기했는데 기어코 제 허락도 없이
정리를 했더라구요. 그때가 엄마생일이라 화도 못 냈어요. 그렇게 심하게
다투고 한 일주일간 말을 안했어요.

[20대 아들]

반면 기성세대인 엄마는 아들과 다툼이 될까봐 대화를 쉽게 시도하지 못하는 소극적인 모습을 보이기도 하였다.

아들이랑 대화를 하다보면 어느새 서로 화가 나거나 짜증섞인 목소리로 대화를 나누게 되요. 얼마 전에는 아들이 보조배터리를 봤냐고 묻는 거예요. 그래서 제가 "아니" 라고 대답을 했죠. 저는 분명히 못 봤다는 뜻으로 아니라고 대답한 것 같은데, 아들은 보조배터리를 안가져갔다는 뜻으로 받아들인거죠. 그러면서 왜 봤냐고 물어보는데, 안 가져갔다고 대답을 하냐고 해서, 설명을 해도, 제가 안 가져갔다고 대답을 했다는거예요. 그래서 더 이상 이야기 하면 또 싸우게 될것 같아서 그래 내가 잘못 알아듣고 답을 했나보다 라고 말을 했어요.

[50대 어머니]

이 사례에서 갈등은 갑작스럽게 나타나는 것이 아니라 서로 대화를 하는 과정에서 자신의 대화의 불편함이 생기면서 이에 따른 소통의 단절을 경험하고 있었다. 이에 대해 아들과 엄마는 서로 이야기를 편하게 이야기를 나누는 과정이 필요하다고 하였다.

엄마가 미안하다며 장문의 카톡 메세지를 보내 왔더라구요...(중략)...저랑 이야기를 하고 제가 원하지 않는 건 마음대로 안했으면 좋겠어요. 하려면 제 허락을 받고 하던가...

[20대 아들]

가만히 생각을 해보니, 이상하게 아들이 뭘 물어보면 전 거의 자동적으로 방어적인 말투를 쓰게 된다는걸 알았어요. 아들이 미안했는지 저녁에

밥을 사주겠다고 전화가 왔어요 전 마침 밥을 먹어서 먹었다고 하고 아들에게 밥을 먹었는지 물어보니 엄마랑 같이 먹으려고 했다고 하더라구요. 제가 먹었어도 아들이 전화한 의미를 알았다면, 같이 먹자고 했어야 했는데...어쨌든 함께 만나 집으로 돌아오며 아들에게 이야기 했어요. 이상하게 네가 무슨 말을 하면, 내가 방어적으로 말하게 된다고 왜 그런지 모르겠다고...그러니까 아들이 "내가 몰아치듯 말해서 그런가보지"라고 말하더라구요. 그날은 편하게 속을 털어놓으면서 말을 했어요. 전혀 불편하지 않았어요.

[50대 어머니]

이와 같이 가족 내 세대 간 각자의 사고방식과 문화적 경험에 차이가 있으며, 이를 바탕으로 갈등은 일어나고 있었다. 그러나 그 과정에서 주로 각자의 판단이 먼저 앞서거나, 비난을 하는 대화를 하고 있었다. 즉 자신의 의견을 강요하고 상처를 주면서 갈등이 비롯되고 있었다. 실제 2012년부터 2017년까지 가정 내 발생한 폭행 상해 등의 범죄의 가장 큰 원인 또한 가족 간 대화 부족과 이로 인한 관계 단절로 나타나는 것으로 보고 있다(중앙일보, 2018).

종합적으로 볼 때, 세대 간 갈등 요인인 소통 부재, 사고방식, 문화적 경험차이는 서로간의 원활하지 않은 대화와 대화부족으로 갈등이 심화되고 있다. 따라서 가족 내 세대 간 갈등은 서로 대화가 원활하지 않은 데서 출발하여 단절로 이어지므로, 갈등을 예방하고 해결을 지원할 방법으로 공감의 대화법을 이해하고 이를 활용하는 것이 필요하다.

Ⅲ. 세대 간 갈등해결 방안

본 논문에서는 가족 내 세대 갈등의 원인을 통해, 갈등을 해결하는 동시에 예방을 위한 대안으로 상대를 더 깊이 이해하고 공감을 이끄는 의사소통방법을 지원하는 것에서 출발하였다. 또한 보다 더 구체적인 대안으로서 공감을 이끄는 대화법에 주목하였다. 이에 본 논문에서는 이해와 공감을 주고받는 대화법을 설명하고, 구체적인 방법을 논의하기 위하여 본 논문에서는 비폭력 대화법(Nonviolent Communication)을 들고자 하였다. 이 대화법은 미국의 임상심리학자 Rosenberg가 고안한 방법으로, 실제 자신이 다민족 간 갈등을 경험하면서 이를 해결하기 위한 평화적인 대안을 생각하는 데서 출발하였다는 점에서 본 논문의 갈등을 해결하기 위한 대화법의 취지에도 적합하다고 보았다.

1. 이해와 공감을 이끄는 대화법 확산: 비폭력 대화

비폭력 대화는 다른 사람들과 유대관계를 맺을 때, 사람들 마음 안에서 폭력이 가라앉고 자연스러운 본성인 연민으로 돌아가는 데 도움이 되도록 하는 구체적인 대화방법을 말한다(Rosenberg, 2003). 우리가 전혀 폭력적이지 않다고 생각하면서 청자에게 말할 때 종종 본의 아니게 비판적인 용어를 사용하여 상처를 입히고 마음을 아프게 하는데, 비폭력 대화는 대화속에서 청자에게 비판적이고 듣기 힘든 말을 할 때 습관적이고 자동적인 반응에서 벗어나 화자의 감정을 명료하게 인식하면서 진술하게 표현하여 청자로부터 저항이나 반격보다 협력적인 반응을 얻는 것이다(한국비폭력대화센터, 2018).

비폭력 대화의 목적은 상대방과 대화할 때, 관찰, 느낌, 욕구, 부탁을 바탕으로 공감적인 태도를 취하며 상대방이 어떤 방식으로 대화를 하건

〈표 2〉 비폭력대화방법 예시

엄마 여보세요, 엄마랑 같이 마트에 좀 갔으면 좋겠는데, 집에 5시까지
　　　　올 수 있겠니?

아들 시간 없어.

엄마는 어떻게 말할 수 있을까?.

[네가 5시까지 집에 올 수 있다면 엄마랑 같이 마트에 가려고 했는데 시
간이 없다고 말하니까 걱정이 된다 (관찰.느낌) 장 볼 것이 많아서 혼자
들기에는 너무 무거울 것 같거든 장을 먼저 봐 놓고 네가 6시까지 라도
마트에 올 수 있다면 도움이 될 것 같은데 넌 어떻게 생각해?(욕구.부탁)]

공감	엄마: 지금 하고 있는 일을 우선 끝내는 게 중요해서 그래?
	아들: 예, 그런데 6시까지는 끝날 것 같아요.
판단과 비판	엄마: 넌 시간을 제대로 활용하지 못해.
	아들: 그러는 엄마는?
죄책감	엄마: 네가 내 아들이라면 이 정도 부탁은 들어줄 수 있잖아.
	아들: (화남)

[인간관계와 의사소통을 위한 비폭력대화 NVC1] 에서 발췌, 재구성

자신의 중심을 잃지 않고 주의 깊게 귀를 기울여 충분히 경청하는 것이
다(Rosenberg, 2008). 〈표 2〉 예시에 제시된 방법은 습관적이고 즉각적
인 반응을 보이는 대신 자신이 무엇을 관찰하고 느끼고 원하는가를 의
식하면서 정직하고 명확하게 자신을 표현할 수 있게 된다. 상대방을 비

난하거나 비판 하지 않으면서 자신을 솔직하게 표현하고, 상대방의 말을 들을 때도 그 사람이 하는 말을 나를 비난하거나 비판한다고 듣지 않고 공감적인 태도로 상대방의 속마음을 관찰, 느낌, 욕구, 부탁 네 요소로 듣는 것이다(Rosenberg, 2003).

〈표 2〉 예시와 같이 비폭력 대화를 익히면 갈등의 상황에서 다른 사람의 이야기를 존중과 공감으로 귀 기울여 듣고, 상대방과 자신의 가치관을 동등하게 존중하는 방법으로 해결책을 찾게 되면서 평화롭고 더욱 친밀한 관계를 이룰 수 있다고 한다. 또한 주어진 상황에서 자신이 구체적으로 무엇을 원하는지를 알아차리고 명확하게 표현할 수 있게 되면서 자기 자신에 대해서 깊이 이해하고 자신이 얼마나 가치 있는 존재인지 믿을 수 있게 된다고 한다(Rosenberg, 2003). 향후 비폭력 대화를 연습하고 이를 실제 삶에 적용할 수 있는 다양한 학습자원과 학습지원 필요하며 이를 위해 Communication clearing center를 구축하여 가정, 학교, 기업의 맥락에서 이를 습득하고 가족들이 이를 실천할 수 있도록 대화법과 관련된 교육 프로그램과 상담체계를 구축해야 한다.

2. 대화법 실천을 위한 공동체 지원

습득한 대화법을 삶에서 적용하기 위해서는 이를 체득할 수 있는 연습과 긍정적인 경험이 필요하다. 따라서 세대 간 이해와 공감을 이끄는 대화법을 활용할 수 있는 공동체를 지원하는 것도 방안이 될 수 있다. 가족 내 세대 간 갈등은 부모-자녀가 각자 자신을 이해하지 못하는 자녀와 대화를 하는데 어려움을 겪게 되며, 극복하지 못하는 부모-자녀 간 갈등이 결국 대화를 포기하게 된다. 따라서 부모와 자녀가 각자 자신이 겪게 되는 어려움을 논의하고, 이에 따라 갈등예방과 해결을 위한 평화로운 대안으로서 비폭력 대화를 연습하고 지지받을 수 있는 공동체가 필요하다. 이를 위해서는 대화법을 확산할 수 있는 중심기관이 있어야 하며, 이를 위해 가정을 중심으로 하는 지역사회의 공동체를 지원하는 Communication clearing center(가칭)를 고려해볼 수 있다.

[그림 2] 대화법 확산을 위한 공동체 지원방안

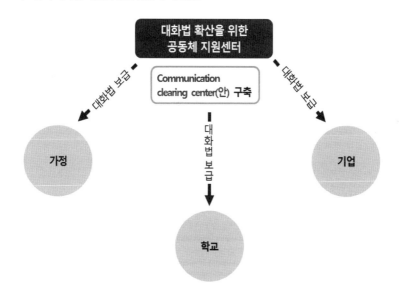

첫째, 가정을 중심으로 보급하기 위하여 지역사회에서 비폭력 대화를 보급하고 이를 연습할 수 있는 지지가 필요하다. 부모와 자녀 각자 자신의 부모, 자녀와 유사한 세대들과 대화의 문제를 공유하고 비폭력 대화를 연습하는 장(場)이 필요하다. 이를 위해 최근 활발하게 구성되고 있는 마을 단위의 공동체를 활용하는 것이다.

둘째, 가정에서의 비폭력 대화법 실천을 위한 프레임워크의 하나로 학교를 대상으로 할 수 있다. 비폭력 대화법 실천을 위해서는 학생, 교사를 대상으로 한 비폭력 대화법 연습을 실시할 수 있다. 학교에서의 비폭력 대화 연습을 위한 공동체 구축은 대화법 공유를 통해 교사-학생 즉 성인-청소년 세대 간 소통을 촉진할 수 있다.

셋째, 학교 외의 또 다른 프레임워크로 기업을 중심으로 한 실천이다. 기업에서 비폭력 대화를 보급하고 공동체를 지원하는 것은 결과적으로 조직과 사회에서 소통과 관계의 질을 높일 수 있다. 따라서 대화법 보급을 위한 기업에서 공동체 지원 역시 개인의 가족 내 세대 간 소통의 질을 제고할 수 있다.

IV. 나오며

지금까지 각 세대별 특성은 지속적으로 변하고 있었고 향후에도 사회의 변화에 따라 세대의 특성이 변해갈 것이다. 이 때문에 지속적으로 세대 간 차이를 극복하고 갈등을 해결하기 위한 방안이 필요할 것이다. 무엇보다 갈등을 해결하기 위해서는 어떠한 합의에 이르기까지 상대에 대한 인식과 이해를 필요로 한다(박태순, 2006). 이는 상호이해를 위한 방법이 필요하게 되었음을 의미하지만, 우리 사회에서는 사회 표면적으로 보여지고, 경제적 손실을 야기하는 정치적, 경제적 갈등에 초점을 맞추어 사회통합을 위한 갈등 해결을 지향해왔다. 따라서 세대 간 상호 문화에 대한 이해를 도모하는 근원적인 해결책을 마련하는 것이 필요하다고 할 수 있다.

따라서 갈등을 해결할 수 있는 대안을 마련할 때, 이 사회에서 활용할 수 있는 공동체 즉 학교, 기업을 활용하며, 사회 시스템 및 맥락과 분리되지 않는 해결방안을 고려해야할 것이다. 구체적인 예로 가정을 포함한 지역사회, 학교, 기업에 확산하고 연습할 수 있는 대안을 제시하였다. 특히 기업과 학교는 세대 간 접점이 활발히 이루어지고 세대 간 문화공유가 수월한 대표적인 공간으로서 사회갈등에 대한 대처, 해결방안을 쉽게 고려할 수 있다. 기성세대와 젊은 세대 간 차이에 대한 실질적인 논의를 통해, 내가 속한 공동체와 사회에서 나타나는 세대 간 갈등 대한 이해도 가능해질 수 있다. 이러한 과정을 통해, 서로 협력과 상호의존이 필요함을 알게 될 것으로 본다. 공동체 구성원으로서 협력과 상호의존을 인식하는 환경을 만들어준다면, 이는 곧 세대 간 갈등에 대한 인식도 변화하는 계기로 이어질 수 있을 것으로 보인다.

참고문헌

1. 김이삼 (2015), 「세대 간 갈등의 분석과 상생 방안의 모색(KDI 2015-05)」, 한국개발연구원.

2. 박경숙, 서이종, 장세훈 (2012), 「세대 간 소통 및 화합방안마련을 위한 조사 연구(사회통합위원회 2012-08)」.

3. 삼성경제연구소 (2009), 「한국의 사회갈등과 경제적 비용」, CEO Information, 710호.

4. 서용석 (2013). 「세대 간 갈등이 유발할 미래위험 관리(KIPA 2013-26)」, 한국행정연구원.

5. 신윤창 (2010), 「사회갈등의 원인구조와 해결방안: 거버넌스를 중심으로」, 한국정책학회, 2010, 125-144.

6. 유병래 (2015), 「세대갈등과 문화생활-시민성 구현과 관련하여」, 철학·사상·문화, 19, 124-178.

7. 윤옥경 (2000), 「사이버시대의 세대차이와 세대갈등에 대한 전망: 세대문제 해결을 위한 장으로서의 사이버공간의 가능성 탐색」, 한국청소년연구, 11(2), 55-75.

8. 위키피디아 (2018), '세대', https://ko.wikipedia.org/wiki에서 2018년 6월 22일 인출.

9. 이재경, 장지연 (2015), 「특집: 한국사회에서의 불평등의 정치와 정책; 한국의 세대불평등과 세대정치: 일자리영역에서 나타나는 정책주도 불평등을 중심으로」, 민주사회와 정책연구, 28, 15-44.

10. 중앙일보(2018). 「가족과의 대화 단절, 어버이날 맞는 우리는 부끄럽다」, http://joongang.joins.com/에서 2018년 6월 20일 인출.

11. 캐서린 한, 이연미 (2012), 「인간관계와 의사소통을 위한 비폭력대화 NVC」, 서울 : 한국 NVC센터.

12. 한국비폭력대화센터 (2018), http://www.krnvc.org 에서 2018년 6월 19일 인출.

13. 한국경제연구원 (2016), 「KERI 경제전망과 정책과제(KERI 26-4)」, 한국경제연구원.

14. 한국행정연구원 (2017), 2017년 사회통합실태조사.

15. 홍영란 (2013), 「세대통합을 위한 교육, 정보체제 개선 전략 연구(I) 실태 진단 및 정책 분석」, 연구보고 RR 2013-19.

16. Rosenberg. Marshall B. (2003), 「비폭력대화. 캐서린한 역(2008)」, 서울 : 한국 NVC센터.

너와 대화하기 위해

박준수(경희대학교 무역학과)

나는 현재 지역아동센터에서 복무하고 있다. 내 역할은 업무 중 형편이 어려운 아이들의 공부를 지도하고, 그 외 교육관련 상담을 하는 것이다. 근처 중학교인 삼선중학교 2학년 학생들의 수업을 하고 있을 때였다. 그날따라 아이들은 수업에 집중하지 못하고 있었고, 나는 잠시 분위기를 환기하고자 아이들에게 물어보았다. "애들아, 우리는 왜 공부를 해야 할까?" 한 아이가 나를 당황시키는 대답을 했다. "선생님이 시켜서요." 응? 아이들의 대답을 듣고 잠시 멈칫했다. 아이들에게 공부를 강요했었나? 다시 물어봤다. "그러면 내가 왜 너희들에게 공부를 하라고 했을까?" "그러게요? 그냥 어른이라서 시키시는 거 아니에요?" 어른이라서 아이들에게 공부를 시킨다? 학생들은 왜 내가 공부를 시키는 존재라고 생각했을까?

"나는 왜 너희들에게 공부를 하라고 할까?" 다른 아이가 손을 들고 대답했다. "그냥 어른이라서요!" 어른은 아이들에게 무언가를 시키고 요구하는 존재일까? 내가 생각하는 어른과 아이들이 생각하는 어른의 의미는 달랐다. 나는 아이들이 생각하는 어른의 의미가 듣고 싶었고, 다시 질문했다. "너희 '꼰대'라는 단어는 싫어하지? 그러면 너희가 생각하는 꼰대는 어떤 사람이야?" 아이들이 생각하는 여러 어른의 모습이 나왔다. 어떤 아이는 핸드폰 하는 것을 막는 사람이 꼰대라고 했고, 어떤 아이는 공부만이 최선이라고 말하는 사람을 꼰대라고 대답했다.

그날 아이들이 대답한 꼰대의 정의를 정리하면 크게 3가지 조건에 해당이 되는 사람이 꼰대이다. 첫째, 싫은 행위를 자신들에게 강요한다. 둘째, 자신과 타인을 비교하며, 자신의 과거를 본인들에게 적용시키려 한다. 셋째, 상명하복을 강조한다. 나는 아이들을 가르치는 선생이며, 더 나아가서 아이들보다 조금이나마 더 산 선배이다. 아동센터에서 중, 고등부의 수업을 담당하는 나의 위치가 만든 행동 일 수도 있다. 나는 아이들이 싫어하는 공부를 요구하며, 나의 경험을 비유삼아 수업을 진행했고, 선생과 학생간의 예의를 강조했다. 아이들의 말에 따르면 나는 '꼰대'이다.

아이들에게 질문했다. "애들아~ 혹시 내 얘기 한 거 아니야? 나는 너희들에게 공부하라고 말하기도 하고, 항상 예의를 강조하는데? 나는 꼰대일까?" 모든 아이들이 침묵했다. 그때 한 아이가 비꼬듯이 입을 열었다. "글쎄요. 선생님이 아직 꼰대라고 생각은 하지 않지만, 지금 보다 공부를 강조하고, 권위적인 모습을 보여 주신다면 선생님은 모범적인 꼰대가 될 수도 있을 거 같아요!" 그저 한 아이의 의견이었을 수도 있다. 하지만 어쩐지 나는 조금씩 아이들과 거리가 더 멀어진 느낌을 받았다.

아이들과 나는 이미 다른 세대의 사람이다. 그리고 우리는 세대 차이를 느끼고 있다. 세대는 생애주기(life cycle)를 기준으로 동일한 연령대의 사람들을 지칭한다. 생애주기에 따라 구분하는 이유는 간단하다. 그 이유는 인간은 모든 것을 경험할 수 없기 때문이다. 인간은 선택적으로 본인이 속해 있는 시대 속에서 중요했던 가치 혹은 대표적으로 경험했던 사건을 자신의 가치관의 기준으로 삼는다. 이렇게 각자의 세대는 본인의 경험을 바탕으로 사회를 규정한다. 그렇기 때문에 아이들과 나는 다른 관점으로 서로를 바라보았다. 문제는 다른 가치관이 만났을 때 시너지 효과를 내기보다는 충돌한다는 점이다.

토론 수업시간이었다. "애들아 오늘 너희 중에서 1명이라도 나를 납득하게 만드는 토론을 한다면, 선생님이 우리 반 전체에 떡볶이 쏠게!" 아이들의 의욕을 돋우기 위해 제안한 말이었다. 하지만 생각과 달리 아이들의 반응은 미적지근했다. "에? 선생님을 어떻게 이겨요. 그냥 선생님이 수업하시면 안돼요?" 내가 대답했다. "왜? 떡볶이는 싫어? 다른 거 먹을래?" "아뇨 그런 게 아니라 선생님이랑 저희는 완전히 다르잖아요. 저희랑 관점이 다른데 어떻게 설득해요? 선생님이랑 대화를 해야 하는데 저희는 대화가 안 되잖아요. 반대로 선생님은 저희를 이해하실 수 있나요? 선생님을 납득시키는 토론을 한다는 건 애초에 못이기는 내기를 하는 거라고요." 단순히 학생이 나를 높이 평가해서 '선생님을 어떻게 이겨요?' 라고 말했다면, 웃어 넘겼을 것 같다. 하지만 아이들은 나와 그들이 다른 집단임을 강조했다. 어른과 아이는 다른 집단이며, 서로 이해 할 수 없다고 말했다. 나는 아이들과의 세대 차이에서 발생한 갈등을 극복할 수 없을까?

세대 갈등은 모든 세대가 다르기 때문에 발생한다. 기성세대와 젊은 세대의 근본적인 차이는 간단하다. 누가 먼저 태어났고, 누가 더 많은 경험을 했는가 이다. 젊은 세대와 기성세대의 상대적인 장단점을 비교해보았다.

	젊은 세대	기성세대
장점	· 새로운 기술 습득 유리 · 신체적 기능 우월 (건강) · 미래에 대한 다양한 기회 존재 · 상대적 새로운 변화에 대한 긍정적 태도	· 경제적 성취와 명예 획득 · 전문분야 진출 · 한국 문화 속 '나이'라는 권위 획득 · 학문적 지식과 다양한 경험 보유 · 상대적 사회 복지 수혜 세대
단점	· 경제적 성취와 명예 전무(특별직종 제외) · 전문 직종 진출 확률 부족 · 한국문화 속 '나이' 속에 하층 · 다양한 경험을 갖추지 못함	· 새로운 기술 도입 시 적응에 대해 어려움 호소 · 건강의 악화 · 경제적 문화적인 기회 제한 (결혼 및 가정) · 상대적 새로운 도전에 대한 두려움

상호간의 근본적인 차이는 살아온 세월이다. 기성세대는 그동안 겪은 세월과 성취를 가지고 있다. 그리고 젊은 세대는 앞으로 살아갈 날들과 배울 수 있는 능력과 기회가 있다. 각자의 장점은 곧 각자의 단점이다. 어쩌면 세대 차이는 서로의 장단점이 다르기 때문에 상대의 약점을 비난하면서 발생하는 것일 수도 있다.

각각의 세대가 상대의 약점을 생각하는 이유는 무엇일까? 과연 각각의 세대는 상대방의 장점을 무시하고, 자신들만의 장점만을 바라보기 때문에 발생하는 것일까? 기성세대가 흔히 말하는 '요즘 애들'은 모두 예의가 없고, 자신만을 생각하는 집단일까? 어렸을 때 나는 어른들을 공경하라고 배웠다. 이유는 듣지는 못했던 것 같다. 단지 그들이 나보다 오랜 세월을 살았기 때문에 공경해야 한다고 배웠다. 물론 사춘기를 겪고 반항도 했다. 조건 없는 공경만을 강요받았던 나는 그들을 비난하고, 존경의 대상으로 보려고 하지 않았다. 왜냐하면, 나는 그들에 비해 나이라는 열등감을 가지고 있었기 때문이다. 어른이 아니기 때문에 어린 나는 그들과 동등한 대우를 받을 수 없다고 인식하고 있었고, 나와 대등하지 않은 그들과의 교류를 끊으려 했다. 내가 어른들을 비난한 이유는 나의 장점 때문이 아니라, 내가 그들보다 열등하기 때문에 피하고 싶었기 때문이었다.

기성세대의 경우도 비슷하다. 종종 인터넷에서 꼰대와 같은 경험 글들을 많이 볼 수 있다. 대부분의 내용은 비슷하다. 몇몇의 기성세대가 젊은 세대들을 대상으로 훈계한 내용이다. 일부의 글들은 분명 기성세대가 과하게 권위를 내세운 경우이지만, 몇몇은 이해가 갈만한 내용이 존재한다. 공공장소에서 민폐를 끼치는 젊은 세대들을 기성세대가 훈계를 한다. '나이'라는 권위가 존재하는 한국에서 충분히 가능한 사례이다. 하지만 현재 인터넷상에서 '기성세대의 훈계 = 꼰대'라는 말이 공식화되었으며, 심지어 젊은 세대를 훈계 하다가 폭행을 당하는 기성세대의 사례가 지속적으로 등장하기 시작했다. 그리고 폭행 사건을 본 기성세대들은 인터넷상에서 이런 내용에 댓글들이 달기 시작한다. '이제 애들 무서워서 뭐라고 말하면 안돼요~ 그냥 무시해야지, 우리는 이제 체력이 안돼서 애들 상대 못해' 신체적 열등감으로 인해 발생한 사건이 기성세대가 젊은 세대의 눈치를 보고, 피하게 된 계기를 만들어 주었다. 그리고 기성세대는 젊은 세대를 '답'이 없다고 말한다.

세대 갈등은 이렇게 서로간의 단점을 생각하고 열등감이 생길 때 발생한다. 젊은 세대는 경험과 성취한 부분에 기성세대에게 열등감을 가지고 있다. 이와 반대로 기성세대는 본인과 비교 했을 때, 젊은 세대의 우월한 육체 능력과 새로운 기회들에 대해 열등감을 가지고 있다. 양쪽 집단은 서로 열등감을 가지고 있기 때문에, 무의식적으로 열등감을 가진 부분을 망각하고 장점을 무기로 만들어 낸다. 그리고 공격한다. '너희들이 뭘 알아?'와 '세상이 변했는데 꼰대들만 안 변하네?'를 말이다.

인간이 열등감을 느끼는 현상은 당연하다. 인간의 생명은 유한하고 능력 또한 제한적이다. 기성세대는 본인이 배웠던 세상과 달라진 현실 속에서 젊은 세대의 적응력을 부러워한다. 기성세대가 변화한 사회를 배우려는 시도를 하지만, 변화한 새로운 기술에 대해 적응을 하는 것은 쉽지 않다. 젊은 세대는 경험이 없기 때문에 많은 영역에서 열등감을 가진다. 젊은 세대는 사회로 처음 진출해서 새로운 일을 시도하려 하는 존재이다. 첫 진출, 그들은 경험이 없다. 노하우가 없기 때문에 그들이 많은 어려움을 겪는 것은 당연하다. 또 경제적인 성취가 없는 젊은 세대는 기성세대의 부를 부러워한다.

이처럼 젊은 세대와 기성세대는 서로 간 부족한 부분을 너무나 잘 알고 있다. 문제는 자신의 약점이 상대 집단의 장점이라는 점이다. 그리고 본인의 약점이 상대방의 장점일 때 열등감은 증폭된다. 예를 들어 젊은 세대는 변화하는 문물에 대해서 더 빠른 적응 속도를 가지고 있다. SNS와 같은 경우 기성세대에 비해 젊은 세대의 사용량이 높은 것은 물론, 인스타그램과 같이 새로운 형식의 SNS가 등장 했을 때 새로운 서비스에 적응하고, 새로운 서비스로 이동하는 시간도 짧다. 그와 반대로 기성세대는 새로 나온 SNS에 대해 적대적인 모습을 보이고, 사용하려 하지 않는다. 새로운 기술에 있어서는 젊은 세대가 우위를 점하지만, 기성세대가 가진 인생의 경험을 경험했는가를 생각한다면 부족하다. 역사책에서 읽은 기성세대의 삶과 그에 대한 지식은 우리에게 와 닿지 않는다.

기성세대는 수많은 경험을 가지고 있다. 대한민국이라는 나라가 어떻게 변해왔으며, 회사 말단 사원일 때부터, 고위 이사진과 같은 경영진은 어떤 마인드를 가지고 직원을 상대 하는가 까지의 흔히 말하는 인생의 경험을 가지고 있다. 하지만, 스마트폰의 새로운 기능이 나왔을 때 당혹스러워 하며, 젊은 사람들에게 질문한다. "학생, 이거 어떻게 하는 거야? 핸드폰이 안 켜져" 열등감을 가진 젊은 사람이 대답한다. "알려드려도 모르시지 않을까요?"

서로를 무시하고, 비난하는 세대 갈등이 사라 질 수 있을까? 세대 갈등이 열등감에서 온다면, 상호간의 열등감을 없애는 방향이 가장 이상적일 것이다. 열등감을 없애는 방법으로 자존감이라는 개념을 생각했다. 아이들과의 세대 갈등을 느낀 다음 주에 자존감 테스트지(SEI)를 가져왔다. 지역아동센터는 형편이 어렵거나 가정환경이 좋지 않은 아이들이 온다. 때문에 나는 아이들이 나와의 대화를 거절한 이유는 낮은 자존감과 열등감이지 않을까 생각했다. 그리고 아이들의 자존감이 어느 정도인지 궁금했다. 아이들을 구슬렸다. "애들아 우리 공부 말고, 재밌는 거 해볼까? 너희 심리 테스트 좋아해?" 수업이 아닌 심리 테스트라고 생각한 센터의 아이들은 모두 한 장씩 받아서 풀었다.

결과가 가장 궁금한 아이들은 나와의 대화를 거절한 3명의 삼선중학교 2학년 아이들이었다. 시험지를 받았다. 각각의 점수는 -7점 3점 12점 이었다. 자존감 테스트의 점수대가 일반적으로 0~30점이 나오지만, 보통 30~40점대가 높은 수치의 자존감을 나타내고, 그전 일반 학원에서 이 테스트를 했을 때 대부분의 아이들이 10점 이상이 나왔다는 점을 생각해볼 때 낮은 수치였다.

아이들이 낮은 자존감 점수를 받고 상처를 받을까봐 걱정을 했다. 그래서 더욱 자존감을 올리고 싶었고, 아이들과의 세대갈등을 해결하고 싶었다. 그래서 나는 2월부터 6월까지 나는 짧은 시간이지만, 아이들을 위한 자존감 프로그램을 진행했다. 프로그램의 첫째 날에는 우리는 모두 같은 편이며, 서로를 인정하고 있음을 보여주는 시간을 보냈다. 나는 수업을 시작하자마자 말했다. "애들아 선생님이 생각하기에 10년 뒤 너희는 선생님보다 행복하게 살 거 같아." 이 말을 듣자마자 옆에서 "저는 얘가 나중에 제일 성공 할 거 같아요! 벌써 대학 간다고 하잖아요."라는 말이 나왔다. 우리는 서로가 자신의 눈에 어떤 모습으로 보이는 지를 말하는 시간을 가졌다. 그리고 나와 학생들은 서로를 인정하는 시간을 가졌다.

두 번째 수업은 같이 서로의 장점을 적는 시간을 가졌다. 처음에 본인의 장점과 단점을 적으라고 했지만, 단점은 5개 이상 적은 반면에, 자신의 장점은 모두 한 가지도 적지 못했기 때문에 수업 도중 진행 방식을 바꿨다. 본인의 장점은 잘 적지 못했던 아이들이었지만, 친구들의 장점은 의외로 많이 적었다는 점이 신기했다. '이 친구는 친구의 마음을 잘 알아주고 상담해줘요.' '얘는 욕은 많이 하는데 그래도 주변 사람을 잘 믿어줘요.'

세 번째 수업부터는 두 번째 수업에서 아이들이 적은 내용을 참고해서 진행했다. 친구의 장점을 많이 적은 아이를 그 친구의 짝으로 만들었다. 그리고 장점을 적은 아이가 본인의 짝을 가르칠 수 있는 기회를 만들었다. 수학을 잘하는 학생은 다른 학생이 모르는 문제를 설명했다. 필기를 잘하는 학생은 자신의 필기를 칠판에 걸어두고, 본인이 어떻게 필기를 하는지를 수업했다. 생명공학 관련 학과로 진학을 하고 싶다는 친구는 유전 가위에 대한 신문 기사를 오려와 아이들에게 나눠주고 앞으로 본인이 하고 싶은 일을 발표했다.

그리고 최종적으로 마지막 수업에서 세 아이는 모두 내 앞에서 수업을 했다. 그날 나는 선생이 아닌 학생이었다. 아이들의 수업을 들을 때, 공책을 들고 안경을 썼다. 그리고 아이들의 수업을 경청하며 메모했다. 마지막으로 내가 질문하고 아이들이 대답하는 방식으로 5개월간의 수업을 마무리했다.

상대방을 가르치는 역할은 자존감 상승에 매우 도움이 되었다. 아이들이 상대방을 가르치는 행위는 자신의 지식을 전파하는 것뿐만이 아니라, 스스로가 다른 사람들에게 도움이 되는 존재라는 점을 느낄 수 있게 만들어 줬다. 그날 자존감 테스트를 다시 시행했다. 세 아이의 점수는 6점 17점 38점으로 모두 월등히 상승했다. 수업 처음, 나와의 대화를 거절한 아이들은 지금 나와 동등한 토론자가 되어 있었다. 열등감을 줄일 수만 있다면, 세대 차이는 줄어든다. 그리고 그와 동시에 세대 갈등역시 감소 할 수 있다.

사회 속에서 발생하는 세대 갈등 역시 마찬가지이다. 현재 사회는 세대 갈등을 줄이기 위해 움직이고 있다. 사회는 젊은 세대가 좀 더 경험을 할 수 있는 장을 만들고 그들에게 배우기를 요구한다. 또 기성세대에겐 젊은 세대가 향유하는 문화를 공유하고 새로운 문화와 기술에 대해서 지속적으로 관심을 가지도록 요구하고 있다. 대표적으로 젊은 세대의 Action learning기법을 응용한 교육 방식과 기성세대가 SNS를 배우고 있는 사례를 예시로 들 수 있다. Action learning기법은 4~6인의 학생이 팀을 이루며, 기성세대인 선생은 일방적인 지식을 전달하는 역할이 아닌 조언자의 위치에 서게 된다. 학생들은 스스로 경험을 시도하고, 서로에게 설명하고 수업한다. 수업 과정 속에서 그들은 스스로의 궁금증 해소를 위해, 스스로가 전문가가 되거나 전문가인 기성세대에게 상의를 요청한다. Action learning기법을 응용한 교육은 젊은 세대와 기성세대의 직접적인 교류뿐만 아니라, 젊은 세대가 스스로 기성세대가 이뤄낸 방식들을 벤치마킹하는 방식을 배울 수 있도록 만든다. Action learning기법 조금이나마 직접 현장을 체험하고, 기성세대를 이해 할 수 있는 열등감을 줄일 수 있는 기법이다.

사회는 기성세대에게도 또한 갈등의 해소를 위해 변화 할 것을 요구한다. SNS가 젊은 세대를 개인주의에 빠뜨렸다는 말과 기성세대가 SNS를 하지 않는 다는 말은 옛말이다. 그들 역시 어느 순간부터 새로운 기술에 적응하고, 한명의 사용자가 되기 위해서 노력하고 있다. 하나의 예시로 SNS 이용 비율이 가장 낮은 50대의 경우에도 73.8%의 SNS 사용 율을 보일 정도로 새로운 기술과 서비스를 사용하기 위해 노력하고 있다. 이에 맞춰 카카오에서 카카오 톡 이후 카카오 스토리와 같은 기성세대의 정서에 맞는 SNS도 출시되었으며, 밴드와 같이 높은 수치의 기성세대 비율을 보유한 어플도 등장했다.

세대 차이를 줄이기 위한 방법으로 많은 방법들이 시행되고 있지만, 모든 방식들은 상대방에게 배우기만을 강조할 뿐, 가르치는 방법을 제시하지 않고 있다. 그리고 아직까지 세대 갈등은 해결되지 않았다. 젊은 세대와 기성세대는 서로를 잘 알지만, 상대에게 가르칠 수 있는 기회가 부족하다. 세대 차이를 줄여 세대 갈등을 없애기 위해서, 사회는 각각의 세대가 만족 할 수 있는 교육의 장을 만들어야 한다. 이때 열등감을 줄이고 자존감을 높이는 교육의 장이 되기 위해서 3가지의 조건을 충족해야한다. 첫째 상호간의 장점을 이용해 약점을 보완 해 줄 수 있어야 한다. 둘째 이 교육은 나이와 위치에 상관없이 누구나 상대방의 선생이 될 수 있으며, 상호를 존중해야한다. 셋째 이 교육을 한 이후 각각의 세대 집단은 무언가의 성취가 있어야 한다.

우선 기성세대의 장점이자 젊은 세대의 약점인 경험을 이용한 멘토링 프로그램을 생각 해 볼 수 있다. 멘토링 프로그램은 1:1로 진행되지만, 강사가 부족 할 경우 다수의 멘티들이 들을 수 있도록 한다. 이 멘토링이 이뤄지는 과정은 간단하다. 멘토 대상자는 기성세대이며, 멘티는 젊은 세대이다. 이때 멘토는 특정 전공분야에서 은퇴 혹은 현장에 있는 사람이다. 마찬가지로 멘티는 아직 그 분야에 진출하지 못한 사람이나 아직 숙달되지 못한 사람으로 구성된다. 멘토는 커뮤니티에 자신의 전공 분야를 올린다. 그 후 그 분야를 원하는 멘티는 멘토에게 연락을 한 뒤, 멘토링을 승인 받는다. 서로 시간을 정한 뒤 멘티는 멘토의 근처 카페로 찾아간다. 멘토는 따로 수업을 준비 할 필요가 없다. 수업 시간 동안 멘티가 궁금한 부분과 문제에 대해서 같이 고민해 주면 된다. 그리고 멘티는 그날 식사와 커피를 사는 정도의 간단한 보상을 한다. 물론 이때 전공 분야는 전문적인 지식만을 요구하지 않는다. 예를 들어 사과파이를 만드는 것을 좋아하는 멘토가 올린 뒤 사과파이 만드는 법을 멘티에게 공유 할 수도 있으며, 7명의 자녀를 둔 기혼자가 신혼부부에게 조언을 해 줄 수도 있다. 젊은 세대들은 그들의 경험을 배울 수 있다. 그리고 기성세대들은 은퇴 후 사장 될 염려가 있는 그들의 재능을 전달하고, 새로운 만남을 얻을 수 있다.

 반대로 젊은 세대의 장점이자 기성세대의 단점을 연결한 연기 멘토링 프로그램도 생각해 볼 수 있다. 젊은 세대의 많은 기회를 부러워하는 많은 기성세대 분들의 말씀 중에 이런 부분이 있었다. "젊은 시절에 너무 열심히 살지만 말고, 많은 경험을 해볼걸..." 특히 드라마나 연극 영화를 좋아하시는 분들은 연기를 해보고 싶어 하는 분들을 종종 본적이 있다. 하지만 기성세대의 새로운 기회에 대한 도전이 적다는 점과 연기와 같은 분야가 새로 시작하기 어렵다는 부분에서 그들은 꿈을 접는다. 그들이 공연을 올릴 수 있는 멘토링 프로그램을 제안한다. 전문가는 아니지만 지역 대학의 동아리들과 연계하는 방법을 생각해 보았다. 대부분의 연극동아리들은 전문적인 수준은 아니지만 그들만의 연기 노하우를 가지고 있다. 그들은 충분히 연기를 처음 접하는 기성세대들을 교육할 역량을 가지고 있다. 대학 연극 동아리들의 가장 큰 고민 중 하나는 공연 무대와 조명 대여문제다. 만약 지역 복지관과 같이 장소를 가진 기관에서 시설을 제공으로 기성세대와의 공연을 제안한다면, 젊은 세대인대학생들 입장에선 기성세대와의 공연이 좋은 기회로 다가 올 것이다. 또한 젊은 세대가 취업을 위해 봉사시간을 원한다는 점을 생각해, 이를 이용해 멘토링 프로그램에 봉사 시간을 부여 한다면, 많은 멘토들의 참여를 유도 할 수 있을 것이다. 봉사의 경우, 의무적으로 봉사를 요구하는 기업들이 멘토링을 봉사의 범위로 확장해 준다면, 기성세대 멘토 확보를 유도 할 수 있다.

 '모든 인간은 열등감을 느낀다.' 세계 3대 심리학자인 아들러가 남긴 말이다. 인간의 능력은 제한적이고, 단면만을 볼 수 있다. 그렇기 때문에 기성세대와 젊은 세대가 만들어진다고 한다. 하지만 기성세대와 젊은 세대의 차이가 정해져 있는게 아니다. 상호간 열등감이 없고, 서로가 다름을 인정을 할 수 있다면 세대 갈등은 존재하지 않을 수 있다. 나는 23살 대학생이다. 아직 학생이며, 배우고 싶다. 어른들은 말한다. '너는 아직 어려서 사회를 몰라.' 그와 동시에 나는 아동센터에서 아이들을 가르치는 선생님이다. 아이들은 말한다. '선생님 같은 어른은 우리 세대를 이해 못해요. 선생님은 어른이잖아요!' 나는 때론 어린 젊은 세대가 되며, 때로는 기성세대가 된다. 그 이유는 내가 느끼는 열등감이 각 집단에 따라 다르기 때문이다. 아이들의 기회가 부럽다. 9시간 내가 근무하는 내내 옆에서 뛰어 다닐 수 있는 아이를 보며 열등감을 느낀다. 아이들은 내가 배운 지식들과 경험들이 부럽다고 한다. 기성세대들은 20대 초반인 나의 인생에 열등감을 느끼지만, 이와 동시에 나는 기성세대의 경제적 지위와 경험들을 부러워한다.

우리는 자존감을 높여야 한다. 자존감을 가지기 위해 서로 배우고, 가르쳐야 한다. 학생들을 가르치다 보면 내가 모르던 부분에 대해서 다시 알기도 하고, 말하는 방법을 배우기도 한다. 그들의 문화를 배우고, 조금씩 희생들을 이해할 수 있게 되었다. 중2는 말이 통하지 않는 다고 한다. 중2병이 걸려 있는 존재, 누구도 이해 할 수 없는 존재라고 했지만 나는 그들을 가르치면서, 그들에게 배우고 있다. 우리 학생들과 나는 대화 할 수 있다고 서로 인정하고 있다. 내가 학생들을 이해 못할 것이라고 말한 아이가 자존감 수업 마지막 날에 말했다.

"선생님은 참 특이해요. 지난 학기에 저를 가르친 봉사 선생님은 제가 말을 안 듣는다고 더 이상 수업을 못하시겠다고 하시고 가셨거든요. 저도 그 선생님이 싫었고요. 근데 선생님은 제가 선생님보다 낫다고 하면서, 저한테 배우고 싶다고 말하시잖아요. 낯간지럽지만 선생님은 제가 유일하게 아는 '꼰대'가 아닌 선생님이에요. 저를 이해해 주셔서 감사합니다."

내가 학생을 인정하고, 학생이 나를 바라봐주었을 때 우리의 갈등은 해소되었다.

너 살고 나 살자
—비교하는 사회에서 공존하는 사회로

곽민준(포스텍 생명과학과)

행복이란

2년 전 한창 대학입시를 준비하느라 바쁜 시기였다. 대부분의 학생들이 학생부 전형으로 진학하는 과학고의 성격상 선생님들께서는 많은 추천서를 쓰느라 바쁘고 정신이 없으셨다. 특히 학생들에게 인기가 많았던 당시 담임선생님께서는 무려 100장이 넘는 추천서를 부탁 받기도 하셨다. 너무 많은 양이다 보니 거절할 만도 하셨지만 선생님께서는 학생들의 추천서 부탁을 모두 받아들이셨고, 일주일 동안 댁에 가시지 못하고 교무실에서 밤을 새며 모든 추천서를 완성하셨다. 하지만 너무 무리하셨는지 이후 며칠 동안 몸 상태가 안 좋아 보이셨고, 결국 병가를 내고 병원에 다녀오셨다. 선생님께서는 걱정하는 우리들에게 '다 내가 좋아서 하는 일이다. 나는 이렇게 너희들을 위해 일할 때가 제일 "행복"하다.'고 이야기하시며 걱정하지 말라고 하셨고, 선생님의 노력덕분인지 나와 친구들은 대부분 원하는 대학에 진학할 수 있었다.

한편 같은 상황에서 담임선생님과 완전히 반대의 행동을 하신 선생님도 한 분 계셨다. 당시 그분은 1학년 담임을 맡고 계셨고, 대부분 대학의 추천서 작성 시기는 1학년들의 미국 현장체험학습 날짜와 겹쳤다. 이 선생님께서는 늦게 찾아온 일부 학생들의 추천서 부탁을 '나는 내가 하고 싶은 것을 하면서 여유로운 생활을 해야 행복한데, 미국까지 가서 너희의 추천서를 쓰면 그렇지 않을 것 같다.'고 하시며 거절하셨다.

'행복한 한국사회'에 대한 이야기를 하면서 이 에피소드를 언급한 것은 두 선생님을 비교하거나 무엇이 올바른 태도 인지에 대해 논하기 위해서가 아니다.

여기서 주목해야 할 점은 두 선생님 모두 '행복'을 언급하시고 자신이 행복해지는 일을 선택하셨지만, 같은 상황에서 완전히 다른 행동을 하셨다는 것이다. 이처럼 행복은 객관적이거나 절대적이지 않다. 사람마다 살아온 환경과 가치관이 다르기 때문에 행복이란 매우 주관적일 수밖에 없다. 실제로 미국 일리노이대학의 디너 교수는 행복을 '주관적 안녕감(Subjective Well-being; SWB)'이라고 정의 내리며, 행복을 측정할 때에는 객관적인 생활지표 이외에 그 사람이 느끼는 감정이나 기분도 포함되어야 한다고 말한다.

한국인의 행복

행복이 개인의 경험이나 가치관에 따라 달라진다면 지역 또는 나라에 따라서도 행복을 결정짓는 요소가 달라질 것이다. 전혀 공통점이 없는 사람들에 비해 가까운 곳에 사는 사람들, 같은 문화를 공유하고 있는 사람들의 가치관이나 생각이 비슷할 가능성이 훨씬 높기 때문이다. 따라서 대다수 한국인들이 느끼는 행복의 요소에는 어느 정도 공통점이 있을 것이다. 심리학자들은 이 공통점을 '사람들과의 관계에서 오는' 행복이라고 말한다. 대부분의 서양 사람들은 개인이 처한 상황에서 긍정, 또는 부정적 감정을 느끼는 반면 한국을 비롯한 동아시아 지역의 사람들은 다른 사람들과의 관계와 상호작용에서 그러한 감정을 느끼게 된다.

이런 차이가 발생하는 이유는 '개인주의'를 중요시하는 미국, 유럽 등 서양 국가들과는 달리 동아시아 국가들에서는 '집단주의'가 받아들여지고 있기 때문이다. 한국을 비롯한 동아시아국가들에서는 집단을 위해 개인이 희생을 하는 것이 당연시 여겨진다. 자신의 이익을 우선시하는 사람이 이기적인 자로 낙인 찍히는 것 역시 일반적인 일이다. 즉 우리나라에서 개인은 한 명의 사람 그 자체로서 의미 보다는 '○○엄마', '□□회사 직원', '포항공대 학생'처럼 자신의 속한 집단의 일원으로서 더 큰 의미를 가진다.

이런 집단주의는 그 나라의 논리와 정서를 잘 드러내는 언어에서도 쉽게 볼 수 있다. 외국인들이 한국말을 처음 배울 때 제일 헷갈려 하는 것 중에 하나가 '우리' 라는 단어다.

'우리 집 진짜 넓어.', '언제 한 번 우리 학교 캠퍼스에 놀러 와.'처럼 우리말에서는 대회를 하는 상대방이 같은 집단에 속해있지 않더라도 자신이 속해있는 집단을 '우리'라고 표현하는 것이 일반적이다. 방금 필자 역시 자연스럽게 '우리말' 이라는 단어를 사용한 것처럼 말이다. 또 '한국인의 혼인상태 별 행복 수준' 조사 결과를 통해서도 한국에서 사람 간의 관계가 행복에 얼마나 큰 영향을 끼치는지 알 수 있다. 미혼자, 유배우자, 이혼 사별 별거자로 나누어 진행된 행복수준 조사에서 유배우자의 행복 수치는 10점 만점에 6.83점으로 가장 높게 나타났으며, 미혼자는 6.74점, 이혼 사별 별거자는 5.94점을 기록했다. 같은 연구에서 거주지역, 성별, 연령, 학력 별로 행복 수준을 조사한 결과, 각 조사 별로 행복 수치 차이가 가장 컸던 두 대조군이 각각 0.33, 0.07, 0.34, 0.51 의 차이를 보였다는 것을 고려하면 유배우자와 이혼 사별 별거자가 보이는 0.89의 행복지수 차이는 매우 큰 것임을 알 수 있다. 이는 개인이 속하게 되는 가장 작은 사회이자 집단인 '가정'에서 얼마나 성공적인 관계를 유지하고 있느냐가 한국인의 행복에 엄청난 영향을 끼친다는 것을 보여준다. 이처럼 한국에서 '우리'라는 개념, 사회를 이루는 집단은 매우 중요한 의미를 가지며, 우리는 집단 속 다른 이들과의 관계에서 행복, 또는 불행을 느끼며 살고 있다.

비교하는 사회

앞의 내용들을 종합하면 '행복한 한국사회'를 만들기 위해 가장 중요한 것은 사회가 개인이 집단 속에서 사람들 간 관계에 긍정적인 감정을 느낄 수 있는 기회를 제공하는 것임을 알 수 있다. 그리고 지금 우리 사회가 행복하지 못한 이유는 개인이 집단 속 사람들 간의 관계에서 부정적인 감정을 더 많이 느끼기 때문이라는 것 역시 알 수 있다. 도대체 왜 한국인들은 다른 사람들과의 관계에서 부정적인 감정을 느끼게 되는 것일까? 그 이유는 한국사회를 가장 잘 나타내는 단어 중 하나인 '경쟁'에서 찾을 수 있다.

한국사회에서 좋은 성적으로 우수한 대학에 가기 위한, 일자리를 구하고, 또 유지하기 위한 경쟁은 필수적이다. 이런 경쟁사회의 가장 큰 문제점은 누군가가 승자가 되면 또 다른 누군가는 반드시 패자가 된다는 것이다.

세상에 뛰어난 사람은 많아도 완벽한 사람은 없다. 대부분의 경쟁에서 승리할 수 있는 사람은 있더라도 모든 경쟁에서 승리할 수 있는 사람은 없는 것이다. 따라서 경쟁사회에서 경쟁에서 지는 것에 익숙한 사람들은 사회적 낙오자 또는 뒤쳐진 사람으로 평가받고 자존감을 잃기 쉬우며, 경쟁에서 이기는 것에 익숙한 사람들 역시 갑자기 찾아온 실패를 받아들이지 못하고 쉽게 무너지게 된다. 그리고 그 결과가 모두 잘 알고 있는 OECD 국가 자살률 1위라는 불명예다. 매년 들려오는 '대학수학능력평가 직후 재수생 자살 소식'과 한국 최고 대학 중 하나인 'KAIST 자살 사건'이 각각 계속된 실패와 익숙하지 않은 실패로 인한 자존감 하락이 원인이 된 안타까운 사건의 대표적인 예다.

경쟁에서 패한 자들이 이런 극심한 불행을 느끼게 되는 것에는 두 가지 이유가 있다. 첫 번째 이유는 자신의 상황을 경쟁에서 이긴 자와 비교하기 때문이다. 경쟁사회에서 승자에게 달콤한 상품과 혜택이 가는 것은 당연한 일이다. 그런 보상이 없다면 아무도 힘들여서 경쟁에 뛰어들려 하지 않을 것이기 때문이다. 문제는 승자가 혜택과 보상을 누리는 모습을 본 다른 이들은 같은 노력을 했음에도 그만큼 성과를 얻지 못했다는 생각에 분노하고 좌절하게 된다는 것이다.

경쟁에서 패한 자들이 불행해지는 두 번째 이유는 다른 누군가가 경쟁에서 진 자신의 상황을 경쟁에서 이긴 자와 비교하기 때문이다. 약 10년 전 인터넷 만화에 처음 등장해 지금은 일상 언어로 자리 잡은 '엄친아'라는 단어를 들어본 적이 있을 것이다. 이 단어는 '엄마 친구 아들'의 줄임말로, '엄마 친구 아들 ○○이는 공부도 잘 하고 엄마 말도 잘 듣는데 너는 왜 그래?'라는 식으로 부모들이 자식을 남과 비교하는 모습에서 유래했으며 지금은 사회 곳곳에서 엘리트를 의미하는 단어로 쓰이고 있다. 그저 인터넷 만화에서 등장인물을 소개하기 위해 사용된 단어가 이토록 사회적으로 널리 쓰이게 된 것은 그만큼 많은 사람들이 '비교하는 한국사회' 의 모습을 직접 느끼고 있고, 비교하는 문화가 한국사회의 큰 문제라는 사실에 공감하고 있음을 보여준다.

비교하지 않는 사회? 비교가 필요 없는 사회!

한국사회가 행복하지 않은 이유가 사람들이 사회적으로 성공을 거둔 자들과 비교하고, 비교당하기 때문이라면 행복한 사회로 가기 위한 해결책은 비교하지 않는 사회에서 찾을 수 있을 것이다. 하지만 지금 한국의 모습에서 비교하지 않는 사회를 바라는 것은 큰 욕심이며, 허황된 꿈에 불과하다. 앞에서 말했듯이 우리나라를 비롯한 집단주의 사회에서는 다른 사람들과의 관계가 매우 중요시 여겨지며, 본인의 생각 못지않게 다른 사람들의 생각을 중요하게 받아들인다. 따라서 어떤 행동을 한 뒤에 먼저 다른 사람들의 반응을 살피게 되고, 그 과정과 의의보다는 타인에게 보여줄 수 있는 성과와 실적에 집착하게 된다.

'왜 한국에는 아직 노벨과학상 수상자가 없는가?'란 질문도 이러한 맥락에서 이해가능하다. 아직 한국이 서양문물을 받아들이기 시작한지 한 세기도 채 지나지 않았다. 또 정치적 자유와 경제성장을 이뤄내고 본격적으로 과학에 투자하기 시작한 것은 불과 몇 십 년 전의 일이다. 세계와 인류에 기여할 수 있는 대단한 연구는 한 순간에 이뤄지는 것이 아니다. 굉장히 오랜 기간 동안 고민하고 다양한 시도를 해본 끝에 얻게 된 결과가 비로소 빛을 보고 길이 남을 연구가 되는 경우가 대부분이다. 따라서 과학기술 발전을 위해서는 지속적인 지원과 교육이 필요함에도 불구하고 정부와 여론은 아직 한두 세대도 지나지 않은 한국 과학 사회에게 그저 노벨상이라는 가시적인 결과만을 요구하고 있다.

노벨상에 집착하는 이런 태도는 결과에 집착하는 한국사회의 모습을 단적으로 보여주는 예시다. 그리고 노벨상과 같이 다른 사람들에게 보여줄 수 있는 가시적인 성과를 이끌어낼 수 없는 행동은 무의미한 일이라는 생각은 한국사회 곳곳에 박혀있는 관념이다. 따라서 결과에 집착하는 안 좋은 문화를 지금 당장 고치기란 쉽지 않은 일이며, 결과에 집착하다 보니 발생한 '비교하는 문화'를 없애는 것 역시 단기적으로 해결할 수 있는 간단한 문제가 아니다.

그렇다면 비교하는 사회에서 발생한 문제들을 해결할 수 있는 방안은 없는 것일까? 그렇지 않다. 비교하지 않는 사회를 만드는 것이 불가능하다면 비교가 필요 없는 사회를 만들면 된다.

많은 사람들이 서로 다른 다양한 분야의 공부를 해서 그 분야의 전문가가 되고, 각자의 분야와 위치에서 제 역할을 한다면 굳이 경쟁하지 않고 함께 상생하며 성공하는 것이 가능하다. 조금 더 명확하게 이야기하면 지금 우리에게는 전문성이 인정받는 사회, 그리고 다양성이 존재하는 사회가 필요하다. 지금부터는 이 두 가지 사회의 구체적인 모습에 대해 소개하고, 각각을 구현하기 위한 과정에 대해 이야기할 것이다.

멀티 플레이어보다 스페셜리스트

'전문성이 인정받는 사회'의 필요성에 대해 설명하기 위해 잠시 다른 이야기를 해보려 한다. 21세기는 융합의 시대가 될 것이란 이야기를 한 번씩은 들어봤을 것이다. 이제는 한 분야만 깊이 있게 공부해서 새롭게 알아낼 수 있는 지식은 거의 없으며, 여러 분야의 융합을 통해 새로운 학문을 개척해나가야 한다는 것이다. 이런 맥락에서 현대사회는 여러 분야를 골고루 이해하면서 자신의 분야를 깊이 있게 공부한 'T형 인재'를 바라고 있다. 실제로 여러 기업 또는 교육기관에서 스페셜리스트(specialist)보다는 제너럴리스트(generalist)를 선호하고 있기도 하다. 학자들은 우리나라에 이런 문화가 자리 잡게 된 것은 10여 년 전 이화여대 최재천 교수가 '통섭(consilience)'이라는 개념을 한국에 처음 들여오고 나서부터라고 이야기한다. 그러나 나는 제너럴리스트를 원하는 한국의 분위기는 융합 학문을 강조하는 최근의 국제적인 추세와는 별개로 이전부터 존재해왔다고 생각한다.

한국이 제너럴리스트를 원하는 이유는 앞에서 말한 집단주의를 통해 설명할 수 있다. 간단히 말하면 한 가지 일만 잘 하는 사람보다는 여러 가지 일을 할 수 있는 사람이 집단에 더 도움이 될 수 있다는 것이다. 특히 다른 사람들이 보기에 여러 가지 일을 하는 사람은 남들보다 더 집단에 기여를 많이 하는 사람처럼 보이기 때문에 집단주의사회인 한국에서는 자연스럽게 제너럴리스트가 선호 받게 되었다. 그런데 이러한 제너럴리스트를 선호하는 한국의 문화가 바꿔야한다고 이야기한 사람이 있는데, 다름 아닌 한국 축구의 영웅 박지성 선수다.

박지성 선수는 저서 '더 큰 나를 위해 나를 버리다'에서 한국 축구의 문제점으로 스페셜리스트의 부재를 지적하며 다음과 같이 말한다. "한국 축구와 한국사회 모두 지금보다 나아지고 강해지려면 스페셜리스트와 멀티플레이어가 조화롭게 하나의 팀을 이뤄야 할 것 같습니다. 양 발을 고르게 훈련하는 것뿐 아니라 선수들의 장점을 특화하는 훈련도 필요합니다. 스페셜리스트와 멀티플레이어들이 조화를 이룬 팀은 훨씬 위협적이니까요." 한국에서는 어렸을 때부터 축구를 할 때 양 발을 모두 사용하도록 가르친다. 일반적으로 수비수들은 상대 공격수가 주로 사용하는 발을 중심으로 수비하기 때문에 양 발의 능력을 모두 길러 상대수비를 불편하게 만들기 위해서다. 또 한국에는 여러 포지션을 함께 소화 가능한 멀티 플레이어도 많다. 중앙 미드필더와 측면 공격수, 심지어는 측면 수비수 역할까지도 거뜬히 해내는 박지성 선수 본인이 대표적이예다. 오른발잡이에게 왼발을, 공격수에게 수비를 훈련시키는 축구 시스템에서도 멀티 플레이어, 또는 제너럴리스트를 선호하는 한국사회의 특징을 엿볼 수 있는 것이다.

박지성 선수는 이런 멀티 플레이 능력이 분명 본인에게 강점이 되었으며, 팀의 원활한 운영에도 큰 도움이 되었을 것이라고 말한다. 하지만 그는 동시에 '맨유의 전설인 라이언 긱스가 한국에서 태어났다면 지금과 같은 위대한 선수가 될 수 있었을까?'라는 질문도 던진다. 라이언 긱스는 박지성 선수가 몸담았던 세계적인 클럽 맨체스터 유나이티드에서 무려 25년간 뛴 전설적인 선수로, 뛰어난 왼발 킥 능력 덕분에 '왼발의 마법사'란 별명을 가지고 있다. 만약 그가 한국에서 축구를 배웠다면 그의 빼어난 왼발 능력이 오른쪽 발로 나눠졌을 수도 있지 않을까? 그렇다면 긱스는 지금과 같은 왼발 능력을 뽐내지 못했을 것이고, 지금의 위상과는 다른 그저 그런 선수가 되었을 수도 있다.

축구에서나 사회에서나 멀티 플레이어는 팀에게 큰 도움을 줄 수 있는 소중한 존재다. 그렇기 때문에 현재 세계적인 추세가 다양한 분야에 능력이 있는 사람을 선호하는 쪽으로 바뀌고 있는 것이다. 그러나 멀티 플레이어만으로 팀을 구성할 수는 없다. 축구 경기에서 이기기 위해서는 많이 뛰지 않아도 중요한 순간에 한 골을 넣어줄 수 있는 공격수가 있어야 하고, 몸싸움만큼은 누구에게도 지지 않는 수비수도 있어야 하며, 긱스처럼 왼발 킥만 잘 차는 선수도 있어야 한다.

그리고 마지막으로 양 발을 모두 잘 쓰는 선수, 수비와 공격을 다 잘

하는 선수가 스페셜리스트들의 부족한 점을 채워주면 금상첨화이며, 그 팀은 완벽한 팀이 될 수 있다. 결국 멀티 플레이어는 각자의 위치에서 맡은 바 임무를 다 하는 스페셜리스트들이 있어야만 빛을 볼 수 있는 것이다.

전문성이 인정받는 사회

이 대목에서 우리는 한국사회가 나아가야 할 방향을 찾을 수 있다. 멀티 플레이어, 또는 제너럴리스트들만 존재하는 사회는 전문성을 잃게 된다. 또한 모두의 역할이 비슷하다 보니 자리를 얻기 위해서는 서로 경쟁을 해야만 하고, 이로 인해 비교하는 사회가 만들어지게 된다. 여기서 이 긴 이야기가 글의 주제인 '행복한 한국사회'와 연결이 된다. 스페셜리스트들이 대우받고 전문성이 인정받는 사회가 만들어진다면 사람들 간의 경쟁이 필요 없어진다. 굳이 이런 저런 공부를 하며 다른 사람들과 비교당해야 할 필요도 없고, 그저 각자의 영역에서 최선을 다하기만 하면 되기 때문이다. 현재 세계적으로 선호하는 인재상은 'T형 인재' 라고 이야기했다. T형 인재의 알파벳 'T'에서 가로 획은 다양한 분야의 지식, 세로획은 자신의 분야에서의 전문성을 이야기한다. 현재 사회가 융합과 통섭이 대세가 된 사회라고는 하지만 전문성은 여전히 가장 기본적인 덕목으로서 중요시 여겨지고 있는 것이다.

한마디로 우리나라의 문제는 모든 사회 구성원들을 전문성이 없는 제너럴리스트로 만들려한다는 것에 있다. 물론 어떤 사람들은 자신이 가진 다양한 분야의 재능을 활용해 제너럴리스트로서 사회에 큰 기여를 할 수 있다. 그러나 그렇지 않은 사람도 많다. 각자의 능력과 성격에 맞는 일이 있고, 잘 하는 일과 못하는 일이 있다. 그런데 사회에서 억지로 모두에게 다양한 능력을 요구하고 경쟁을 시킨다면 사회는 불행해질 수밖에 없다. 반면에 전문성이 인정받는 사회에서는 사회구성원들이 각자가 자신 있는 분야에서 활약하게 되며, 본인의 자리에서 집단에 도움을 줄 수 있다는 사실에 행복을 느낄 수 있다.

따라서 한국사회가 제너럴리스트의 다재다능함과 함께 스페셜리스트의 전문성도 인정받는 사회가 된다면 우리는 박지성 선수의 말대로 '위협적인 팀'이 될 수 있을 것이다.

그렇다면 전문성이 인정받는 사회를 만들 수 있는 구체적 방안에는 무엇이 있을까? 먼저 사회 구성원들이 어렸을 때 자신이 잘 할 수 있는 일이 무엇인지 찾을 수 있는 기회가 제공되어야 할 것이다. 지금 우리나라의 교육시스템은 학문적인 능력만을 강조하고 있다. 개인의 개성은 존중 받지 못하고, 모두가 같은 수업을 듣고 같은 내용을 공부하며 쓸데없는 경쟁만 심화시키고 있다. 이를 해결하기 위해서는 예체능과 기술 등 다양한 분야를 접할 수 있는 기회를 어렸을 때부터 제공하고, 그중 자신 있는 일을 찾았을 때 그 능력을 기를 수 있도록 많은 사회적 지원을 해줘야 할 것이다. 국영수 위주의 교육 같은 것은 조금 줄이고 말이다. 이렇게 되면 우리 사회에 필요한 스페셜리스트의 전문성을 높일 수 있으며, 더불어 많은 사람들이 직업 대우만 보고 한 분야에 몰리는 현상을 줄여 경쟁이 필요 없는 사회도 만들 수 있다.

다양성이 존재하는 사회

전문성이 인정받는 사회를 만들기 위해서는 사람들이 다양한 분야에 관심을 가지고, 그 중 자신 있는 분야를 선택해 깊이 있게 파고들 수 있는 분위기가 형성되어야 한다. 이를 위해서는 먼저 개인의 개성과 다양성을 인정해줄 수 있는 사회가 필요하다. 그러나 현재 교육시스템은 그런 사회를 만들어내지 못하고 있다. 우리나라 교육에서 가장 큰 문제점 두 가지를 뽑자면 첫 번째는 계속 언급하고 있는 과도한 경쟁이며, 두 번째는 개인의 개성을 고려하지 않는 획일화된 교육방식이다. 사실 경쟁이 과도해지는 이유는 모든 학생들이 '국영수 위주의 공부를 열심히 해서 좋은 수능 성적을 거두고 유명한 대학에 진학하여 좋은 회사에 취직하겠다.'라는 동일한 목표를 가지고 있기 때문이다. 즉 획일화된 교육방식이 과도한 경쟁을 유발하고 있으며, 그렇기 때문에 한국교육의 근본적인 문제점은 '교육의 획일화'에 있다고 볼 수 있다.

앞에서도 이야기했듯이 한국 교육은 학문적인 공부만을 강조한다. 그것이 눈에 보이는 성과를 내는데 가장 편하기 때문이다. 한국에서 대학입시의 대부분은 일 년에 한 번 있는 수능시험과 3년간의 고등학교 성적에 의해 결정된다. 국어국문학과를 가고 싶더라도 영어와 수학 과목 내신 성적이 좋지 못하면 좋은 대학에 가지 못하는 것이 현실이다. 즉 국영수 공부만 잘 하면 원하는 것을 다 할 수 있지만, 국영수를 잘하지 못하면 진로를 선택할 기회조차 잃어버리게 되는 것이다. 정말 안타까운 일이 아닐 수 없다. 태어나서 20년 동안 국어, 영어, 수학, 과학 이런 것들만 배웠는데 공부에 재능이 없다면? 경쟁의 패배자로 낙인 찍혀 남들에게 무시 받는 인생을 살아갈 수밖에 없다. 박지성 선수는 라이언 긱스가 한국에서 축구를 배웠다면 지금과 같은 왼발 능력을 가지지 못했을 수도 있다고 말했다. 하지만 내 생각에 긱스가 한국에서 태어났다면 축구를 배울 기회도 없이 그저 평범한 직장인으로 살아갔을 가능성도 크다. 우리나라는 그렇게 개개인의 적성과 능력을 생각해주는 배려심이 넘치는 사회가 아니기 때문이다.

　개인적으로 교육에 대한 한국의 열정은 국제사회에서 매우 큰 강점이 될 수 있다고 생각한다. 문제는 다른 사람을 누르고 올라서면서까지 그 열정에 대한 보답을 받으려 한다는 것이다. 각자의 자리에서 열정을 다 하고 함께 성과를 인정받으면 정말 좋을 텐데 말이다. 아마 그렇게 할 수 없는 이유는 다른 사람과의 경쟁에서 이겨야만 성공할 수 있는 사회구조 때문일 것이다. 따라서 경쟁이 필요 없는 사회가 필요한 것이고, 다양성이 존재하는 사회가 만들어져야 하는 것이다.

비교가 필요 없는 사회로 가는 길

　다양성이 존재하는 사회를 만들기 위해서는 획일화된 지금의 제도와는 전혀 다른 새로운 교육제도가 도입되어야 한다. 먼저 어렸을 때부터 다양한 분야의 경험 및 체험의 기회를 제공해주어야 한다. 또 흥미와 재능을 발견했을 때 이를 발전시킬 수 있도록 전문성을 갖춘 교육시설을 많이 만들어야 한다. 이는 앞에서 얘기한 전문성이 인정받는 사회를 만들기 위한 방안과 동일하다.

　지난 정부는 전문기술인을 키우기 위한 마이스터 고등학교를 매우 우대하는 정책을 펼쳤는데, 이는 매우 바람직한 방향성을 가진 정책이다. 문제는 마이스터 고등학교를 가기 위한 조건이 중학교 때의 국영수 위주의 내신 성적이라는 것이다. 지금처럼 공부 잘 하는 학생들이 편하게 대학에 진학할 수 있도록 해주는 특목고가 아닌, 정말로 학생들의 특수한 능력을 길러줄 수 있는 특수 목적 고등학교가 필요하다.

　또한 나아가 지금과 같은 수능 시스템은 바뀌어야 하며, 대학의 수 역시 크게 감소되어야 한다. 대학입시에 막대한 영향을 끼치는 대학수학능력평가는 이름 그대로 학생이 대학 입학 이후의 수업을 따라갈 수준이 되는지를 확인하는 시험이다. 따라서 이 시험의 결과는 학생들이 각 대학이 원하는 일정수준, 또는 점수를 만족하는지를 확인하는 정도로만 사용되어야 한다. 그러나 지금 입시 시스템에서 수능 성적은 합격여부를 결정짓는 매우 중요한 요소로 사용되고 있다. 심지어 상대평가 및 등급제를 도입하여 본인이 시험을 잘 보더라도 다른 학생이 더 잘 보면 등급이 내려가는 이해할 수 없는 평가기준을 내세우고 있다.

수학능력을 평가하겠다는 본연의 취지대로라면 수능시험에는 당연히 절대평가 및 PASS/FAIL 제도가 도입 되어야한다. 그리고 각 대학별로 원하는 인재상과 중요하게 생각하는 덕목(예를 들면 성실성, 리더십, 창의력, 문제해결력 등)을 중심으로 별개의 평가를 진행해야 한다. 물론 지금도 대학별로 나름대로 다양한 전형의 수시모집으로 학생을 선발하기는 하나, 수능점수의 영향력만 다를 뿐이지 정시제도와 크게 다른 점은 없다. 따라서 가장 먼저 제 역할을 다 하지 못하는 수능 제도의 변화가 필요하며, 대학 입시의 다양성이 더욱 늘어나야 한다. 그러면 자연스럽게 과도한 교육경쟁의 열정이 다양한 곳으로 향하게 될 것이며, 쓸데없는 경쟁과 손해를 줄일 수 있다.

다음으로 해결해야 할 문제는 지나치게 많은 대학의 수다. 서양에서 대학은 사람으로서 살아가기 위한 기본적인 지식과 덕목 이외에 더 배우고 싶은 것들에 대해 탐구하는 공동체의 느낌이 강하다. 또한 동양의 유교경전 중 '소학'에서는 유교적 기본 덕목과 관련된 내용을 가르치는 반면, '대학'에서는 지식인으로서의 학문적인 이념과 태도에 대해 깊이 있게 이야기한다. 즉 전통적 의미의 대학이란, 학문에 뜻을 가진 자들이 남들보다 더 심화된 공부와 탐구를 하는 곳이다.

그러나 지금 우리나라의 대학은 원래의 취지와는 너무나도 다르게 운영되고 있다. 우리나라 학생 열 명중 일곱 여덟 명은 대학에 진학한다. 그러다 보니 많은 수의 대학이 필요하게 되고, 심지어 학문과는 전혀 관계없는 전문직 종사자들을 길러내는 2년제 대학도 많이 생기고 있다. 전통적인 대학의 뜻을 이어가는 학교는 거의 없다.

대학은 학자를 길러내는 곳이다. 다른 직업에 종사하는 사람들은 고등학교 졸업 이후 직업 훈련소나 학원에 가서 기술과 예술 등을 배우면 된다. 그러나 우리 사회는 사람을 소개할 때 반드시 최종 학력을 드러내게 하며 대졸(최종학력이 대학교)들을 고졸(최종학력이 고등학교)들보다 더 높게 평가한다. 그러다 보니 다들 고졸로 남기 싫어서 대학진학에 목을 맨다. 정작 대학에서 배운 것들의 대부분은 사회생활에 도움이 안 되는데 말이다. 이를 해결하기 위해서는 본래의 취지에 벗어나는 대학들을 없애거나 다른 기관으로 바꿔 대학의 수를 크게 줄여야 한다. 이렇게 되면 정말 학문에 뜻이 있는 사람들만 대학에 진학하게 될 것이며, 나머지 사람들은 각자의 길을 찾아 다양한 분야를 공부하고 그 분야의 전문가로 사회에 기여하게 될 것이다.

마치며

우리 젊은 세대들은 우리가 불행한 사회에서 살고 있다고 말한다. '헬조선', 지난 수년간 들은 단어들 중에서 가장 안타까운 말이 아닐까 싶다. 그런데 이 단어가 작년 한 해 동안 SNS에서 가장 많이 사용된 단어라고 한다. 정말 슬픈 일이 아닐 수 없다. 다른 사람들과의 관계에서 행복감을 느껴야 하는 우리 국민들이, 오히려 다른 이들 간의 경쟁에서 패배하고 사회에서 인정받지 못해 불행해지고 있다.

필자는 이 문제를 해결하기 위해 비교하지 않는 사회가 필요하지만 실현가능성이 없으며, 대신 비교가 필요 없는 사회를 만들어야 한다고 했다. 제너럴리스트의 멀티능력과 스페셜리스트의 전문성이 함께 인정받는 사회, 개인의 개성이 존중 받고 다양성이 존재하는 사회를 통해 쓸데없는 경쟁을 줄이고 모두가 공존할 수 있는 사회가 되어야 한다고 이야기했다.

또 이를 위해서는 대대적인 교육 개혁을 통해 수능시험의 시스템을 완전히 뒤엎고 대학의 수도 크게 줄여야 한다고 주장했다. 조금은 허황되고 너무 멀리 간 이야기일 수도 있다. 그런데 그 정도의 개혁 없이 행복한 한국사회는 만들어질 수 없다. 지금 한국사회는 이미 젊은이들에게 지옥이라고 불리고 있지 않은가? 이대로 우리 사회가 더 지속된다면 앞으로 한국이란 나라가 어떻게 될지는 불 보듯 훤한 일이다.

솔직히 말하면 필자는 현재 경쟁적 교육 시스템의 전형적인 수혜자다. 과학고 진학을 통해 손쉽게 POSTECH이라는 명문대에 진학했으며 사회적으로 다양한 지원도 받고 있다. 아직까지는 대부분의 경쟁에서 이기고 있기도 하다. 하지만 필자가 언제 어떤 경쟁에서 뒤처지고 패할지는 모르는 일이다. 그렇기 때문에 지금 한국사회가 바뀌어야 한다고 강하게 주장하고 있는 것이다. 우리 사회는 경쟁에서 뒤처진 자의 이야기에 귀 기울여 줄만큼 친절한 사회가 아니기 때문에, 더 많은 경쟁에서 이기고 더 높은 사회적 지위에 오른 자들이 자신들도 언젠가는 경쟁에서 패해 불행해질 것이라는 사실을 하루빨리 깨닫고 이런 이야기에 귀 기울여, '비교하며 불행한 사회'가 아닌 '함께 공존하는 행복한 한국사회'가 만들어지길 간절히 기원한다.

참고문헌

1. Diener, E. (1984). "Subjective well-being". Psychological Bulletin, 95.

2. 김승권 외 3명. 《한국인의 행복결정요인과 행복지수에 관한 연구》. 서울: 한국보건사회연구원, 2008

3. OECD, "OECD Health Statics 2015", http://www.oecd.org/els/health-systems/health-data.htm, (2016.05.22)

4. 박지성, 『더 큰 나를 위해 나를 버리다』, 중앙북스(2010)

2015년 수상작

목소리를 내는 연습

문숙진(포스텍 대학원 융합생명공학부)

1. 목소리를 내지 않는 우리 사회의 모습

지금은 수강생이 100명 가량 되는 대학교 수업 시간이다. 수업시간 후반부로 갈수록 내용은 난해해지고, 교수님의 설명에 이해가 안가는 학생들이 반이 넘게 된다. 교수님이 중간 중간 질문의 기회를 주셔도 질문하는 학생은 별로 없다. 궁금하지만 굳이 알고 싶지는 않은(?) 것일 수도 있고, 뭐든 간에 그냥 빨리 넘어갔으면 좋겠다는 것일 수도 있다. 또는 질문했다가 교수님과 다른 학생들에게 자신의 무지가 탄로날 것이 두려워서일 수도 있고, 수업이 빨리 끝나기만을 기다리는 100여 명의 눈총을 견딜 자신이 없어서일 수도 있다. 여기서 생각해 보자. 전자의 경우는 목소리를 내지 못하는 것이 아니라 안내는 것에 가깝다. 반면에 후자의 경우는 주변의 눈치를 보느라 목소리를 내지 못하는 것이다. 별 것 아닌 것 같아도 외부 요인의 눈치를 살피며 웬만하면 나서지 않으려 하는 모습의 흔한 예이다.

이제는 많이 사라졌지만 대학원 생활의 뿌리 깊은 악습 중에 '랩비'라는 것이 있다. 대학원에서 학생들에게 일정 수준의 인건비가 주어지면 그 중 일부를 다시 걷어가 연구실 살림에 보태는 것이다. 학생들 회식 용도로 가볍게 몇 만 원 수준으로 걷는 것부터 십만 원 이상으로 올라가 대학원생 인건비의 10% 이상을 걷는 경우까지 다양하다. 대학원 신입 생들은 OT 등을 통해 처음 대학원 생활지침 교육을 받을 때 대학원생 의 인권 문제와 관련된 여러 사례들과 더불어 랩비 걷기가 엄연히 금지 된 것을 배우게 된다. 하지만 신입생 A는 연구실 생활 첫 월급을 받자마 자 윤리적 갈등에 부딪힌다. 연구실 선배로부터 랩비를 내라는 소식을 들은 것이다. 이 연구실은 전통적으로 랩비를 걷어왔고 지금 신입생인 너를 제외한 모두가 랩비를 내고 있다는 얘기를 들었을 때, 이 신입생은 어떤 행동을 취할 수 있을까?

　앞의 예시들은 모두 가상이다. 하지만 현실에서는 오히려 더 비현실 적이라 여겨질 정도의 심각한 일들이 많이 일어나고 있다. 최근 전남의 한 연구소에서 25억 원에 구입한 첨단장비로 연구소 원장의 명절 선물 용 참기름을 짠 것이 밝혀져 언론이 떠들썩했다. 그 황당한 연구기자재 유용은 무려 4년간이나 계속되었다. 게다가 원장은 지난 4년간 실험기 자재를 납품 받는 것처럼 속여 6천여만 원의 참깨와 포장용 상자를 사 는 등 연구비를 횡령한 혐의도 받았다. 연구수 원장이 그러한 행위를 4 년간이나 모두에게 비밀을 유지하며 홀로 진행했을 리는 없다. 지시를 받고, 원재료를 사고, 기름을 짜고, 포장을 하는 과정을 지켜보거나 참 여한 연구원들이 있었을 것이다. 또한 연구기관이니 분명히 연구비 횡 령이나 유용에 대해 감사가 있었을 텐데 4년간이나 보고도 못 본 척, 들 어도 못 들은 척 넘어간 감사시스템 관련 위원들도 있었을 것이다. 상식 선에서 생각해도 분명히 문제가 있는 행위이므로 연구소 조직원들 역시 이것이 옳지 않은 행위임을 자각하고 있었을 것이다. 여기서 더 깊이 생각해보아야 할 것은 이 행위가 4년간이나 지속되어왔다는 사실이다. 즉 4년간이나 아무도 "이것은 잘못된 것입니다"라고 말하지 못하는 가운데 불법적 일탈행위가 지속되어 왔던 것이다. 이러한 일탈행위가 단순히 조직원 개개인의 도덕성을 탓할 문제이겠는가? 그렇지 않다. 어렸을 때부터의 교육과 조직문화가 복잡하게 얽힌 문제이다.

2. 목소리를 내지 않는 사회의 부작용

2-1. 감시 기능의 상실

가랑비에 옷 젖는 줄 모른다는 말이 있다. 한 명 두 명 입을 다물고 진실을 숨기게 되면 정말 바로잡아야 할 때가 와도 걷잡을 수 없게 된다. 2015년 초는 S대 강 교수 성추행 관련 기사로 연일 뜨거웠다. 직접 피해를 입은 사람, 목격한 사람, 동료 교수들, 졸업생들 모두 힘을 합쳐서 어떤 일들이 있었고 무엇이 잘못되었는지를 밝히고자 했다. 알려지는 사실들은 놀라웠고, 이 뉴스를 처음 접하는 이들은 어떻게 S대 교수가 버젓이 그런 일들을 했는지 경악을 금치 못했다. 여론에 힘이 실리자 많은 이들이 더욱더 용기를 내서 각자의 경험과 생각을 주장했다.

강 교수가 어떤 일을 했고 얼마나 잘못했는지를 떠나서, 이 사건의 전반적인 흐름을 보면 목소리를 내는 것의 한 가지 기능을 알 수 있다. 목소리를 내는 것은 그 자체로 강력한 감시와 자정의 기능을 한다. 피해를 입은 사람은 피해를 입었다고, 목격한 사람은 목격했다고 말함으로써 잘못을 지적하는 것이다. 이 사건을 보면 수많은 피해사례가 쌓여서 공개되기까지 오랜 시간이 걸렸다. 피해사실을 증언하는 피해자 중에는 몇 년 전의 일을 증언하는 이도 있다. 학생들이 강 교수를 대할 때의 행동강령까지 만들어서 피할 정도였는데 어떻게 그것이 그렇게 뒤늦게야 사건으로 드러나게 됐는지 한 번 되짚어보아야 한다.

그 사건은 S대 교내 게시판의 한 글로 인해 공개되었다. 참다못한 누군가가 먼저 용기를 낸 것이다. 그가 행동하기 이전까지는, 심지어 피해자도 강 교수의 행동이 잘못되었다고 말하지 못했다. 누군가가 게시판에 목소리를 내지 않았더라면 그때까지 그래왔듯이 피해자는 계속 생겨났을 것이다. 다들 '내 일은 아니니까', '나만 참으면 돼' 혹은 다양한 여러 이유로 먼저 목소리 내기를 꺼려할 것이기 때문이다. 시간이 갈수록 강 교수의 사회적 지위는 더욱 견고해져 피해자들이 함부로 목소리를 내지 못하는 악순환이 계속 되었을 것이다. 불이익을 감수하고서 강 교수에게 "당신의 행동은 잘못되었습니다"라고 말하는 사람은 점점 찾기 힘들어질 것이므로 강 교수가 본인의 잘못을 스스로 인지할 가능성 또한 점점 줄어들었을 것이다.

이렇듯 목소리를 내지 않는 것은 감시의 기능을 잃어버리는 것이고, 이것은 쉽게 악순환으로 이어진다. 감시의 기능을 잃어버린 사회에서는 다들 쉽게 보고도 못 본 척 들어도 못 들은 척 하게 된다. 내 일만 아니라면 그렇게 하는 것이 차라리 편하게 생각되기 때문이다. 그 결과 엄청나게 잘못된 일도 버젓이 일어날 수 있는 것이다. 불이익이 무서워 다들 목소리를 내지 못한다고 하지만, 이는 자신이 피해자가 되었을 때 모두가 외면하는 상황과 다를 바가 없다. 1955년 발간된 『그들은 자신들이 자유롭다고 생각했다 They Thought They Were Free』라는 책에 인용된 다음과 같은 시가 있다.

나치가 공산주의자들을 덮쳤을 때,
나는 침묵했다.

나는 공산주의자가 아니었기 때문이댓.

그 다음에 그들이 사회민주당원들을 가두었을 때,
나는 침묵했다.
나는 사회민주당원이 아니었기 때문이다.

그 다음에 그들이 노동조합원들을 덮쳤을 때,
나는 아무 말도 하지 않았다.
나는 노동조합원이 아니었기 때문이다.

그 다음에 그들이 유태인들에게 왔을 때,
나는 아무 말도 하지 않았다.
나는 유태인이 아니었기 때문이다.

그들이 나에게 닥쳤을 때는,
나를 위해 말해 줄 이들이
아무도 남아 있지 않았다.
- Martin Niemoller

목소리를 내지 않아 감시의 기능을 잃어버린 사회는 누구에게도 안전한 사회가 아닌 것이다.

2-2. 미성숙한 의식과 폭발하는 익명 플랫폼

목소리를 내는 연습이 되지 않은 미성숙한 상태에서 익명의 공간이 늘어나는 것은 부작용의 위험이 많다. 현실에서 개인의 행동에는 항상 책임이 따르는데, 이때 인터넷상의 익명 커뮤니티를 책임이 없어도 되는 자유의 공간처럼 느끼게 되면 문제가 생길 수 있다. 그 공간에서는 어떤 말과 행동을 해도 책임을 질 필요가 없다고 생각하므로 사회의 도덕과 가치규범 등을 쉽게 어기기 때문이다. 익명 커뮤니티의 순기능을 제대로 이해하고 활용하는 사람이라면 문제가 없겠지만, 이를 개인의 폭력성과 파괴성을 아무 제약 없이 분출할 수 있는 곳이라고 생각하는 사람이라면 부작용의 위험은 훨씬 커진다.

실제로 다양한 인터넷 커뮤니티들과 페이스북·트위터를 포함한 소셜네트워크 등 어떠한 조건도 없이 익명으로 활동할 수 있는 매체들이 폭발하면서 우리는 그 부작용들을 항상 보고 있다. 특히 극단적인 성격을 가진 일부 커뮤니티들이 문제이다. 과도하게 폭력적이고 선정적인 그들의 글, 자신과 다른 의견을 수용하지 않고 말을 하지 못하게끔 원천 봉쇄하거나 마녀사냥식으로 몰아가는 그들의 행동이 그 부작용의 대표적 실례이다. 특히 그들은 그러한 내용들을 대체로 개그라는 형식을 통해서 쓴다. 개그라는 소재는 의식하지 못한 사이에 사람들의 생각에 스며들기 쉬운 도구이다. 웃으면서 물든다고, 아직 뚜렷이 자기의 생각이 없는 상태에서 인터넷의 여론을 보다 보면 올바르지 않은 생각임을 알면서도 자연스럽게 선동될 가능성이 높다. '어휴 한심한 놈들ㅋㅋ' 하면서 웃다가도 자기도 모르게 물들게 되는 것이다. 개그의 소재 자체가 너무나 자극적이고 충격적이기 때문에 이러한 커뮤니티 회원들은 좀 더 자극적이고 좀 더 선동적인 개념들을 끊임없이 만들어낸다. 또한 집단의 성격을 나타내는 은어와 유행어가 끊임없이 만들어진다. 그 결과 이러한 커뮤니티의 문화를 말해주는 공동의 목소리가 만들어진다. 이 공동의 목소리는 매우 파괴적이다. 예를 들어 세월호 사건과 관련하여 차마 상상하지도 못할 말들을 뱉으며 '드립'이라며 웃는다든가, 특정 연예인을 함께 물어뜯어 공격하기도 한다. 공동의 목소리가 한 사람을 지목하여 비난하기 시작하면 개인의 신상을 턴다든가 협박을 하는 등 범죄적 행위까지도 서슴지 않고 행해진다. 미성숙한 의식이 완전한 익명 플랫폼을 만났을 때 얼마나 파괴적이고 위험한 목소리들로 바뀔 수 있는지 보여주는 사례이다.

　과학과 IT기술의 발달은 매우 빠르고, 우리 사회에 새로운 소통의 창구를 끊임없이 만들어내고 있다. 하지만 소통의 창구가 제 역할을 하려면 그것을 이용하는 사람들이 먼저 준비가 되어 있어야 한다. 책임질 수 있는 자기 목소리를 내는 연습이 되어 있어야 하는 것이다. 지금 일부 인터넷 익명 커뮤니티들의 반사회적 행동이 도를 넘으면서 국가의 제재가 있어야 한다는 목소리가 높고 많다. 하지만 커뮤니티들을 없앤다고 해도 또 다른 익명의 플랫폼은 계속 나올 것이기 때문에 이는 부작용에 대한 근본적 해결책이 될 수 없다. 따라서 그 근본적 해결책은 커뮤니티 자체를 규제하는 것이 아니라 이용자들의 의식 수준을 개선시키는 데 있다. 앞으로 10년, 20년 뒤의 한국사회를 생각한다면 지금의 어린 학생들이 현실에서 자신의 생각을 자유롭게 펼칠 수 있도록 연습시키는 것이 필요하다. 생각을 누르고 살다가 익명 커뮤니티에서 파괴적으로 분출시키는 것이 아니라, 현실에서 충분히 목소리를 내고 책임지는 것을 자연스럽게 느끼게끔 만들어야 한다. 익명의 플랫폼은 끊임없이 나올 것이고, 이 공간들에서 아무리 익명이라도 사회적 책임을 가지고 발언하는 것이 문제의 핵심이기 때문이다. 어떻게 어린 학생들이 현실에서 자신의 생각을 펼치게끔 연습시킬 수 있는가? 이는 '5-1 시험문제 바꾸기'에서 다루겠다.

3. 왜 사람들은 목소리를 내지 못할까?

3-1. 손익 계산

목소리를 내기 전, 사람들은 먼저 계산을 하게 된다. 내가 목소리를 냄으로써 얻는 이익과 그로 인해 오는 손해를 생각해보는 것이다. 예를 들어 교수가 연구비를 유용하여 본인 소유의 컴퓨터를 사는 것을 보았다면 이 과정에서 다음과 같은 계산과정이 일어날 수 있다.

i. 교수님께 직접 말한다. "교수님, 연구비를 유용하여 개인 컴퓨터를 사는 것은 잘못된 것입니다."

→ 적어도 이 학생이 있는 동안은 해당 교수가 대놓고 연구비를 유용하지 못할 것이다. 하지만 이 학생은 교수에게 찍힐 가능성이 매우 높다. 연구실 생활이 힘들어질 수 있고 심하게는 연구실에서 나가게 되거나 교수의 실력행사로 인해 관련 분야에서 매장 당할 수 있다.

ii. 학내 기관에 제보한다.

→ 규정에 따라 교수는 합당한 처벌을 받을 것이다. 하지만 내부 고발자가 있었다는 것을 교수가 알게 되면 그때부터 연구실 학생 전체의 생활이 힘들어질 수 있다. 교수가 학생들을 배신자 혹은 잠재적 배신자로 생각할 수 있고 만약 제보자가 밝혀질 경우 연구실 생활의 지속이 심각하게 어려워질 것이다.

iii. 못 본 것으로 한다.

→ 해당 교수는 컴퓨터를 잘 쓸 것이고, 연구실은 평소와 다름없이 돌아갈 것이다. '이건 옳지 않은데…'라는 양심의 가책이 있을 수 있지만 시간이 감에 따라 이 불편한 감정은 빠르게 잊혀질 것이다. 나의 일상에도 큰 변화가 없을 것이고 평소처럼 하던 일을 하면서 지내면 된다.

사람들이 목소리를 내지 못하는 이유는 간단하다. 이처럼 단순한 예를 생각해 보아도 얻는 것보다 잃는 것이 많기 때문이다. 많은 조직에서 잘못된 것을 잘못된 것이라고 말하는 행위 자체가 마치 배신이나 하극상, 그 이상의 나쁜 행동인 것처럼 금기시되고 있다. 조직의 책임자가 나서서 그런 분위기를 조장하는 경우도 있고, 구성원들이 미리 겁을 먹고 알아서 조심하는 경우도 있다. 윗선의 비리를 고발할 때는 강력한 불이익을 줄 것임을 암시하는 경우도 있을 수 있다. 어떤 이유든 이러한 분위기는 쉽게 내부 고발자에 대한 보복성 행위들로 이어진다. 지적 받은 사람이 잘못을 시정하는 것과는 별개로 제보자에 대한 분풀이와 불이익이 거리낌 없이 공개적으로 일어나는 것이다. 이를 목격한 주변인들은 공포를 느끼게 되고 잘못된 것을 지적하는 것을 더욱 조심하게 된다. 이 악순환은 조직의 구성원들로 하여금 '내가 나서봤자 나만 피해를 입을 뿐 바뀌는 건 없다'고 판단하게 할 만큼 견고해진다. 그 결과 사람들은 점점 목소리를 내지 못하게 되는 것이다.

3-2. 미약한 내부 고발자 보호 시스템

손익 계산 과정이 개인의 마음속에서 일어나는 메커니즘이라면, 사회 시스템 자체에도 문제가 존재한다. 내부 고발자를 보호하는 시스템이 아직 미약해서 어떤 식으로든 제보자가 불이익을 받는 것을 피할 수 없기 때문이다.

내부 고발이란 조직의 일원이거나 한때 조직에 속해 있었던 사람이 내부의 부정한 행위를 폭로하는 것을 말한다. 내부 고발을 통해서 긍정적인 자정작용이 일어날 수 있지만, 제보자에게는 항상 불이익 위험이 존재하기 때문에 제보하기까지는 고민과 용기가 필요하다.

제보자가 겪는 불이익의 형태는 매우 다양하다. 제보자가 공동체의 공익을 해치는 존재처럼 인식되기도 하고, 고발을 당한 사람이 힘닿는 데까지 제보자에게 불이익을 주는 진풍경(?)이 펼쳐지기도 한다. 2014년에 23세의 한 용기 있는 청년이 외교부 부서의 업무추진비 유용을 밝힌 일을 일례로 들 수 있다. 이 청년은 국민권익위원회에 외교부 해당 부서의 비리를 제보했고, 조사결과 해당 부서가 총 57차례에 걸쳐 1천 400만 원의 업무추진비를 유용한 것이 밝혀졌다. 그런데 이후에 비리를 감시하는 역할의 외교부 감사관실에서 오히려 직원들을 감싸주는 황당한 상황이 연출되었다. 제보자가 개인적 앙심을 품고 제보를 했다며 제보 의도를 왜곡하고, 제보자의 새로운 근무지에 별도의 공문을 보내서 근무태도에 대한 징계를 요청한 것이다. 이렇듯 아직 제보자가 겪는 불이익은 공개적이고 마치 당연한 것인 양 일어난다. 제보자에 대한 보복성 행위를 막기 위한 장치들이 있어도 제대로 작동하고 있지 않다. 국가에서 내부 고발자를 보호하기 위해 여러 가지 법을 제정하고 있지만 아직 미흡한 점들이 많다.

2002년 타임지 표지에는 세 명의 올해의 인물이 등장했다. 38억 달러에 달하는 월드컴의 회계 비리를 폭로한 신시아 쿠퍼, 9·11테러 전후 FBI의 잘못들과 이를 감추고 왜곡하려는 이들을 통렬히 비판한 FBI요원 콜린 롤리, 엔론의 7억 달러 회계 비리를 폭로한 셰런 왓킨스가 그 주인공들이다. 당당하고 굳센 모습으로 표지를 장식한 그들을 통해 내부 고발을 장려하고 그들의 용기를 칭송하는 사회의 모습을 볼 수 있다. 반면에 부끄럽게도 우리나라에서 제보자들이 언론에 나온다 하면 제보자가 죄인인 양 위축되거나 고통스러워하는 모습이 주로 등장한다. 심지어는 제보자들의 제보 후 고통 받는 삶이 영화나 다큐멘터리로 나오는 경우도 많다. 가장 최근 대한항공의 박창진 사무장이 얼굴과 실명을 공개하고 결연한 의지를 말한 것이 그나마 발전한 모습이다. 개인의 용기와 의지만을 장려할 것이 아니라, 제보자를 보호하는 장치를 확립하고 보복성 행위에 대한 징벌을 강화하는 등 시스템도 함께 진화해야 한다.

3-3. 집단 트라우마

우리나라는 집단의식이 강한 만큼 집단 트라우마에 사로잡힐 위험이 크다. 2014년 세월호 사건은 국민들의 마음에 깊은 슬픔과 상처를 남겼다. 안타깝게 떠난 어린 학생들과 희생자들을 다들 진심으로 추모하고 남은 이들을 돕고자 하는 움직임이 널리 일어났다. 그런데 신기하게도 시간이 1년 남짓 지나자 세월호라는 단어 자체를 금기시하려는 현상이 나타나기 시작했다. 세월호 얘기를 꺼내는 것은 '지겹다', '언제까지 세월호 타령만 하느냐' 등 부정적인 반응을 불러일으키기도 했다. 물론 1년이 넘게 같은 주제가 뉴스와 커뮤니티를 도배해서 정말 지겹게 느껴진 것일 수도 있겠지만, 내 생각에는 다른 이유가 있는 것 같았다.

최근 『영화로 만나는 치유의 심리학』(김준기 지음)이라는 책을 읽었다. 내용 중 실화를 바탕으로 한 〈위 아 마셜〉이라는 영화를 소개하는 부분이 있었는데, 내게는 이것이 세월호 사건이 금기시되는 이유를 잘 설명하고 있다고 느껴졌다. 트라우마를 경험한 사람에게는 그 트라우마를 떠올리게 하는 '트라우마 트리거(trigger)'가 남는다. 자동차 사고로 가족을 잃은 사람이 큰 경적소리만 들려도 화들짝 놀라는 것, 추락사고를 목격한 사람이 누군가 높은 곳에 있는 것만 보아도 아찔해 하는 것, 성폭행 피해 여성이 남편과의 잠자리가 불쾌해져 피하게 되는 것, 모두가 트라우마 트리거의 예이다. 트라우마로 인한 상처가 깊을수록 사람들은 트라우마 트리거가 되는 모든 것들을 피하게 된다. 그래야지만 마음이 편하기 때문이다. 〈위 아 마셜〉에서는 헌팅턴 도시의 자랑이자 자부심인 '선더링 허드'라는 대학 미식축구팀이 나온다. 그런데 이 팀에 비행기 사고가 나서 하루아침에 선더링 허드 팀원 대부분이 사망하는 일이 발생한다. 선더링 허드의 소속 대학은 물론 헌팅턴 도시 주민 전체가 큰 상실감과 고통에 빠진다. 사랑 받는 팀이자 도시의 자랑이었던 미식축구팀이 한순간에 사라지면서 도시 전체에 트라우마가 남은 것이다. 그때부터 이 도시에서는 선더링 허드에 관련된 모든 주제가 금기시 된다. 선더링 허드와 관련된 주제들이 아픈 기억을 떠올리는 트라우마 트리거가 되어 다들 이를 피하고자 했기 때문이다. 이러한 현상을 '집단 트라우마'라고 한다. 영화에서는 트라우마가 남지 않은 잭 렌겔이라는 외부 인사를 코치로 임명하여 다 함께 집단 트라우마를 극복하는 과정을 그린다. 살아남은 선더링 허드 팀원들과 마을 사람들 모두 처음에는 계속 팀을 재건하는 것을 고사하지만, 결국 잭 렌겔의 노력을 통해 주민들 모두 트라우마를 극복하고 선더링 허드 재건에 성공한다. 재건된 선더링 허드는 20년이 지나 우승까지 하는 명문 팀으로 거듭나서, 더 이상 트라우마 트리거가 아니게 된다.

우리나라에서 세월호는 그 자체로 강력한 트라우마였다. 세월호를 언급하는 것은 굳이 불편하고 아픈 기억을 꺼내는 것처럼 느껴졌다. 2014년은 전체적인 슬픔이 너무 커서 어딜 가나 애도의 물결이 넘쳤다. 하지만 그 애도의 열기가 조금 가라앉자 많은 사람들이 세월호와 관련된 모든 것들을 금기시하기 시작했다. 지금은 세월호 얘기를 꺼내는 사람들이나 공론화 하고자 하는 사람들이 더 이상 목소리를 내지 못하게끔 하는 분위기가 형성되고 있다. 하지만 이 집단 트라우마를 해결하고 앞으로 유사한 사건이 일어나지 않게 하려면 트라우마 트리거를 피해서는 안 된다. 끊임없이 얘기하고 관련 주제가 언론에 계속 등장할 수 있도록 해야 하는 것이다. 비록 직접 어떤 주장을 하는 것은 아니더라도 다른 사람이 목소리를 내는 것을 비난하는 분위기를 형성해서는 안 된다. 불편해도, 해결이 될 때까지는 관련 주제에 대해 목소리를 내서 정면 돌파를 해야지만 트라우마를 치유할 수 있고 같은 일이 반복되지 않게 할 수 있기 때문이다.

이것은 비단 세월호에만 한정된 것이 아니다. 우리나라의 강력한 공동체 의식은 사람들을 집단 트라우마에 취약하게 했다. 그 결과 굵직한 사건들이 있을 때마다 잠깐 온 국민이 들끓었다가 금세 트리거가 되는 모든 것들로부터 도망치는 현상이 일어났다. 불편한 주제가 조금만 오래 지속되어도 '아직도 그 얘기냐' 하며 주제에 대한 깊은 토론 자체를 봉쇄하는 것이다. 관련된 얘기를 꺼내는 것 자체가 금지시 되는 분위기가 형성되고, 이것은 쉽게 '타인에 대한 무관심 + 자극적인 흥밋거리를 찾는 본능'과 합쳐진다. 그래서 확 끓어올랐다가 금세 잊고 다른 주제를 찾는 냄비근성에 비유되기도 한다. 이는 우리 사회의 의식이 성장하려면 반드시 해결해야 할 부분이다. 좀 더 성숙한 사회가 되려면 집단 트라우마가 발생했을 때 이에 대한 목소리를 냄으로써 정면 돌파하거나, 적어도 목소리를 내는 사람들을 막는 분위기를 형성해서는 안 되는 것이다.

4. 목소리를 내야만 하는 이유

목소리를 내는 것의 가장 큰 기능은 보호와 감시이다. 보호는 목소리를 냄으로써 자기 스스로를 주변으로부터 보호할 수 있는 것을 말하는 것이고, 감시는 부정한 행위가 누군가에 의해 알려질 것을 의식하여 너도나도 함께 조심하게 되는 것을 말한다.

4-1. 보호

보호의 가장 큰 의미는 스스로를 부당함으로부터 지키는 것이다. 당신이 아닌 것에 대해 목소리를 내는 사람이라는 것을 주변인들이 알게 되면, 그들은 적어도 당신 앞에서는 조심하게 된다. 처음에야 좀 불편하겠지만 어떠한 집단이건 본인이 속한 곳에서 스스로를 지킬 수 있다는 것은 많은 의미를 갖는다. 사람은 평생을 살면서 많은 집단에 속하게 되고 각각의 상황에 따라 여러 어려움을 겪는다. 우리는 어떤 문제들이 발생할지 예측할 수 없으며, 일이 다 해결되기 전까지는 최선의 해결방법이 무엇인지도 알 수 없다. 이때 문제들에 대한 제일 효과적인 예방법이자 해결책이 바로 목소리를 내는 것이다. 처음부터 "저는 개인적 신념이 있어서 술을 안마십니다"라고 확고히 말하고 이에 책임을 지는 행동을 보여주면, 아무리 회식자리라도 도를 지나친 음주강요는 불가하게 된다. "저는 키가 작은 것이 콤플렉스라 키로 놀리는 것 별로 안 좋아해요"라고 웃으면서 한 번쯤 얘기하면 이를 들은 사람들은 키로 놀리는 것을 조심하게 된다. 뇌물이나 비리에 엄격한 잣대를 대는 사람임을 주변에 알리면 주변인들은 이 사람에게 함부로 부정한 방법으로 접근하는 것을 조심하게 될 것이다. 스스로를 지키는 것은 결국 자신이 해야 할 일이고, 거창한 대의나 호소가 없더라도 목소리를 내는 행동만으로도 많은 부분을 예방할 수 있다.

예전에 읽은 책에서 아직도 기억나는 내용이 있다. 2차 세계대전 중 민간 유대인 마을을 습격하여 어른 아이 할 것 없이 일렬로 세워놓고 차례로 총을 쏴 죽일 것을 명령 받은 한 부대가 있었다. 부대장은 대원들 중 이 일을 하기를 원치 않는 사람이 있는지 물어보았다. '보복이 두려워서라도 누가 안 한다고 하겠나' 생각했는데 놀랍게도 적지 않은 수의 대원들이 저는 할 수 없다고 총살을 집행하는 대열에서 이탈했다. 이것은 상황 속에서 어쩔 수 없었다고 주장하는 대부분의 나치전범들의 말과는 전혀 반대되는 것이었다. 전쟁에 참여한 많은 이들은 총살과 고문 등을 직접 수행하고 평생을 끔찍한 죄책감과 트라우마에 시달린다. 전쟁 당시에는 상부 명령에 따라 가해자가 되었지만 결국 그로 인해 평생을 고통 받는 피해자가 되는 것이다. 이 이야기에서 총살 대열에서 이탈한 군인들은 용기 내서 양심의 목소리를 냄으로써 평생의 죄책감으로부터 스스로를 보호한 것이다. 많은 이들이 인정하고 싶지 않겠지만, 이런 사람들이 존재하는 이상 "상황 속에서 나는 말할 수 없었다"라는 말은 변명이 되고 마는 것이다.

어느 집단이건 혼자서 목소리를 내는 것은 많은 용기와 부담을 필요로 한다. 하지만 그렇다고 해서 이것이 불가능하거나, 혼자만의 용기로 끝나는 것은 아니다. 보호의 개념은 모두가 목소리를 내는 사람이 되어 '모두가 모두를 보호'하는 감시로 이어질 수 있다.

4-2. 감시

목소리를 내는 것의 또 다른 기능으로 '감시'가 있다. 집단에 문제점이 보이면 이를 해결하기 위해 자정작용을 거쳐야 한다. 문제를 해결하기 위한 집단의 자정 작용에는 상부 명령을 받아 해결하는 top-down 방식보다 구성원 개개인을 열린 감시자로 두고 그들의 목소리가 자유롭게 나오게끔 하는 것이 훨씬 효율적이다. 소수의 상부 인원이 집단 전체를 구석구석 돌아보기 어렵고, 대부분 부정한 행위를 할 때 상부에는 들키지 않도록 조심하기 때문이다. 부하직원들은 대체로 상사로부터 부정한 행위를 하게끔 명령을 받아 수행하는 입장에 놓이므로 실상을 훨씬 잘 알 수밖에 없다. 따라서 소수의 인원에게 감시자의 역할을 줄 것이 아니라 집단 구성원 전체가 감시자가 되도록 하는 것이 훨씬 효율적이다. 다만 이 과정에서 집단 구성원이 이후 보복이나 불이익을 받지 않도록 보호하는 시스템이 잘 갖추어져야만 감시의 기능이 제대로 작동할 수 있다.

또한 자정작용에서 top-down 방식은 애초에 문제가 있다. 명령을 내리는 top에 문제의 원인이 있는 것이라면 명령을 받는 입장에서는 해결이 불가능하기 때문이다. 최근 우리나라 공군참모총장이 비리 의혹을 받자 헌병대를 동원하여 내부 고발자를 색출하는 일이 있었다. 참모총장은 공군 각 부대로 지휘서신을 내려 보내 '발본색원', '유언비어를 퍼뜨린 사람을 찾아내 엄단' 등의 표현을 쓰며 자신의 비리를 제보한 제보자를 색출하려 했다. 본인의 비리 의혹이 참인지 거짓인지 밝혀지기도 전에 제보자를 찾아서 엄단하겠다는 이러한 태도는 애초에 '제보', 즉 내부 감시의 기능을 없애겠다는 것과 다름없는 행위이다. 제보자가 아무리 괘씸하다고 해도 헌병대를 개인의 양심을 푸는 데 쓰다니 코미디가 따로 없다. 이렇듯 집단의 자정작용에 있어 문제의 원인이 top에 있는 경우는 위와 같은 문제가 발생할 수 있다. 만약 구성원 개개인의 목소리를 내는 것이 훨씬 자유롭고 그 이후가 철저히 보호받는 시스템이 있다면 내부 고발이 신경 쓰여서라도 부정한 행위들이 한층 줄어들 것이다.

플라톤이 남긴 말 중에 "정치에 참여하지 않는 가장 큰 벌은 가장 저질스러운 인간들에게 지배당하는 것이다."라는 것이 있다. 내게는 이것이 개개인들이 끊임없이 본인의 목소리를 내서 감시의 기능을 활성화시켜야 한다는 것으로 들린다. 정치에 참여하는 것이 곧 목소리를 내는 것이고, 많은 사람들의 관심과 의견이 있다면 이로부터 감시를 받는 정치인들은 올바르게 행동하도록 노력하게 될 것이다. 감시가 없다고 느껴지는 순간, 본인이 어떤 잘못을 해도 문제가 없을 것으로 안전하게 여겨지는 순간, 그 집단에는 부패가 시작되는 것이다.

5. 목소리를 내는 연습은 어떻게 해야 하는가?

5-1. 시험문제 바꾸기

어린 시절의 올바른 교육은 정말 중요하다. 유년기부터 청년시절까지 받은 교육으로 형성된 가치관은 성인이 되면 거의 비가역적으로 굳어져 평생의 사고방식을 좌우한다. 올바른 목소리를 내려면 일단 청소년 시절에 깊이 생각하는 습관을 들여야 한다. 그래야지만 성년이 되었을 때 각자의 성숙한 생각들을 사회적 책임을 바탕으로 하여 현실에 옮길 수 있는 것이다. 하지만 우리나라의 교육은 학생들을 생각하도록 훈련시키는 것보다는 외우는데 능숙해지도록 훈련시키고 있다. 이 부분에 대해서 대학교 동기들과 맥주 한 잔 하면서 몇 번 얘기를 나눈 적이 있었는데, 내가 생각한 해결책은 매우 간단했다. 시험문제를 바꾸면 되는 것이다. 내가 대학에 들어가서 제일 인상 깊었던 것 중 하나가 시험문제가 이전과는 판이하게 다르다는 것이었다. 공부하는 학생들에게는, 특히나 우리나라처럼 높은 성적을 받아 명문대학에 들어가는 것이 중요하게 여겨지는 곳에서는 무슨 답을 쓰건 간에 높은 성적을 얻는 것이 목표가 된다. 우연히 찍어서 맞아도 성적만 좋으면 문제가 없는 것이다. 공부를 잘 하는 것과 요령이 좋은 것은 별개인데 상황이 이렇다 보니 공부를 잘 한다는 학생들 중 아는 것은 겉껍질뿐이지만 요령이 좋은 학생들의 비율이 적지 않다. 그 결과 배우는 과목을 깊이 이해하고 탐구하려던 학생들도 결국엔 진이 빠져서 '언어영역 지문 1분 만에 이해하기' 따위의 인터넷 강의를 듣게 되는 것이다.

이러한 문제가 생기는 근본적인 원인은 시험문제에 있다. 내가 공부하던 중고등학교 때는 너무 익숙해서 몰랐지만, 중고등학교의 시험문제는 스킬(요령)이 없으면 절대 제시간에 다 풀 수가 없다. 과외를 하면서 학생들 문제를 풀어보니 그러한 문제 30개를 50분 내에 푼다는 것은 어불성설이었다. 그런 시험 스타일을 가지고 학생이 깊이 생각하며 문제에 대해 고찰하기를 바라는 것은 억지였다. 성적이 좋은 학생들은 애초에 문제 유형을 외워서 문제를 보자마자 기계적으로 빠르게 답을 낼 수 있는 학생들로 채워졌다. 이러한 현상의 결과 학생들은 공부를 할 때도 딱히 생각을 할 필요가 없다. 그냥 통째로 외우면 되는 것이다.

나는 나름대로 공부를 열심히 했다고 생각했는데, 대학에 와서 처음으로 서술형 시험문제를 만나보니 도대체 풀 수가 없었다. 시험문제는 나의 생각을 묻고 있었다. 고등학교 시절처럼 공부했던 나는 당연히 시험공부 과정에서 '나의 생각'을 해본 적이 없었던 것이다. 그 결과 평균에 한참 못 미치는 점수를 받았다. 이 경험을 통해 나는 새로운 사실을 깨달았다. 학생들은 높은 점수를 받는 것이 목표이므로, 시험문제가 어떤 스타일로 나오느냐에 따라 그에 맞는 공부를 하게 된다. 외우는 것이 중요한 시험문제라면 외워서 공부하게 되고, 사고하는 것을 필요로 하는 시험문제가 나온다면 공부할 때 사고하게 된다. 공부할 때 이미 시험문제가 어떻게 나올지를 의식하면서 공부하기 때문에 문제 스타일에 따라 공부하는 방법 자체가 달라지게 되는 것이다. 이것은 매우 중요한 의미를 갖는다. 시험문제를 어떻게 내냐에 따라 학생이 생각을 하게끔 훈련시킬 수 있기 때문이다. 학부 과정 동안 학생의 깊은 생각을 요구하는 시험문제들을 여러 번 보았고, 그에 따라 나뿐 아니라 주변 친구들 모두 '나의 생각'을 깊이 하고 표현하는 훈련을 할 수 있었다.

목소리를 내려면 그 전에 '나의 생각'을 생각하는 훈련부터 해야 한다. 자기 의견을 깊이 생각하는 그 훈련은 바로 중고등학교 시절에 이루어져야 한다. 그런데 지금의 시험문제들은 최대한 생각을 안하고 미리 외워서 기계적으로 풀어야지만 점수가 잘 나오게끔 되어 있다. 목소리를 내는 연습의 첫걸음으로 중고등학교의 시험문제가 바뀌어야 한다. 물론 처음부터 통째로 서술형 문제로 바꾸는 것은 어렵다. 아직 우리사회는 좋은 점수를 얻어 지옥의 입시제도를 통과하는 것이 너무 중요하므로, 점수를 매기기 어려운 서술형 문제를 함부로 도입하기에는 문제가 있을 것이기 때문이다. 하지만 지금처럼 100점 만점의 객관식 시험문제에 보너스 5점의 서술형 문제를 넣는 것은 가능하다고 본다. 공부를 열심히 하는 학생들은 5점도 충분히 중요하므로 시험공부를 할 때 보너스 문제에서 요구하는 것을 의식하며 공부할 것이다. 보너스 문제가 학생의 생각에 따라 나온 논리, 창의성에 따라 점수를 준다면 학생들은 점차 공부할 때 외우는 것 외에도 '생각하는 것'의 존재를 의식하게 될 것이다. 작은 첫걸음이지만 이런 식으로 점차 중고등학교의 시험문제를 바꾸어 나가면 학생들로 하여금 생각을 깊이하고, 정리하는 연습을 시킬 수 있을 것이다. 목소리를 내기 전에 개인의 가치관에 기반한 생각들을 정리하는 것은 필수적이다. 따라서 목소리를 내는 연습에 있어 중고등학교의 시험문제를 바꾸는 것은 중요한 첫 단추가 될 것이다.

5-2. 목소리를 내는 것에 대한 장려와 보호

목소리를 내는 것은 거창하게 시작할 필요가 없다. 시험문제를 통해서 생각하는 연습을 시킨 후, 생각이 들면 드는 대로 표현하기 시작하면 된다. 학교나 대학에서는 학생들의 질문을 장려해야 한다. 엉뚱한 소리를 하더라도 무안을 주지 말고 일단 들어보고 논리에 맞다면 인정할 수 있어야 한다. 기관 차원에서 나서서 목소리 내는 것을 장려할 수도 있다. 특히 나는 학부 시절 동안 우리 학교의 상담센터에 깊은 감명을 받았다. 상담센터라 하면 보통 큰 문제가 있을 때나 찾는 어려운 공간으로 생각한다. 하지만 우리 학교의 상담센터는 정말 편안한 열린 공간이었다. 어떤 말이어도 상관없으니 편하게 와서 얘기하다 가면 된다고 대학교 입학 초기부터 교육을 받았다. 학교는 상담센터를 통해서 학생들이 자유롭게 각자의 주제로 목소리를 내게끔 장려했다. 그러다 보니 많은 학생들이 사소한 고민부터 중대한 문제들까지 어렵지 않게 가서 상담을 받았다. 얼마나 학생들이 편하게 이용하느냐면 내가 아는 남학생들 상당수가 대체 왜 여자 친구가 생기지 않는지 상담을 받았다. 상담 받는다고 해결될 문제는 아니지만, 어쨌든 고민을 말하고 함께 생각해 본다는 데에서 해결의 실마리를 찾을 수도 있는 것이었다. 이외에도 음주 문제, 게임 중독, 수업 성적, 우울증과 강박증 등등 많은 학생들이 각자의 주제로 목소리를 냈다. 대화를 통해서 학생들은 문제를 해결하는 데 도움을 받았다. 성추행 신고 등 학생이 혼자 엄두를 내지 못하는 부분도 일단 용기를 내서 말하면 많은 도움을 제공했다. 학생에 대한 완전한 익명을 보장하고 제보한 학생을 보호하면서 문제를 해결할 수 있도록 기관으로서 할 수 있는 최선을 다해주었다. 이렇듯 기관 차원에서 학생들이 자유로이 목소리를 내는 것을 장려하는 방안도 건강한 사회를 유지하는 데 상당히 효과적으로 기여할 가능성이 높은 방법이다.

개개인이 목소리를 내도록 장려하는 것과 동시에, 자유로운 목소리 내기가 가능하도록 보호 장치도 충분히 갖춰져야 한다. 보호 장치는 매우 중요하다. 만약 목소리를 내는 것이 불이익으로 이어진다면 '목소리 내기'의 모든 것들이 불가능하게 된다. 보호 장치가 확립되어야지만 불이익의 두려움 없이 옳은 것은 옳다, 잘못된 것은 잘못되었다고 각자의 생각을 자유로이 말할 수 있게 된다. 앞서 살펴보았듯이, 내부 고발자는 다양한 불이익의 위험에 노출되기 쉽다. 심지어는 고발당한 사람이 오히려 제보자를 죄인으로 만드는 경우가 허다하다. 개인의 사익을 위해서 제보했다거나, 본인에게 앙심을 품고 복수하기 위한 목적이라는 등등이 흔히 고발당한 사람이 펼치는 주장이다. 그런데 어떤 식으로 제보자의 목적을 왜곡한다고 한들 고발당한 사람이 부정한 행동을 했음은 변하지 않는다. 따라서 결과적으로 조직의 썩은 살을 도려내고 치유시키는 자정 과정은 제도적으로 보호받아야 한다. 그래야지만 회사 돈이 새는 것, 세금이 개인의 이익에 쓰이는 것, 추가 피해자가 생기는 것 등 부작용들을 없앨 수 있기 때문이다. 만약 정말로 제보자가 불순한 목적이 있어 고발했다면 그는 그에 합당한 처벌을 받으면 된다. 제보자가 없는 사실을 만들어가며 무고한 사람을 모함한 것이라면 당연히 무고죄로 처벌 받으면 된다. 결백한 사람을 모함하는 경우가 아닌 이상, 제보자의 목적이 무엇이건 간에 고발당한 사람의 부정한 행동은 덮어질 수 없다. 따라서 해당 조직은 오히려 더 많은 이들이 잘못을 지적할 용기를 낼 수 있도록 장려해야 하는 것이다. 이렇듯 전체의 공익을 위한 자정작용이라는 내부고발의 본 목적을 살리기 위해서는 반드시 제보자에 대한 보호 장치가 확립되어야 한다.

어느 조직이든 잘못된 것을 바로잡고 자정작용을 해나가는 것은 매우 중요하다. 구성원의 목소리를 듣는 것이 건강한 집단을 만드는 데 매우 효율적인 방법임은 자명한 사실이다. 이를 위해서는 구성원 개개인이 불이익의 두려움 없이 목소리를 낼 수 있도록 하는 것이 중요하다. 잘못을 지적당한 사람이 제보자를 알게 되면 당연히 앙심이 남게 된다. 따라서 보복성 행위를 제한하는 법을 만든다고 해도 일단 제보자 보호를 위한 가장 안전한 방법은 완전한 익명 제보이다. 이때 제보 후 사건 검증 단계에서도 지적을 받은 당사자가 제보자를 알 수 없도록 되어야 완전한 익명 제보라고 할 수 있다. 부득이하게 사건 검증 단계에서 제보자가 드러나는 경우라면 사건의 검증부터 해결까지의 단계를 최소화시켜야 한다. 그래야지만 사건 검증 기간 동안 현장에서 제보자가 받는 불이익이 최소화될 수 있기 때문이다. 문제가 해결된 이후에 만약 고발당한 사람이 제보자를 알게 되었을 경우, 보복성 행위가 이루어지지 않도록 제보자에 대한 강력한 보호조치가 있어야 할 것이다. 제보자의 완전한 익명성은 쉽게 무고한 사람을 모함하는 데 악용될 소지가 있는데, 이것은 또한 무고죄의 처벌 강화를 통해 보완해야 할 것이다.

최근 서울 소재의 한 중학교에서 학교폭력 근절을 위한 대책으로 '친구명찰'이라는 것을 도입했다. 학교폭력을 목격했을 때 명찰을 누르면 라디오 주파수를 이용한 무선 알림을 통해 담당 교사에게 신고가 접수되는 시스템이다. 이때 신고자의 보복성 피해를 막기 위해 교사만이 식별 가능한 코드로 신고가 접수된다. 처음에는 장난 신고가 많았으나 장난 신고 시 벌점을 주는 식으로 규제하자 실제 학교폭력 근절에 효과를 보이고 있다고 한다. 중학교에서 시범적으로 시행하는 제도이지만 사회에서도 고려해 볼 법한 개념이라고 생각한다. 신고 절차가 간단하며, 제보자의 익명이 확실히 보장되어 2차 피해를 예방하고, 익명 제보를 악용하는 경우 크게 처벌하는 일련의 과정은 본받아도 좋을 시스템이라고 생각한다.

6. 맺는말

'10년 내에 한국사회가 당면할 가장 중요한 이슈는 무엇이며, 어떻게 대처해야 하는가?' 이 주제에 내가 내린 답은 이렇다. 국가의 빠른 성장을 감당할 수 있는 '사회적 청렴과 도덕성'이 문제가 될 것이고, 이는 목소리를 내는 것의 순기능인 '보호와 감시'로 해결해야 한다.

우리 사회는 아직 자유롭게 목소리를 낼 만큼 개개인에 대한 보호제도가 완벽하지 않다. 군 내부 비리 제보에 참모총장이 나서서 제보자를 색출하는 실정이다. 내부 감시를 봉쇄하는 조직은 곧 조직의 자정작용 저하 및 부패로 이어지게 된다. 이러한 집단이 많아질수록 사회의 청렴은 빠르게 망가진다. 개개인 역시 본인의 생각을 구체화하고 밖으로 끄집어내는 데 미성숙한 부분이 많다. 인터넷 커뮤니티나 소셜네트워크 등 익명 플랫폼은 폭발적으로 증가하는데 이 도구들의 순기능이 무색할 정도로 욕설, 비방, 선동의 글이 난무한다. 화두에 오르면 누구나 쉽게 마녀사냥을 하고, 믿을 수 없을 만큼 비도덕적인 글을 개그라며 웃어넘긴다.

내가 이 글을 통해서 주장하고 싶었던 것은 그러므로 연습을 해야 한다는 것이다. 목소리를 내는 연습이 되어서 사회 구성원 개개인이 본인의 가치관에 따라 깊이 생각하고 말할 줄 알게 되고, 부당한 행위들로부터 스스로를 보호하고 주변을 감시할 수 있게 된다면 그것이 바로 성숙한 시민의식이고 도덕성이며, 사회적 청렴이라고 생각한다. 우리나라가 국가경쟁력 평가에서 몇 위를 했느니, 성장속도가 어떻다느니 뉴스가 많지만 결국 사회적 청렴과 도덕성이 받쳐주지 않으면 모래성일 뿐이다. 이에 대한 인지와 노력이 있어야지만 건강하고 행복한 사회가 될 수 있다. 목소리를 내는 것을 장려하는 사회가 되어 시민 스스로가 자신을 보호할 수 있고 수많은 집단에서 부정행위에 대한 올바른 감시와 자정이 이루어진다면 우리가 원하는 건강하고 행복한 사회에 한층 가까워질 수 있을 것이다.

2016년 수상작

한국사회의 네오 홀로코스트, '혐오'

오준수(연세대학교 경영학과)

1. 에세이를 시작하면서

1987년 이후 한국사회를 지배해 온 강력한 지역주의를 처음으로 뒤흔든 지난 4.13 선거는 가장 역사적인 선거 중 하나로 평가받기에 충분했다. 여느 선거 유세 활동이 그랬듯이 후보자들은 더 많은 표와 지지자를 확보하기 위해 고군분투했는데 그 과정에서 한 가지 눈에 띈 것은 마이너리티, 즉 성소수자를 척결하겠다는 메시지였다. 일부 소수의 동성애 집단을 강력히 배척함으로써 그들을 혐오하는 다수의 지지자들을 끌어 모으기 위한 전략이었으리라 생각한다. 혐오의 메커니즘은 이렇게 우리 사회를 물들이고 있으며 혐오의 대상을 향한 사회적 홀로코스트는 매 순간 진행 중이다.

최근 한 대학 수업을 들으면서 필기했던 문구가 떠올랐다. 개인과 개인이 소통을 한다는 것은 곧 개인과 사회가 소통을 하는 것을 뜻한다는 내용이었다. 우리 사회는 복잡한 네트워크로 연결되어 있고 '나'라는 한 사람과 연결된 네트워크는 수십, 수백 개에 이르기 마련이다. 결국 한 사람과의 커뮤니케이션을 통해 발휘할 수 있는 영향력은 수십, 수백 배에 달하는 것이므로 '나'는 하나의 '사회'와 소통을 하는 것임에 틀림없다. 이렇게 연결된 사회에서 소통, 특히 싫어하는 감정을 표출하는 네거티브 커뮤니케이션은 막중한 '표현의 책임'을 수반한다. 그럼에도 불구하고 우리는 사회 곳곳에서 수없이 많은 무책임한 혐오 표현의 사례들을 접하게 된다. 행복한 한국사회로 나아가기 위한 공공성과 시민의식의 시작은 혐오가 아닌 이해와 존중이다. 따라서 이 글이 우리 사회의 혐오 문제를 해결하고 더 나은 한국사회를 이루는 것에 도움이 되길 바라면서 에세이를 시작한다.

2. 누군가를 혐오해야만 살아갈 수 있는 사회

우리 사회는 주류 집단과 비주류 집단으로 나뉜다. 다시 말하면 다수 집단과 소수 집단으로 구분된다고 말 할 수 있다. 그리고 사회 조직이 다양화, 다원화 되면서 수많은 집단은 서로 중첩되기도 하고 끊임없이 분화되기를 반복한다. 이렇게 사회 조직을 구성하고 유지하는 핵심은 '집단적 타자화'라고 볼 수 있다. 자신이 속하지 않은 집단을 지속적으로 타자화하고 자신과 같은 입장, 소속을 갖는 이들과 동질감을 형성함으로써 하나의 구조화된 'social frame'을 유지하는 것이다. 결국 거시적인 관점에서 우리 사회는 누군가를 배척하고 자기 자신으로부터 대립화해야만 자기 집단의 정체성을 확립할 수 있으며 집단의 안정적인 존속이 가능하다. 《혐오의 시대-2015년, 혐오는 어떻게 문제적 정동이 되었는가》에서는 다수의 남성으로 구성된 사회 기득권 세력이 사회적 약자 집단과의 경계를 강화하기 위해 자연스레 그들을 혐오의 대상으로 삼는다고 말한다. 동시에 인터넷이라는 매체를 통한 혐오발화는 배타적인 공동체성과 결속력을 형성하기에 충분하다고 설명한다. 찰스 다윈이 진화론을 주장하면서 인간의 가장 기본적인 감정 중 하나로 혐오를 제시했던 것과 우리 사회가 필연적으로 공동체 결속력 강화를 위해 혐오감의 표출을 선택하는 것을 고려한다면 우리 모두는 정말 '누군가를 혐오해야만 살아갈 수 있는' 존재들일지도 모른다.

혐오라는 것이 단순히 불쾌감을 유발해서, 혹은 그저 폭력적인 감정이라서 문제시되는 것은 아니다. 사실 '분노'라는 감정 내지는 특정 대상을 '싫어하는' 마음 자체는, '좋아하는' 감정만큼이나 중요하다 못해 필수불가결한 인간의 심리다. 하지만 타당한 근거와 논리가 배제된 막연한 혐오감 표출은 결코 표현의 자유라는 명목 아래 합리화될 수 없다. 개인의 혐오 감정 자체는 분명 인간다움을 구성하는 하나의 요소이지만 커뮤니케이션으로 가득 찬 이 사회에서 감정을 전달하는 일련의 프로세스는 많은 조건과 전제를 필요로 하기 때문이다.

인터넷과 SNS를 통해 최근 며칠 사이에도 나 역시 여성혐오, 남성혐오, 장애인 조롱, 지역-정치 연계 혐오 등 셀 수 없이 많은 글들에 노출되었다. 지금도 SNS 상에서는 며칠 전 강남역에서 발생한 살인 사건을 '여성 혐오' 살인으로 정의할 것인지에 관한 혐오의 공론화가 진행 중이다.

이렇게 가시적으로 드러난 사건 외에도 우리 사회는 혐오를 기반으로 한 크고 작은 논쟁들을 반복한다. 그 과정에서 결코 이해되지 않는 것은 '왜 여성성과 남성성, 그 밖에 정치 성향이 집단적 혐오와 증오의 대상이 되어야 하는지'다. 자유와 존엄성이라는 가치 하에 여자라는 이유로, 혹은 남자라는 이유로 증오를 사야할 이유는 결코 없다. 그럼에도 불구하고 혐오발화가 우리 사회에서 이루어지는, 즉 누군가를 혐오할 수밖에 없는 이유는 다음과 같다.

3. 타자를 혐오할 수밖에 없는 이유

1) 일반화, 그리고 방관

대상을 향한 지독한 일반화는 바로 혐오 논리의 기저를 이룬다. 일부 사건을 전체의 속성으로 성급하게 확대하는 것은 곧 대상을 향한 혐오 선동을 이끌기에 충분하다. 동시에 대상에 대한 일반화는 또 다른 이들의 방관자적인 태도와 맞물려 더욱 심오한 갈등의 상황을 형성한다. 즉, 누군가는 특정 개인의 문제를 집단 전체의 문제로 치부하며 일반화하는 데 전념하지만, 그 외에 많은 이들은 문제 자체를 공론화한 이를 멸시하고 외면해 버린다. 예컨대 여성 혐오 살인, 여성 성폭력, 성소수자 증오 같은 문제들에 대해 핏대를 세우며 집단적 증오심을 선동하는 이들이 있는 반면, '나는 아닌데', 혹은 '남자가 모두 다 그런 건 아닌데'라는 식으로 방관하고 도리어 증오 선동에 반하는 이들이 지나치게 예민하다며 무시해버리기까지 한다. 혐오 선동은 이렇게 무관심하고 방관자적인 태도를 보이는 불특정 다수 집단에 의해 더 강력한 추진력을 얻는 셈이다. 이는 어쩌면 한국사회의 고질적인 문제일지 모른다. 상대 집단에 대해서는 완고한 일반화적 논리를 적용하지만 자기 집단에 대해서는 관대하고 또 한편으로는 방관자적인 태도를 보이는 이중적 모습이 우리 사회의 모순이자 혐오 확산의 촉매제인 것이다.

2) 방향성을 상실한 잠재적 분노의 표출

현재 대한민국은 소득의 양극화, 경제 성장률의 지속적인 하락, 심각한 청년 실업, 가정 내 교육비 지출 부담 등의 경제적 문제들에 직면해 있다. 매슬로우의 욕구 5단계 중 안전의 욕구, 특히 재정적인 안정이 보장되지 못하는 상태에 이르렀다. 따라서 상위 욕구인 애정, 존경, 자아

실현의 욕구까지 도달하지 못하는 것이 대다수 사람들의 현실이다. 요즘 대학생들만 보아도 극심한 취업난의 문제로 인해 '사명'과 '업'을 찾기보다는 '직장'을 찾고 있는 것이 대다수다. 경제적 불안정의 문제는 20대부터 30대, 40대, 그리고 그 이후에 이르기까지 모든 연령층을 대상으로 포괄하고 있으며 당장의 단기적이고 효과적인 해결책을 찾기도 쉽지 않아 보인다. 이처럼 출구가 없는 폐쇄 공간에서 사람들은 적절한 스트레스의 배출구를 찾지 못해 '상대적 약자'에게 모든 분노와 증오를 쏟아낸다. 일종의 'Stress displacement'로, 이런 잠재적 스트레스는 물리적인 가학의 형태 혹은 공격적인 발화의 형태로 표출된다. 전자의 경우 올해 들어 특히 이슈화 되었던 아동학대 케이스가 해당되며 후자가 바로 혐오성 표현의 확산이라고 볼 수 있다.

거시적으로 본다면 우리 사회의 혐오 문화는 타자화를 통한 자기 집단의 결속력과 유대감 강화라고 볼 수 있지만 미시적인 시각에서 개개인의 혐오 표출은 잠재적으로 누적된 스트레스와 분노에서 기인한다. 사회적으로 이들의 분노를 배출시킬 제도적인 장치가 마련되어 있지 않고, 점점 누적되는 스트레스로 이 사회 전체는 과열에 이르렀다. 분노 표출의 대상을 찾지 못한 대중은 더럽고 불쾌한 사물을 일부 집단과 결부시킴으로써 혐오의 수사학을 만들어내며 지속적으로 이를 사유한다. 결국 상호간의 증오와 대립은 또 다시 새로운 스트레스와 분노를 낳으며 '스트레스-혐오' 사이의 악순환은 반복되는 것이다.

3) 무지로 인한 맹목적인 내면화

스트레스가 혐오 문화 확산에 대한 직접적인 원인을 제시한다면, '무지로 인한 무조건적인 내면화'는 2차적인 혐오 확산의 과정을 의미한다고 볼 수 있다. 혐오는 동조와 유대를 기반으로 급속하게 확산된다.

특정 대상을 타자화하는 과정에서 자신과 비슷한 입장을 취하는 이와 결속을 다지고 서로간의 연계성을 공고히 하는 과정이 혐오 문화의 핵심이기 때문이다. 그 과정에서 상당수의 사회 구성원들은 문제의 본질을 파악하지 못한 채 혐오를 주도하는 집단에 흡수되고 만다. 이른바 '분위기에 휩쓸려', 혹은 '혐오를 주동하는 권력 집단에 참여함으로써 단지 소속감과 자기 정체성을 확인하고 싶을 때'가 바로 무지로 인한 혐오 사례에 해당한다. 때문에 이는 대부분 청소년을 비롯한 젊은 청년들이 혐오 문화에 가담하는 이유에 해당된다. 왜 여성성과 남성성이 상호간 혐오의 대상이 되어야 하는지, 혹은 왜 개개인의 정치 성향의 차이가 몇몇 혐오성 발화의 원인이 되어야 하는지에 대해 구체적으로 의문을 갖지 않는다. 단지 인터넷을 매개로 한 가상 집단에 소속된다는 것, 그리고 자신의 정체를 숨긴 채 누군가를 비하하고 우롱하는 일에 가담한다는 것이 그들에겐 꽤나 자극적인 재밌거리에 지나지 않기 때문이다. 이러한 이유들을 바탕으로 혐오의 확산과 증오 선동이 초래하는 사회적 폐해는 다음과 같다.

4. 병리적인 혐오 메커니즘 확산의 문제점

1) 분열과 폭력

현재 한국사회에서는 이념, 젠더, 소득, 인종 그리고 그 밖에 많은 평가의 잣대들을 기준으로 타 집단을 향한 혐오가 이루어지고 있다. 그리고 이런 혐오 표출을 기반으로 하는 사회 분열과 대립, 갈등은 어쩌면 너무나 당연한 것일지 모른다. 한국사회는 어느 순간부터 더 빠른 성장과 압도적인 경쟁을 추구하기 보다는 '더불어 살아가는' 사회를 지향하기 시작했다. 이제는 남을 이기는 경쟁 위주의 학습이 아니라 협력과 공존의 교육 방식을 강조하는 최근의 공교육 커리큘럼 변화만을 봐도 그렇다는 것을 느낄 수 있다. 뿐만 아니라 2004년부터 매년 발표되는 'SBS 미래한국리포트' 역시 행복, 소통, 공존 등의 가치를 다루며 '함께 추구하기'를 앞으로 한국사회가 나아가야 할 방향으로 제시하고 있다.

그런데 혐오로 인한 사회 분열은 결국 우리가 추구하는 궁극적인 협력 가치에 대립되는, 매우 상충적인 결과를 낳게 된다. 보다 더 거시적으로 바라본다면, 복지의 다각화와 사회 양극화 해결의 과제까지 안고 있는 한국사회에 이 같이 폭력적인 갈등과 분열은 필시 악으로 작용할 것이다.

이렇게 사회 조직은 분열을 거쳐 극심한 폭력성 발휘 단계에 이르게 된다. 집단 속에 존재할 때, 더욱이 인터넷과 같은 가상의 공간에서 익명성이 철저히 보장되는 한, 개인은 주체할 수 없는 폭력성을 발휘하게 된다. 바로 이것이 인터넷 익명 커뮤니티를 통해 혐오성 발언이 확산되는 이유이자, 너무나도 손쉽게 특정 대상을 폄하하고 조롱, 비하할 수 있게 하는 일종의 촉매제가 되는 것이다.

2) 보이지 않는 고릴라

'보이지 않는 고릴라'는 하버드 대학교의 인지 심리학자인 대니얼 사이먼스(Daniel Simons)와 크리스토퍼 차브리스(Christopher Chabris)의 실험을 통해 알려졌으며 현재까지 인간의 인지 오류에 관한 연구들에서 다양하게 활용되고 있는 개념이다. 쉽게 말해서 인간은 자신이 보고 싶은 것만을 보며 그 결과 지각-인지 과정에서의 오류로 인해 왜곡된 정보를 진실로 받아들이게 된다는 것이다. 이러한 선택적 인지의 문제점은 사회에서 발생하는 모든 갈등의 원천에 대한 해석을 제공한다.

대부분의 상호 갈등은 '사건의 발생 → 선택적 인지 및 차별적 정보 수용 → 인지 오류 → 상이한 관점과 입장 채택 → 갈등'이라는 큰 틀 속에서 발생한다. 때문에 갈등을 해결하는 방법은 간단하게도 사건을 바라보는 다른 색의 안경을 낌으로써 다양한 시각과 관점을 내면화하는 것이다. 사실, 세계를 바라보는 각자의 '색안경'을 아예 제거하는 것은 거의 불가능하다. 각자의 고유한 가치관과 자아를 통해 형성된 일련의 인지 프로세스(즉, 색안경) 없이 살아가는 것은 가치 판단을 하지 않는 기계와 다름이 없기 때문이다. 결국 이렇게 세상을 바라보는 서로 다른 색의 안경을 바꿔 끼는 행위를 통해 갈등과 해결을 반복하면서 하나의 사회는 대립과 합일을 거치며 성장할 수 있다.

하지만 관용과 이해를 거부하는 혐오의 경우 편협한 시각으로부터 벗어나지 못하고 자신이 유일하게 받아들이고 싶은 정보에 대해서만 내면화한다. 즉, 눈으로는 보았지만 사실은 본 게 아닌 '보이지 않는 고릴라' 실험처럼 되어 버리는 것이다. 따라서 혐오로 가득 찬 사회는 대상을 바라보는 다각적인 시선들을 일찍이 제거해버리고 자기 자신이 믿는 것 이외의 것들은 모두 그릇된 것이라며 확신해버리는, 왜곡된, 그리고 배타적인 공간이 될 수밖에 없다. 결국 소통과 이해가 불가능한 배타적 사회는 절대 발전할 수 없다.

5. 혐오 문화로 물든 우리 사회의 패러다임을 전환하기 위해

우리 사회의 뿌리 깊은 혐오 패러다임을 해결하기 위해 대표적으로 '정치'와 '젠더'라는 키워드를 선정했고 두 가지 분야에서의 구체적인 해결 방안을 제시하려고 한다. 더 나아가 오늘날 혐오 문화 형성의 가장 중요한 매체이자 수단이 되는 인터넷에서의 해결방안까지 도출해 보았다.

1) 정치: 고등학교 정치 교육 의무화

정치적 성향과 소신을 기반으로 한 대립과 갈등은 한국사회가 근대적 민주화를 거치면서 꾸준히 심화되어 왔다고 판단된다. 민주주의 사회에서 '정치 참여'라는 것은 근본적으로 국민들의 지대한 정치적 관심과 시민의식을 기반으로 하며 이는 국가 시스템이 안정적으로 유지되고 더 나아가 장기적으로 발전하기 위한 필수조건이 된다.

대한민국은 이미 80년대에 격동적인 정치적 변혁을 겪었으며 현대 민주주의를 확립하는 과정에서 정치 참여의 문제들에 직면하기도 했다. 그렇게 개개인이 자신의 정치적 목소리를 내는 과정에서 극단적인 이념의 갈등과 합리적 논의의 부재라는 폐해가 발생하기도 했다. 더욱이 남북한의 분단 상황은 극단적 이데올로기의 형성이라는 과정에 일조했고, 결과적으로 이데올로기 스펙트럼의 양 끝이 비대하게 커진 것이다. 이런 상황에서 어쩌면 상대 이념을 향한 혐오의 메커니즘은 마땅히 생길 수밖에 없었을지도 모른다. 이를 해결하기 위한 대책으로 제안하는 것은 바로 정규 공교육 과정에서의 정치 교육 의무화다.

유구한 시민역량 육성의 역사를 지니는 독일은 1976년 '보이텔스 바흐 협약(Beuttellsbach Konsens)'을 체결함으로써 정치교육의 최소조건을 확정했다. 이데올로기 갈등을 최소화하고자 했던 독일의 '사회적 대타협'은 세 가지 원칙을 바탕으로 한다. 첫 번째는 '강제성 금지'원칙으로 어떤 방식으로도 정치 견해를 배우는 자에게 강압적으로 주입시킬 수 없다는 내용이다. 학습자의 능동적이고 독립적인 사고, 주체적인 정치 견해 확립을 보장하는 것이라 할 수 있다. 두 번째는 '논쟁성 유지'원칙이다. 일방적인 주입식 강압의 폐단을 제거하기 위해 서로 다른 견해 사이에 충분한 논의와 토론을 장려하는 것이다. 동시에 학생들을 가르치는 교사는 정치적으로 상이한 견해가 발생한 배경과 이론에 대해 중립적으로 설명해야 한다. 세 번째는 '정치적 행위 능력 강화'원칙이다. 이는 자신과 사회의 이해관계에 따라 정치적 영향력을 행사할 수 있어야 함을 의미한다. 즉 학생은 사회 속에서 구성되는 자신의 삶과 그로 인해 발생하는 이해관계, 그리고 정치적 행위와 가치관을 모두 통찰해야 하는 것이다. 이 세 가지 원칙을 바탕으로 하는 정치, 시민 교육은 정치를 향한 시민 참여도를 높이며 신뢰와 관용, 협력과 연대라는 가치를 강화한다. 그 밖에도 프랑스는 1985년부터 초, 중학교에서 시민교육 교과목을 설치했으며 영국도 마찬가지로 2002년부터 중학교 과정에서 시민교육을 필수교과로 지정했다. 현재 우리나라는 고등학교 커리큘럼상, 시민교육과 정치 참여 카테고리를 '사회'라는 과목에서 분리시켜 필수교과목으로 지정하는 과정이 필요하다. 보이텔스 바흐 협약의 원칙을 참고하여 학생들이 주체적으로 자신과 사회의 관계성에 대해 탐구하고 바로 그 이해관계에 따라 타당한 정치적 가치관을 형성할 수 있도록, 그리고 그것이 민주적인 절차 안에서 다른 학생들과 충분한 토의를 거칠 수 있도록 교과목 시간을 할당해야 한다. 더구나 고등학교에서 문, 이과 구분의 필요성이 사라지는 이 시점에서 '정치 교육'은 계열에 상관없이 모든 청소년을 위한 '올바른 시민역량 육성 프로젝트'의 일환으로 자리매김해야 하는 것이다. 시민교육을 포함하는 고등학교 정치 참여 교육은 사회와 정치에 대한 올바른 인식과 균형 잡힌 시각을 제공함으로써 이데올로기에 대한 다각적인 사고력을 증진시킬 것이고 이념적 혐오와 증오 문제를 점차적으로 해결할 수 있으리라 생각한다.

2) 젠더: 초·중등 성교육 커리큘럼 개편

소위 '여혐' 혹은 '남혐' 같은 용어는 오늘날의 혐오라는 키워드를 설명하기에 충분할 만큼, 과할정도로 남용되고 있는 것이 사실이다. 성소수자를 향한 혐오는 이미 오래전부터 진행되어 왔고 성별을 향한 거센 혐오는 유독 최근 들어 심각해지고 있다. 나는 성과 관련된 혐오주의 문제의 경우, 성에 대한 가치관이 형성되고 전반적인 성 관념이 확립되는 연령인 초등학교 고학년에서 중학교 시기에서 해결될 수 있다고 본다. 일반적으로 실시되는 보편적인 성교육 커리큘럼이 단지 아이들의 2차 성징과 같은 신체적 변화에만 초점을 둘 것이 아니라 남성과 여성이 지니는 관념의 차이, 동성애를 바라보는 시각, 그 밖에 사회적으로 이슈화되는 성 문제들을 다룸으로써 교육이 사회문제와 유리되지 않도록 해야 한다는 것이다.

성소수자 관련 문제는 사회적으로 굉장히 예민한 문제로 취급된다. '인권'이라는 범주의 담론에서 상당히 위태로운 외줄타기를 하고 있는 셈이다. 예컨대 일반 대중들이 성소수자들에 대해 강력한 혐오의 표시를 보이는 가장 큰 이유 중 하나는 퀴어 문화 축제 때문이라고 할 수 있을 것이다. 가령 동성애를 외치는 그들이 해당 축제에서 입는 옷은 대중에게 상당한 거부감을 주기에 충분하다. 객관적으로 나는 이 얘기를 하고 싶다. 대부분의 동성애자들은 다수의 이성애자와 동일한 수준의 사회적 존중과 평등, 그리고 공존을 요구하는 반면 동성애 운동에서 만큼은 유독 '우리'라는 배타적 조직력과 성 정체성을 강조한다. 동시에 소수자적 속성과 섹슈얼리티의 차이를 강하게 부각시키는데 이는 결국 동성애라는 성 정체성의 경계를 본인들이 스스로 강화하고 재생산하는 것에 지나지 않는다는 것이다. 한 마디로, 성소수자 집단과 이에 반대하는 다수 집단은 결코 '한 쪽으로 치우칠 것 없이' 양쪽 모두 동일한 무게의 책임과 바람직한 행동 규범이 요구된다. 일련의 성교육 시스템은 이 같이 중립적이고 다각적인 시각을 제시하길 바라는 입장이다. 더 나아가, 유독 '남자'와 '여자'에 대한 성 고정관념이 강하게 형성되고, '남자다운 것은 어떤 것이다' 혹은 '여자다운 것은 어떤 것이다'라는 암묵적인 담론이 확산되는 것도 십대 초중반 시기다. 이와 함께 성소수자 집단을 향한 입장을 개인적으로 어떻게 내면화할 것인지 정해지지 않은 시기이기도 하다.

그에 비해 오늘날의 성교육은 성의 본질과 굉장히 괴리된 지점이 많아 보인다. 성(gender)에 대한 본질적이고 균형 잡힌 사고가 이루어져야 성별이 다른 개인들을 이해할 수 있고 자신의 성에 대해 통찰할 수 있으며, 신체적 성(sex)의 차이와 변화에 올바르게 대응할 수 있을 것이다. 쉽게 말해서 초등학생들에게서 주로 나타나는 '파란색은 남자 색, 핑크색은 여자 색'같은 관념을 예로 들어보자. 지금의 성교육은 어린 아이들을 향해 남자와 여자의 생물학적인 성만을 강조하고 있다. 하지만 그런 교육이 과연 아이들의 성 차별적인 고정관념을 깨뜨리고 확장된 사고로 유도하는데 실질적인 도움이 될지에 대한 의문이 든다. 왜 이 사회는 남자에게 파란색을 부여하고 여자에게 핑크색을 부여하는지, 왜 이러한 이분법적 구분이 결국 사회적으로 무의미한지, 더 나아가 남자가 핑크색, 여자가 파란색을 취할 수 있으며 동시에 제3의 노란색을 선택하는 이도 존재한다는 열린 사고를 심어주는 것이 우선이라고 생각한다.

일반적으로 젠더를 기반으로 하는 혐오는 기존의 고정관념에서 벗어나는 성적 역할에 대한 반발 심리에서 비롯되는 경우가 많다. 공적 생산 영역에서의 남성과 여성의 경계가 무너지면서 사적 공간에서 가사 노동을 하는 남성, 그리고 공적 공간에서 전문적 생산 활동을 하는 여성은 과거에 비해 확연히 증가했다. 결국 이는 전통적인 성 권력 체계의

'prototype'에 위배되는 현상인 셈이다. 다시 말하자면, 자본주의 사회에서 공고히 형성된 남성-여성의 분업 시스템이 최근 현대 사회에서 무너지고 있으며 이것이 한편으로는 성별을 향한 증오, 혐오 심리를 조장하는데 기여했다고 볼 수도 있다는 것이다. 앞서 말했듯이 초등학교에서 중학교까지의 시기는 성에 대한 인식론이 강하게 형성되는 연령대에 해당한다. 더불어 생물학적 성만큼 사회적 성에 대한 교육이 필요함도 언급했다. 젠더를 향한 혐오 발화가 남성과 여성의 다양한 사회적 상호작용, 그리고 기존의 위계적인 성 권력 체계의 붕괴에서 기인한다는 것을 고려할 때 사회적 담론들을 아우르도록 초·중등 성교육을 개편하는 것은 필수적이다.

3) 표현: 혐오 표현 방지를 위한 경고성 팝업 시스템

앞서 언급했다시피 감정 차원의 혐오, 다시 말해 분노와 기피라는 감정은 사실 인간을 인간답게 하는 가장 본질적인 속성에 해당하기 때문에 너무나도 자연스러운 것이며 이를 억압하는 일은 해서도 안 되며 할 수도 없다.

이 글 전반에 걸쳐 문제시 하고 있는 것은 커뮤니케이션 과정에서 사적 차원의 혐오를 타인에게 '공적으로' 표출하며, 개인적 불쾌감을 타인이 공유하고 이에 동조하도록 이끄는 과정이다. 그래서 지금껏 혐오의 표현이 갖는 책임의 무게에 대해 지속적으로 논해온 것이다. 이 같은 문제 해결을 위해서는 사실 지속적인 교육이 가장 바람직하지만 결과적으로 교육이라는 해결책이 미처 닿지 못하는 영역에 있어서는 또 다른 대안이 필요하기 마련이다. 이를 위해, 현재 대부분의 검색 포탈들이 사용하고 있는 '자살 방지 시스템'에서 아이디어를 차용해왔다.

네이버, 다음, 야후 등의 검색 엔진 사이트에서 검색창에 '자살' 관련 문구를 입력하면 자살방지 상담전화 핫라인을 비롯해 생명의 소중함을 강조하는 메시지를 볼 수 있다. 이 시스템은 구글에서 처음 고안되었고 2007년 우리나라 보건복지부와 한국자살예방협회에서 추진한 온라인 생명사랑 캠페인의 일환으로 국내 6개 포털에서 시작되었다. 자살과 관련하여 지정된 35가지의 금칙어에 검색 단어나 문구가 해당되는 경우 자동으로 상담전화와 격려 문구가 보이는 방식이다. 때문에 인터넷상에서 혐오 표현의 발화에 따라 강력한 경고 문구 팝업창이 뜰 수 있다면 하나의 해결책이 되지 않을까 생각한다. 이는 일종의 '강화(reinforcement)' 작용으로서, 격려와 보상이 긍정적 강화인 것에 반해 경고와 자극은 부정적 강화에 해당한다. 불쾌한 감정의 유발과 정서 훼손이라는 측면에서 정신적으로 유해한 혐오 발화의 문제는 부정적 강화 시스템으로 해결하는 것이 옳다. 더 나아가 증오를 선동하는 언어가 표현의 자유라는 이름으로 제약 없이 허용되는 것은 오히려 타인의 인권과 존엄성을 침해하는 경우다. 실제로 유럽인권재판소와 자유권위원회는 증오를 선동하는 표현들(가령 반유대주의와 반이슬람주의를 표방하는 문구와 용어들)에 대해서 표현의 규제를 선언했고 이와 함께 혐오 감정의 표출을 제한하는 것은 표현의 자유를 침해하는 것이 아님을 주장했다. 타인을 향한 혐오 발언은 '표현의 자유로서 보호할 대상이 되지 않는다.'는 판결을 고려해볼 때, 인터넷상에서 남용되는 증오와 혐오 발화를 무제한 허용하거나 방관해서는 안 된다. 따라서 혐오 발화에 대한 경고성 각인이 요구되는 것이다.

"언어는 힘이다." 환경 및 인권 현장운동가인 리베카 솔닛의 말처럼 사회 권력 체계에 의해 암묵적으로 통용되는 일련의 혐오성 언어는 가공할 힘을 가지며 동시에 개개인의 자아와 사회적 도덕성을 파괴할 수 있는 잠재력을 지닌다.

학술자료 《온라인상의 여성 혐오 표현》에서는 온라인상에서 통용되는 여성 혐오 용어에 대해 심층적으로 다루고 있다. 그 밖에도 인터넷 공간에서는 여성 혐오를 다시금 혐오하는 표현(이는 남성 혐오라고 불리기도 한다.), 지역주의를 비꼬는 혐오 표현, 정치 성향을 조롱하고 특정인을 극심하게 모욕하는 표현들로 가득하다. 따라서 이 단어들을 선별하여 금칙어로 지정하고 검색 엔진 및 온라인 게시물 댓글 기입란에 해당 단어가 등록될 경우 혐오성 발언의 폐해를 인식시키는 경고 문구를 팝업 창으로 띄우는 것이다. 물론 단어 자체의 기입을 제한하거나 온라인 활동에 제약을 가하는 일은 결코 있을 수 없으며 팝업창 역시 자체적으로 닫기가 가능하다. 하지만 이 같은 사소한 경고성 각인은 분명 온라인 발화 패러다임에 변화를 가져오리라 생각한다.

6. 에세이를 마치면서

한번은 폴란드를 여행한 적이 있다. 물론 많은 것들을 보았지만 슬로바키아와 인접한 남부의 아우슈비츠 강제 수용소가 남긴 인상은 너무나 강렬했다. 붉은색 벽돌로 지어진 (이제는 전시관으로 쓰이는)가스실과 스산한 교수대를 보면서 수많은 유대인들이 역사의 소용돌이 속에서 목숨을 잃었을, 바로 그 시대의 모습을 상상했다. 순혈주의와 민족주의를 외치던 당시 독일의 나치 정권은 순수 독일 혈통이 아닌 유대인 집단을 철저하게 분리시켰다. 소위 '정상 집단'에 속하지 못했던 유대인, 동성애자, 장애인은 대량 학살의 핵심 대상이었다. 오늘날의 한국사회는 이런 물리적인 홀로코스트가 아니라 '소통의 홀로코스트'에 직면해 있다. 가치관이 다른 누군가를 정상 집단에서 철저히 배제시키고 비정상적 존재로 규정지어 버리는 이 시대의 '낙인'은, 유대인이라는 이유 하나만으로 가차 없이 목숨을 앗아갔던 홀로코스트와 크게 다르지 않아 보인다. 공동체 내에서의 낙인과 매장, 이를 통해 도달하는 지독한 혐오의 메커니즘은 우리 사회를 더욱 불행하고 암담하게 만드는 요인으로 작용한다.

한국사회는 최근 수없이 많은 혐오의 문제들을 겪어왔다. 개인의 혐오 감정을 부정적인 루트를 통해 표출하는 과정에는, 개개인의 잠재된 분노와 스트레스가 원인으로 작용한다고 설명했다. 사실 복잡하게 얽힌 사회 공동체에서 모든 구성원들이 스트레스 없이 살아간다는 것은 완전히 불가능하다. 결국 우리 손에서 이 사회의 스트레스를 완벽히 차단할 수 있는 방법은 없어 보인다. 하지만 그것이 그릇된 방법으로 배출됨으로써 혐오 표현을 지속적으로 양산하고 제2의, 제3의 피해자들을 만들어내지 않도록 하기 위한 방법은 충분히 생각해 볼 수 있다. 바로 그러한 측면에서 사회적 스트레스가 혐오라는 수단으로 'venting out'되지 않도록 '교육'과 '강화'라는 해결책을 도출해 보았다. 그리고 어쩌면 한국사회의 잠재적 분노와 스트레스의 원천 자체를 서서히 해결해 나가는 방법이 가장 중요할지 모른다. 다만 현재 우리가 직면한 혐오라는 키워드는 다시금 사회적 분노와 스트레스를 2차적으로 재생산하기에 이르렀고 결국 우리는 혐오의 문제를 해결하지 않고서는 한국사회의 근본적인 문제 원인에 도달할 수 없는 상황에 있는 것이다. 그만큼 혐오 문제는 현재 우리 사회의 구조적인 갈등을 형성하는 핵심적 패러다임이며 반드시 이를 해결해야만 더 나은, 더 행복한 한국사회로 발전할 수 있을 것이다. 동시에 이해와 존중, 관용과 책임은 우리가 궁극적으로 지향해야 할 시민의식이자 사회적 가치에 해당한다. 이를 위해 우리 모두는 혐오의 커뮤니케이션을 개선해야 하고 바람직한 소통의 패러다임을 재정의해야 할 것이다.

참고자료

1. 김수아, 「온라인상의 여성 혐오 표현」, 한국여성연구소, 페미니즘 연구 제15권 제2호, 2015.10, 279-317(39pages)

2. 손희정, 「혐오의 시대-2015년, 혐오는 어떻게 문화적 정동이 되었는가」, 도서출판여이연, 여/성이론 통권 제 32호, 2015.5, 12-42(31pages)

3. 이주영, 《혐오표현에 대한 국제인권법적 고찰-증오선동을 중심으로》, 대한국제법학회, 국제법학회논총 60(3), 2015.9, 195-227(33pages)

4. 정인경, 「타자화를 넘어, 서로 다른 두 주체의 소통을 전망하다: 여성 혐오를 혐오한다」, 숙명여자대학교 아시아여성연구소, 아시아여성연구 2015년 제54권 2호, 2015.11, 219-227(9pages)

5. 리베카 솔닛, 『남자들은 자꾸 나를 가르치려 든다』, 김명남 옮김, 창비(2015), p189

6. 「선거운동이 남긴 성소수자 혐오」, 경향신문, 2016년 4월 25일자

7. 「한국판 '보이텔스바흐 협약'을」, 한국일보, 2009년 3월 30일자

8. 제 12차 미래한국리포트 「한국사회 재설계 공공성 그리고 착한성장사회」 보고서5. 공공성과 시민성 회복을 위한 제언(SBS)

같은 세상 다른 생각의 세대 갈등, 관념의 차이를 인정하기

육 솔(포항공과대학교 화학공학과)

세대갈등은 왜 문제일까

신조어는 그 시대의 사회와 문화가 반영되어 생성된다는 점에서, 문제 인식의 실마리가 될 수 있다. 최근 신조어 중 '할많하않'이라는 단어가 있다. '할 말은 많지만 하지 않겠다'는 뜻이다. 말 해도 변할 것이 없고, 본인의 의견을 말했다가는 손해 볼 일만 생기니 아예 말을 하지 않는 것이 본인을 보호하는 데에 효과적이기 때문이다. 그러나 본인들을 보호하기 위한 이 수단은 한 세대가 본인들의 목소리 내기를 포기하는 것을 의미한다. 의견을 표출하지 않는 것은 근본적으로 해결 불가능한 증오만이 쌓이게 한다. 특히, '할많하않'은 20대, 30대의 청년 세대에서 특히 자주 쓰이고 있으며 그것은 일터와 가정을 불문하여 세대갈등을 야기한다. 경제적, 사회적으로 한 세대는 다른 세대의 도움을 받을 수 밖에 없는 사회 구조에서, 서로의 이해가 아니라 서로간의 단절을 택한 현 시대의 세대갈등은 극단적으로 사회 구조에도 큰 악영향을 끼칠 수 있다. 그렇다면 서로의 불신만 쌓여가는 '할많하않'이 아니라 할 말이 많고 할 수 있는 것이 많은 '할많할많'의 사회를 위해서 우리는 어떤 노력을 해야할까.

관념에 관하여

믿고 있는 '관념'이 어겨졌다고 판단되었을 때, 우리는 분노와 갈등을 일으킨다. 1980년대에는 길거리, 건물 내부, 심지어 버스 안에서도 흡연은 당연한 것이었다. 간접적인 흡연이 매우 해롭다는 관념이 없었기 때문에 사람들은 모두 흡연에 대해 다소 무심했다. 그러나 지금은 '남의 건강을 해치는' 간접흡연에 대한 인식과 관념이 바뀌었다. '간접흡연은 피해를 주는 행동이고, 사람들에게 피해를 주는 행동은 하면 안 된다'는 관념이 당연하게 작용하기 시작했고, 이를 어기는 흡연자는 사회적으로 질타를 받아 마땅한 분위기가 되었다. 우리는 우리가 믿는 당연한 관념이 위배되면 분노를 일으킨다.[36] 그리고 이러한 관념은 사회, 문화, 역사적 맥락에 따라서 다르게 형성이 되기 때문에 각자 다른 관념은 서로간의 갈등을 촉발하게 된다. 하나의 사회는 그 사회를 지배하는 공통적인 관념을 기반으로 유지된다. 그 사회를 또다시 확대하면, 개개인은 각자만의 사회, 문화, 역사적 맥락으로 형성된 관념에 의지하며 산다. 그리고 각자의 경험은 같을 수가 없으며, 본인이 의지하는 관념이 직간접적으로 공격 받을 때에 분노와 갈등을 만들어낸다. 즉, 믿고 있는 관념과 실제 삶이 불일치 할 때에 갈등이 빚어진다. 본인이 믿는 세계가 현실과 일치하지 않을수록, 본인이 믿는 세계를 맹신할수록

36　정지우, 분노사회 , (이경, 2014)

분노는 커지게 된다.[37]

2018년 1월, 현직검사 서지현이 검찰 내의 성폭력 실상을 고발하면서 한국의 '미투(Me too) 운동'이 촉발되었다. 이후 분야를 막론하고 사회 전반에서 피해 사실이 폭로되면서(미투 운동으로 인한 극단적 논란들은 논외로 한다면) 현재 사회에서 큰 이슈인 것은 그 부정할 수 없는 사실이다. 이렇게 큰 사회적 흐름으로 번질 수 있던 배경에는, 현재 청년 세대가 초·중학교의 의무교육 시절에 받은 '양성평등' 교육이 있다. 양성평등은 모든 성별은 공평한 권리(rights), 책임(responsibilities), 기회(opportunities)가 있다는 개념이다.[38] 이것이 공리임을 교육 받고 시험 문제도 풀었던 청년 세대에게 양성평등은 하나의 관념이 되었다. 그러나 믿는 세계와 너무도 일치하지 않는 현실을 직접 겪으며 좌절했다. 본인 뿐만이 아니라 상당히 많은 사람의 피해자가 존재하는 사실은 양성평등이라는 '보편적 관념'이 침해당한 것을 자각하게 했고, 전국적 운동으로 번질 수 있었다.

인권은 '인간이 인간답게 존재하기 위한 보편적이고 절대적인 인간의 권리 및 지위와 자격'을 의미한다.[39] 법의 관할 지역이나 민족, 국적 그리고 나이 등에 관계 없이 차별 받지 않을 권리가 있다는 개념이다. 현대 한국사회의 또 다른 큰 이슈인 '갑질 논란'[40]도 인권과 관련한 관념 충돌로 바라볼 수 있다. 소득 불평등과 고용의 불안정성이 만연한 오늘날에 갑을관계는 태어날 때부터 정해진 듯 견고하다. 현재 상태를 벗어

---

37 에릭 호퍼, 이민아 역, 『맹신자들』, (궁리 2011)

38 UN에서 정의하는 양성평등 (http://www.un.org/womenwatch/osagi/conceptsanddefinitions.htm)

39 국가인권위 역 《사회복지와 인권》 인간과 복지, 인간답게 살 권리가 헌법 34조에 규정.

40 2016년 5월, 국립국어원은 온라인 국어사전 '우리말샘'에 갑질을 신조어로 등록했다. 앞서 말했듯이 신조어는 그 시대 사회를 반영한다는 점에서 갑질문제 또한 한국사회의 중요한 이슈라는 것을 알 수 있다.

날 수 없는, 자유도 희망도 없는 청년들은 이미 연애, 결혼, 출산, 인간 관계 등 다양한 것들의 희망을 포기하는 'N포세대'가 되어있다. 그러나 이런 타고난 경제적 위치과 상관없이 여전히 인간은 인간답게 살 권리가 있다. 최근 갑질 논란들은 이러한 보편적 인권의 관념이 충돌하며 표면 위로 드러나기 시작했다. 2018년 4월, 대한항공 조현민 전 전무가 광고 대행업체와의 회의 자리에서 대행사 직원에게 물을 뿌리며 욕설을 퍼부은 '물컵 폭력'사건이 보도되었다.[41] 이 사건을 시작으로 대기업 오너 일가 뿐만이 아니라 직장 내에서 벌어지는 갑질 행위들이 폭로되고 있다. 간호사 태움문화, 사내 성추행, 열정페이 등 갑질은 사회 곳곳에 만연해있다. 아무리 태어날 때부터 '수저'[42]는 정해진다고 하더라도, 사람답게 살 수 있어야 한다는 보편적 관념을 무너뜨리는 수많은 사건으로 사람들은 분노를 느낀다.

이처럼 우리는 믿고 있는 관념이 어겨졌다고 판단되었을 때에 분노와 갈등을 일으킨다. 서로 다른 세대는 전혀 다른 관념을 가지고 있기 때문에 갈등이 일어나는 것은 불가피하다. 더욱이 현재 한국사회에 공존하는 서로 다른 세대는 짧은 기간 동안 각각 농경 사회, 산업사회, 정보 사회의 전혀 다른 역사적 환경을 경험했기 때문에, 관념의 차이가 다른 때보다 더욱 뚜렷하게 나타난다. 급격한 사회 변화로 인한 관념 차이를 역사적 맥락에 따라서 살펴보자.

---

41 출처 : 한겨레신문 (http://www.hani.co.kr/arti/economy/economy_general/841427.html)

42 영어 표현인 은수저를 물고 태어나다(born with a silver spoon in one's mouth)에서 유래한 말로, 2015년부터 대한민국에서 자주 사용되고 있는 사회 이론이다. 출처: 위키백과 (https://ko.wikipedia.org/wiki/%EC%88%98%EC%A0%80%EA%B3%84%EA%B8%89%EB%A1%A0)

세대간의 관념 차이 : 급격한 사회변화의 역사

1950년 6월, 한반도는 한국 전쟁으로 민족상잔의 비극을 경험했다. 한반도는 미국의 자유주의와 소련의 공산주의라는 대립 된 냉전의 축소판이었고, 이념은 팽팽하게 대립 되어 긴장 상태가 유지되고 있었다. 전쟁으로 인한 후유증 속에서 대한민국은 '반공'의 이데올로기로 지배되었다.[43] 집단의 이념이 균열 되는 것은 곧 몰락을 의미하였기 때문에, 한국은 '반공'이라는 관념으로 집단의 정체성을 명확히 해야만 했으며 북한이라는 '적'을 명확하게 설정함으로써 이를 해결하려고 했다. 그러다 보니 한국에서는 '자유=반공' 이라는 관념이 공식처럼 만들어졌다. 이는 사실상 개인적인 자율의 '자유'가 아니며, 다른 의미로 민족주의, 집단주의가 자리 잡았음을 의미한다.

한반도는 과거부터 오랫동안 중앙에 집중된 권력이 유지되어 왔고, 그에 따라 한국인의 의식 속에는 전통적으로 강한 권위주의와 집단적 위계질서가 자리 잡았던 역사가 있다.[44] 더욱이, 불과 60년 전까지만해도 한국사회는 농경사회로 가족 공동체 문화가 당연시되었다. 농경 사회에서는 생활 반경이 한 공동체 안에 머물 정도로 제한적이었으며, 일년에 몇 번 사용하지 않는 농경기구 등은 공동체가 함께 사용하는 일이 빈번했고, 관혼상제와 같은 행사에 있어서도 이웃의 도움이 반드시 필요했다. 게다가 조선인의 열등감을 심으려 노력했던 일제의 식민 지배의 아픔이 있었던 한국 민족은, 해방 이후 이에 대항하여 민족과 집단의 위대함을 증명하기 위한 끊임없는 노력이 있었다. 이런 모든 역사적 맥락에 따라서 현재 노인 세대는 집단, 민족, 그리고 반공의 일관된 관념

43 한지수, 「지배이데올로기와 재생산메카니즘」, 한국정치연구회편, 한국정치론, (백산서당 1989)
44 강준만, 『갑과 을의 나라』, (인물과사상사, 2013)

이 뿌리 깊게 자리할 수밖에 없었다. 이러한 관념은 현재까지도 병리적인 한국의 인맥 문화, 정답을 요구하는 사회 문화, 집단 이기주의 등의 토대가 되기도 한다.

그러는 사이, 1960-1970년대 한반도에는 서구식 자본주의에 기반한 '근대화'가 급격하게 일어나게 된다. 이는 '경제개발 5개년 계획'이라는 급격한 위로부터의 근대화였다. 국가에 의한 국가 사회 건설을 목표로 했기 때문에, 자율적인 입법을 추구하는 '법치주의'보다는 강한 통제를 기반으로 하여 행정권의 권위를 앞세우는 '외관적 법치주의'가 기반이 되었다.[45] 따라서 기존 농경 사회에서는 생존을 위해서 삶의 전반적인 것을 자급자족 형태로 삶에서 개인의 역할이 중요한 반면, 서구식 근대화 안에서는 모든 것이 규정 되어 인간은 하나의 '부품'으로서의 역할을 해야만 했다. 한국 근대화에서 인간은 경제 시스템을 위한 아주 작은 부속품이 되었다. 부속품화로 인한 많은 문제들이 있었지만, 발전에 보다 초점이 맞춰졌다. 이러한 문제점과는 상관 없이, 한국의 경제 사정은 결과론적으로 이전에 비해 크게 나아졌다. 하루 한 끼를 먹기도 버거웠던 생활은 근대화와 산업화를 거치며 크게 발전했다. 부동산 가격 상승, 임금 인상 등의 수혜를 입었으며 자연스럽게 '자본'에 대한 순리를 따르게 되었다. 이렇게 자본의 관념은 시작되었다. 이때의 세대는 급격한 근대화 및 자본주의로 인한 개인주의가 시작된 동시에, 윗세대에게는 여전히 이전의 유교, 집단주의를 강요 받는 과도기적 역사적 맥락을 가지고 있다. 게다가 급격한 산업화로 인해 급격히 발전한 경험과 지속적인 발전 강박은, '하면 된다'라는 논리를 만들었으며 기업을 위한 희생을 고귀한 가치로 포장하며 또 다른 성향의 집단주의를 만들었다. 윤리와 양심보다 자본이 우선인 '물질만능주의'가 적지 않게 팽배했으며, 집단주

---

45   김철, 「경제 위기 때의 법학」, (한국학술정보, 2009)

의와 맞물려 현재의 집단 이기주의 등 비합리적 기득권 집단 문화를 형성하는 토대가 되었다.

경제적 근대화와 함께 민주화와 노동 운동도 확산되었다. 군부 독재 정권에 맞서서 민주화를 추구하는 학생들을 중심으로 학생운동이 시작되었다. 이들은 반공 이념을 받아들이지 않는 것은 기존과 동일하나, 민족정신을 바탕으로 민주화를 받아들이며 독재정권을 거부했다. 운동이 확산되어 반미, 민주화, 민중 등의 서로 다른 이념으로 내부 노선 투쟁이 벌어지며, 추후 집단주의적이고 권위주의적인 관념을 더욱 강화하는 세대로 남게 되었다는 평이 있지만, 그럼에도 불구하고 그들은 격동적인 학생 운동을 통해 우리 사회가 앞으로 나아가야 할 방향을 제시하였다. 그들에게는 독재가 아닌 '자주적인 민주화'라는 관념을 기반으로 이를 위한 운동에 희생하였다.

현재의 세대는 '개인'으로서 학창시절을 보냈으며, '개인'으로 사회인이 된 세대이다. 우리나라의 최우선 국가 목표로 무엇을 꼽느냐에 대한 1997년과 2011년의 조사에서는 각각 '경제 강국 진입(46%)', '삶의 질 개선(56%)'의 상반 된 결과를 볼 수 있다.[46] 이는 집단이나 공동체를 우선시 하는 이전 관념이 붕괴되고 개인주의화가 일어났음을 보여준다. 최근 한국의 많은 대기업이 '워라밸(Work and Life Balance)'을 강력한 홍보 수단으로 이용하고 있는 것은 이러한 흐름에 발맞추기 위한 수단이다. 특정 요일에 이른 퇴근을 강제하는 '스마트 워킹데이', 출퇴근 지정 없이 매주 특정 근무 시간을 채우는 '탄력 근무제' 등 기업의 노력은, 집단을 위해 희생을 강요하는 기존의 관념을 탈피하는 젊은 세대를 겨냥한 노력으로 보인다. 자연스럽게 개인주의 세대의 정체성은 집단이 아니라 개인 자신에게 있기 때문에, 개인의 존재에 대한 필요 조건(인권, 정

---

46 매일경제 분노의 시대 특별취재팀, 「나는 분노한다」, (매일경제 신문사, 2012)

의, 언론의 자유 등)이 침해 될 때 분노를 표출한다. 이들은 다른 세대들과 다르게 추구하는 공통 된 이데올로기가 없다. 때문에 정치적, 경제적 이슈에 비교적 무관심한 세대로도 일컫게된다. 고착화 된 권력과 경제 계급을 독식하는 기득권에 대한 불신이 있기 때문에 정치적 활동은 기득권간의 밥그릇 싸움 뿐이라고 생각한다. 또한 취업난, 고용 불안정에 시달리는 이들은 치열한 경쟁을 통한 개인의 '생존'을 우선으로 생각해야만 하는 세대이기도 하다. 비록 치열한 경쟁에서 살아 남았다 하더라도 큰 희망을 꿈꾸지는 못한다. 수저 이론에 의해 이미 본인의 한계는 정해져있는 것을 알고 있기 때문에 무슨 노력을 해도 크게 나아질거라고 기대 하지 않는다. 기성 세대들의 '하면 된다'와는 크게 상반되는 태도이다. 자신의 삶을 돌보기 버거운 가운데 혼밥(혼자 밥먹기), 혼술(혼자 술마시기), 혼영(혼자 영화보기)가 흔하게 일어나며, 비혼주의도 전혀 이상하지 않다.

게다가 넘쳐 흐르는 정보와 함께 자라온 이들은 스마트폰과 전자기기가 본인의 뇌(brain)의 역할을 하는것에 익숙해져있다. 직접 기억하지 않고도 엄청난 많은 정보를 저장하고 필요에 따라 검색하여 바로 찾아 사용할 수 있다. 기술에게 강요당하는 사회를 살고 있으며, 살아남기 위해서는 새로운 기술을 습득해야 한다. 인간관계 또한 정보화 시대에 부합하는 방향에 맞춰야한다. 페이스북과 인스타그램의 휘발성 컨텐츠에 반응하며, 페이스북 등의 온라인 SNS로 지속되는 인간관계는 기존 인간관계는 전혀 다른 새로운 패러다임을 만들고 있다. 청년 세대는 이런 흐름 속에 맞춰 흘러가는 세대이다.

불과 100년도 되지 않는 시간 동안 한국은 급격한 역사적 사건을 많이 겪었다. 그리고 현재 공존하는 한국 사람들은, 짧은 시간 안에 1차 산업(농업, 어업 등), 2차 산업(제조업, 건설업 등), 3차 산업(서비스업 등)의 산업 형태를 모두 겪었다. 심지어 최근에는 '4차 산업' 혁명이 도입되었고, 인류가 겪을 수 있는 모든 산업의 형태를 모두 겪은 세대라고 해도 과언이 아니다. 이런 급격한 사회 변화는 각 세대의 관념 차이를 만들어 냈다. 노인 세대에게는 뿌리 깊게 박힌 공동체의 관념으로 인해 '조상을 모시는 일'이 큰 가치이다. 명절마다 음식을 만들어 제사를 지내며, 매해 벌초를 하는 것은 조상님을 위한 후손의 도리라고 생각한다. 우리가 온 뿌리를 잘 알고 섬기는 것이 가치 있는만큼 이 소중한 가치를 아랫세대가 이어나기를 바란다. 그러나 경쟁으로 시간과 마음의 여유가 없는 청년세대는 전혀 관심이 없다. 그들은 '홍동백서'같은 제사의 상차림조차 알지 못하며 오히려 윗세대의 집단주의, 위계질서 문화를 비판한다. 경제 발전을 위해 회사에 많은 시간을 희생 한 기성세대는 야근과 주말 출근을 하지 않으려는 청년 세대를 비판한다. 그러나 '해도 안된다'를 체득한 청년 세대는 무기력할 뿐이다. 맞고 틀리다의 문제가 아니다. 다른 관념을 가지고 있는 서로 다른 세대는 세상을 전혀 다른 시각으로 바라본다. 이들을 위한 보다 구체적이고 현실적인 방안이 있을까.

해결 방안: 관념의 차이를 인정하기

관념은 가변적이다. 시간에 따라서 끊임없이 바뀌어왔고, 사회와 문화에 따라서도 제각각이다. 그러나 사람은 본인이 속한 환경의 특성에 따른 특수한 관념을 가지고 살아간다는 사실을 인지하지 않으면, 본인의 관념이 '정답'이라고 판단하기 쉽다. 다른 관념을 가지고 살아갈 수 있다는 것을 인정하지 않으면서, 본인의 관념대로 세상이 움직여야만 한다는 마음으로는 소위 말하는 '꼰대'를 면치 못할 것이다. '모든 것은 변한다는 사실 빼고 다 변한다'라는 말처럼, 제각기 다른 관념들로 이 세상을 받아들이고 있음을 인정하는 것은 갈등 해소를 위한 필요조건이다.

관념은 가변적이기 때문에 절대적으로 객관적이지 못하다. 우리가 믿는 것에 '의심'을 가져야 한다고 주장했던 철학자 데카르트도 한 일화를 통해 '경험의 지배를 받는 인간'을 설명했다. 어느 날 데카르트는 문득 자신에게 사시(사팔뜨기)라는 신체적 결함을 가진 사람만 보면 왠지 친근감을 느끼고 이유 없이 호의를 베푼다는 성향이 있음을 자각한다. 그 이유를 찾으려고 애쓰던 데카르트는 결국 어린 시절에 한 소녀를 사랑한 적이 있었고, 그녀의 눈이 사시였음을 기억해 낸다. 데카르트는 사랑에 빠졌고, 그 소녀의 신체적 결함은 전혀 문제되지 않았다. 사시라는 결점은 그저 무의식적으로 좋은 감정을 촉발하는 계기가 되었던 것이다. 경험의 지배를 받는 인간은 어떤 선택의 순간에 부닥쳤을 때, 자신도 모르는 사이에 과거에 받은 감정적 충격이나 상처 때문에 종종 객관적인 판단을 내리지 못한다. 데카르트는 이 사소한 일화를 통해, 감정은 이성의 판단을 방해한다고 인정했다.[47] 각자가 경험한 것은 가치가 있는 자산이지만, 그것은 변화의 소지가 있는, 결코 절대적이지 않은 '관념'이라는 사실을 인지해야 한다. 그리고 개개인은 보다 합리적인 사고를 위해 노력해야 한다.

어떤 특정 사건에 대하여 상황에 따라 다르고 사람에 따라 다르다는 신조어인 케바케('case by case'의 준말), 사바사('사람 by 사람'의 준말)에는 불합리한 언쟁을 종결시키는 힘이 있다.[48] 즉, 서로간의 관념의 차이를 인정하게 해 준다. 서로 자신의 생각이 맞다고 상대를 굴복시키기위한 불합리한 언쟁에서 누군가 '그것은 케바케지.'라고 하면 그 언쟁은 종료

---

47 임병희, 「나를 지키는 힘-20인의 철학자가 전하는 삶의 중심 찾기」, (생각정원 2018)
48 대한민국의 인터넷 신조어 목록 위키백과 (https://ko.wikipedia.org/wiki)

된다. 모두는 경험과 생각이 다르다는데 어떻게 더이상 누가 맞다고 언쟁을 할 수 있겠는가. 케바케는 '모두 맥락과 관념이 다른 것인데 그것을 이해하지 않는다면 몰이해한 사람'이라는 뜻을 내포한다. 그래서 '내 가치관이 절대적으로 옳은 것이 아니며 무수히 많은 'case'들이 존재할 수 있다'라고 관념의 차이를 인정할 수 있게 한다. 이렇게 관념의 차이를 인정하는 것은 인정 하는 것만으로 서로 다른 관념을 이해하는 효과를 가져 올 수 있다.

열린 질문(Open question) 그리고 사례연구(Case study)

관념의 차이를 인정하는 것은 갈등 해결에 있어서 중요한 요소이다. 그리고 이러한 관념의 차이를 인정하기 위한 전제조건은 활발한 의사소통이다. 쌍방간의 의사소통을 통해 서로의 목소리를 내야만 관념 차이를 드러낼 수 있고, 이를 인정하는 갈등의 간극을 메울 수 있다. 그러나 앞서 세대 갈등의 문제에서 언급 한 것처럼, 현대 사회에서는 세대간의 갈등을 회피하기 위해 대화의 단절을 택하고 있다. 관념이 서로 다른 세대간의 대화는 서로의 감정만 상하게 상하게 하는 소모적인 대화라고 여겨지며 대화해도 바꾸지 않을 걸 알기 때문에 대화를 피한다. 대화가 이루어진다고 해도 '예', '아니오' 대화를 종결시킬 수 있는 닫힌 질문으로 대화를 하고 있다. 이는 의사소통을 단절 시켜서, 관념 차이를 인정하는 데의 장애물이 될 수 있다.

이를 해결하기 위해 우리는 보다 활발한 의사소통을 위한 'Open question'을 할 필요가 있다. Open question이란, '왜', '어떻게', '무엇을' 등의 구체적인 대답을 이끌어내는 질문이다. 보다 구체적인 질문은 보다 구체적인 대답을 만들게 되며, 이는 서로의 관념 차이를 인지할 수 있는 기회를 만들어준다. 대화의 문을 열어 관념의 차이를 인지할 수 있게 하는 이런 열린 질문은 큰 노력을 필요로 하지 않기 때문에 평소 생활에서 쉽게 실천 할 수 있다.

관념의 차이를 인정하고 그것이 절대적 가치가 아니라고 여기는 것이 중요하지만, 여전히 믿고 있는 관념에 따라서 행동하는 것은 지극히 당연한 이치이다. 관념 차이 인정 여부와 상관 없이, 여전히 우리 개인은 각자가 직간접적으로 경험 한 데이터베이스를 기반으로 만들어 낸 논리에 의지하여 특정 현상을 그에 맞추어 '해석'한다. 그러나 이를 다른 말로 하면, 한 상황에 대해 다양한 측면으로의 경험 데이터 베이스가 많을 경우에는 특정 하나의 논리로 현상을 해석하지 않을거라는 말이 될 수 있다. 즉, 경험이 많을수록 여러 입장 차이를 이해할 수 있는 공감능력의 폭이 넓어질 것이다. 인간은 환경에 지배되기 때문에 처한 상황에 따라서 우리 자신도 입장 차이가 달라질 수 있다.[49] 각자의 세대는 서로 이해를 못하지만, 본인들이 다른 세대의 상황에 있었다면 그들도 똑같은 행동을 했을 것이다. 서로의 행동을 이해하는 가장 좋은 방법은 직접 경험하는 것이다.

그러나 모든 것을 경험하기에 시간은 매우 한정적이다. 사례연구 (Case study)는 다양한 상황들에 대하여 본인이 특정 역할에 있다고 가정하여 역할극을 하거나 상황에 대해 토론하는 것으로, 간접적인 경험을 하기에 좋은 방안이다. 구체적인 상황들이 잘 설정되어 있다면, 본인이 직접 경험하지 않았음에도 특정 상황에 몰입함으로써 문제를 인식 할

---

49 EBS 다큐프라임(Docuprime), 〈제1부, 인간의 두 얼굴, 상황의 힘〉, 2008.08.11. 2003년 2월, 수많은 생명을 앗아 간 대구 지하철 참사 당시, 객차 안에서 찍힌 유일한 현장 사진에는 객차로 검은 연기가 들어와 가득 차 있지만 승객들은 당황한 기색이 전혀 없이 가만히 앉아 있다. 이 사진을 보는 사람들은 왜 가만히 있었는지 이해 할 수 없겠지만, 주변의 상황에 휘둘리게 될 수 밖에 없는 인간이기에 우리도 이 상황에서 똑같은 행동을 했을지도 모른다. 인간은 상황에 지배당한다.

수 있을 뿐만 아니라 전혀 다른 사람에 대한 이해력을 넓힐 수 있다. 자율주행자동차 윤리 해결 문제는 Case study의 좋은 예시로 들 수 있다. 자율주행자동차는 운전자가 아닌 인공지능이 인간을 대신하여 자동차 운전을 할 수 있는 인간 편의를 위한 기술이다. 그러나 그 기술로 안전사고가 발생하면서 자율주행자동차의 타당성에 대한 논쟁이 활발했다. 2016년 6월, 《Science》에 게재된 한 논문은 '트롤리 딜레마[50]'의 Case study의 응용을 통해 자율주행자동차의 윤리적 문제의 핵심을 명확하게 지적했다.[51] '인명 피해를 피할 수 없는 상황에서, 과연 누구를 희생양으로 삼도록 자율주행 알고리즘을 짜야 하는가'에 대한 윤리적 문제를 구체적 사례를 통해 각인시켰다. 근거 없이 단순히 자율주행자동차 시행을 반대하는 것이 아니라, 사례들에 몰입하여 사람들로 하여금 스스로 문제를 이해할 수 있게 했다. Case study는 해결 해야 할 문제를 명확하게 인식하게 하며, 다른 생각을 가지고 있는 사람을 이해하도록 한다.

세대 갈등의 문제에도 이러한 Case study를 이용할 수 있다. 상대방의 상황과 맥락이었다면 본인도 똑같이 지금과는 다른 생각을 했을 것이라는 것을 받아들여야한다. 모두 다른 역사적 맥락을 가지고 있는 각 세대들은 본인이 처하지 않았던 상황을 간접적으로나마 이해 할 필요가 있다. 본인과 가깝고 직접적인 영향이 있는 사람과의 적극적 대화가 가장 효과적일 수 있지만, 교육 기관을 기반으로 한 공교육 차원에서 체계

---

50 트롤리 딜레마는 윤리학의 사고 실험이다. 다음과 같은 사례에서 조치를 취하는 것이 도덕적으로 허용 가능한지를 묻는 실험이다. 사례 1:트롤리는 선로를 따라 달려오고 있고, 선로에는 다섯 사람이 있다. 당신은 선로 밖에 서 있고 다섯 사람을 구하기 위해서는 선로전환기를 당기면 되지만 그렇게 되면 다른 선로에 있는 다른 한 사람이 죽게 된다. 선로전환기를 당기는 행위는 도덕적으로 허용 가능한가? 사례 2: 트롤리는 선로를 따라 달려오고 있고, 선로에는 다섯 사람이 있다. 당신은 선로 밖에 서 있고, 바로 옆에는 상당히 무거운 사람이 한명 서 있다. 다섯 사람을 구하는 유일한 방법은 옆에 서 있는 사람을 선로 위로 밀쳐서 그 무게로 트롤리를 멈추게 하는 것인데, 이 경우 트롤리는 멈추게 되지만 그 사람은 죽게 된다. 이는 도덕적으로 허용 가능한가?

51 Jean-Francois Bonnefon, Azim Shariff, Lyad Rahwan, Science, 2016, 352, P. 1573

적으로 이루어 질 수 도 있으며, 미디어와 연구 기관을 기반으로 한 영화, 책, 논문 등의 개인적인 차원에서도 이루어 질 수 있다.

맺음말

현재 한국사회에 공존하는 여러 세대는 급격한 사회의 발전으로 인해 서로 다른 역사의 흐름을 경험했다. 각각은 다르게 형성 된 관념의 차이로 세상을 바라보았고 불가피하게 서로의 갈등이 만들어졌다. 더욱이 서로간 대화의 단절은 갈등을 더욱 심화시키고 있다. 이를 해소하기 위해서 우리는 먼저, 그것은 옳고 그름이 아니라 역사적 흐름 속에서 어쩔 수 없이 '다르게' 형성된 것들이라는 것을 인지해야한다. 본인이 그 상황에 있었다면 본인도 지금과는 전혀 다른 시선으로 세상을 바라 볼 것이다. 관념의 차이를 인지하는 것만으로도 많은 갈등은 해소 될 수 있다. 더욱이 활발한 의사소통을 위한 'Open question', 그리고 이해력과 공감 능력을 향상 시킬 수 있는 'Case study'는 갈등 해소를 위한 노력을 구체화하는 데에 효과적일 것이다.

현대 과학 기술은 편리한 삶을 만들고 막대한 시간 단축을 만들고 있다.[52] 지금까지의 급격한 발전은 시작에 불과할 정도로 빠른 사회 변화는 계속 될 것이다. 어떤 이상적인 가치가 실현 된다고 해도 아랑곳 않고 흘러가는 시간은 그것을 곧장 낡은 것으로 만들 것이다. 그리고 각 세대는 또 다른 형태의 갈등을 끊임없이 맞닥뜨릴것이다. 우리는 역사의 흐름이라는 큰 물줄기에서 벗어날 수 없다. 그 안에서 형성 되는 사회적, 정치적, 문화적, 시대적 관념 또한 우리의 의지와 상관없이 형성

---

52 Juniper Research, 「Smart cities- what's in it for citizens?」 Source: www.juniperresearch.com

된다. 이것은 누구의 잘못도 아니며, 틀린 것은 없다. 더불어 살아야 하는 세상이기에, 서로의 차이를 인정하고 이해하기 위해 노력한다면 보다 합리적인 갈등으로 이루어진 성숙한 사회로 나아가지 않을까 기대해 본다.

2017년 수상작

현대 한국사회의 '개별 집단'과 '전체 사회'의 균형추로서의 '시민'에 대하여

―물리학적 사유로 사회의 다양성, 시민의 주체성을 바라보며

송은호(서울대학교 대학원 생물물리 및 화학생물학 전공)

사회의 다양성, 자연 그 자체의 자연스러움에서

우리는 질서가 있는 무엇인가가 질서를 잃어가는 과정을 '자연스럽게' 받아들였다. 하지만 물리학자에게는 그런 자연스러움을 '그냥' 받아들이는 것이야 말로 자연스럽지 않았다. 그런 이유로 물리학자는 '그냥 내버려둔' 어떤 상태가 특정 상태로 나아가는 과정에 관여하는 물리량을 찾으려고 노력하였고, 그 노력의 소산이 바로 '엔트로피(entropy)'이다. 엔트로피라는 개념을 정의하는 데에 있어서 가장 중요한 통찰은 우리가 흔히 쉽게 생각하는 자연스러움이라는 느낌을 '경우의 수'라는 개념으로 정량화한 데에 있다. 우리가 어떤 상태가 다른 상태에 비해서 자연스럽게 느끼는 것은, 그 상태가 가지는 경우의 수가 많기 때문이다.

쉬운 예를 들자면, 위나 아래를 가리키는 열 개의 화살표들이 있다고 하자. 만약 이들 화살표가 가려진 상태로 무작위로 위나 아래를 가진다고 할 때, 몇 개의 화살표가 위를 가지는지 질문한다면 대다수 사람이 5를, 아니면 4나 6을 답하는 경우가 많다. 대다수 사람은 열 개 중에서 4~6개가 위의 방향을 가지는 것이 '자연스럽게' 느끼기 때문이다. 이런 '느낌'은 경우의 수의 문제로 정당화 될 수 있는데, 이들 화살표가 모두 위를 향하는 경우의 수는 1가지 밖에 존재하지 않는다. 반면, 열 개 중에서 하나는 아래로 향한다는 가정을 넣는 순간 10가지를 가지게 되고, 위와 아래가 각각 다섯 개식 구성되면 무려 252가지를 가지게 된다. 우리가 '자연스럽게' 느끼는 것은 이런 간단한 수학적 계산으로 정당화된다.

자연스러움이 정당화되면 우리는 주변에 있는 모든 '질서 있는 것'에 대해 의문을 품을 수밖에 없다. 단적으로 생명체는 대단히 정교한 체제 (system)인데, 이런 맥락에서 보면 이런 '질서 있는 체제'가 유지되는 것은 대단히 자연스럽지 않다. 물리학자는 이런 '자연스럽지 않음'에는 분명한 원인이 있다고 보았고, 그 원인으로 그 질서 있는 체제를 유지하기 위해서 끊임없이 에너지를 소비한다고 보았다. 쉽게 생각하면 도서관의 서가가 잘 정돈된 것은 도서관이 그 정돈된 상태를 유지하기 위한 에너지를 계속 소비하기 때문, 말하자면 사서들이 끊임없이 에너지를 소비하면서 정돈된 서가를 유지하기 때문이다. 즉, 어떤 체제가 잘 정리되거나 정렬되었다면 거기에는 분명 이유가 있다는 것이다.

자연과학에서 논의된 일련의 '자연스러움'에 대한 논의를 일반 사회에 적용해보자. 모든 사람이 동일한 생각을 가지는 것에 비해서, 서로 다른 생각을 가지는 것이 어쩌면 자연스러운 현상일지 모른다. '생각'의 형성 과정이란 대단히 복잡한 과정이기 때문에 상대적으로 가까운 사람이 있을지는 모르지만, 모두가 세세하게는 다른 생각을 가질 수밖에 없다. 물론, 과거 전체주의 사회와 같이 극단적인 사회가 존재했을지 모르지만, 그런 사회가 만들어진 데에는 '생명체'에 대한 논의와 마찬가지로 원인이 있었고, 그 원인은 개인의 자유에 대한 지나친 억압이었다. '개인'의 가치가 존중받는 현대한국사회는 전체주의 사회와 같이 모두가 동일한 생각을 가지는 것은 쉽지가 않다.

사회 구성원의 주체성, 작용과 반작용의 연속 속에서

앞서 자연과학에서의 '자연스러움'에 대한 논의를 통해서 사회 구성원이 모두 동일한 생각을 가지는 것은 쉽지 않다는 것을 알 수 있다. 그럼에도 한국현대사를 살펴보면 대다수 국민이 동일하지는 않더라도, 적어도 비슷한 생각을 가진 점이 있을 수 있다. 대한민국이 실질적인 주권을 회복한 광복이래, 민족국가로서의 대한민국의 발전을 도모하는 민족주의, 자유주의 시장경제가 구현되는 자유민주주의, 국가 구성원이 정치적 자유를 누리는 정치적 민주화 등의 생각은 상당수 국민이 공유해온 생각이다. 그렇다면 물리학자가 그런 생명현상을 봤을 때, 그 원인을 생각했던 것처럼 이런 사회 전반이 특정한 생각을 공유한 데에 대해서 그 이면의 이유를 생각해볼 수 있지 않을까?

많은 물리현상은 특정 계(system)에 외력이 작용한 데에 대한 반작용으로서 나타나는 경우가 많다. 이런 현상을 분석하는 데에 있어서도 이런 관점을 그대로 적용할 수 있는데, 많은 사회 현상도 결국에는 어떤 특정 현상의 반동(反動)으로서 나타난 경우가 많기 때문이다. 한국사회의 민족주의는 일제에 의한 국권침탈 과정에서 민족 개념이 유린당한 데에 대한 반발, 자유민주주의는 근대화 과정에서 한국의 시장을 갖추지 못해서 원활한 경제활동이 안 되는 데에 대한 자각, 정치적 민주화는 군부독재와 같은 과정에서 개인의 가치가 '실종'되었던 데에 대한 문제의식의 발로로서 각각 나타났다고 볼 수 있기 때문이다.

한 사회에서 '자연스러움'을 넘어서 비슷한 생각을 공유한 데에는 대개 그 사회에 어떤 강력한 외력이 작용한 경우가 많다. 앞서 살펴본 한국사회뿐만 아니라, 다른 사회도 작용한 외력과 그 결과는 다르지만 그런 '작용-반작용'의 양상은 비슷하게 나타난다. 예컨대, 미국사회의 경우에는 여권신장운동, 흑인인권운동, 노예해방운동, 반전운동 등은 그 내용은 다르지만, 각각 성별(gender), 인종, 신분에 의한 차별에 대한 반발이나 국가가 국민을 전쟁에 동원하는 것에 대한 문제 제기에 의해 나타났다.

혹자는 이런 '작용-반작용'에 대해서 부정적인 시각을 가질 수 있다. 1과 1을 더하면 0이 되듯이, 그런 사회 현상에 대한 작용에 대응하는 현상과 그에 대한 반작용에 대응하는 현상이 동시에 일어나면 결국 무위(無爲)에 불과하고, 결국에는 그저 사회적 갈등 소모에 불과하다는 것이다. 이런 생각은 대개 사회적 변화를 사회적 소모 행위로 간주하는데, 잘 생각해보면 그 자체로 모순적인 부분이 있다. 그들의 주장은 일견 물리학에서 보존력(conservative force)에 대응되는 것으로 보인다. 보존력에 의해서 물체가 아무리 움직여도 '제 자리'에만 돌아오면 어떤 일도 안 일어난 것이나 마찬가지라고 보는 것이다. 과연 그럴까. '갈등 소모'에 불과하다는 데에서 이미 보존력이 아님을 시사하고 있다.

분명히 '갈등 소모' 과정에서 사회는 어떤 에너지를 쓰고 있다. 그런 의미에서 사실 1과 1을 그대로 더하는 것이 아니라, 각각의 절댓값을 더하는 것이라 보는 것이 좋을 것이다. 즉, 1의 절댓값 1과 1의 절댓값 1을 더해서 2가 되는 과정이라는 것이다. 물론, 사회 현상에 대해서는 사회 구성원 각자가 가치를 바라보는 시각이 다르기 때문에 그 정도에 차이가 날 수 있을지 모르지만, 분명하는 것은 작용과 반작용이 이루어

진다고 해서 무위로 끝나는 것이 아니라, 어떤 '무엇인가'를 만들어낸다
는 것이다.

가장 먼저 생각할 수 있는 것은 만약 그런 '반작용'이 성공을 한다면,
그 자체로 그 '반작용'이 추구한 바가 이루어질 것이다. 여권신장운동이
시작한다면 그 사회의 성별에 따른 차별이 상당 부분 완화될 것이다. 하
지만 그런 차별의 해소 이전에 여권신장운동이라는 운동 자체의 효과를
간과해서는 안 될 것이다. 사회운동에는 그 운동의 가장 앞에 서는 사람
도 있고, 뒤늦게 동조하는 사람도 있지만, 분명한 것은 분명 그 운동에
있어서의 '주체'가 되는 자가 반드시 존재하게 된다는 것이다. 사회의
객체에서 주체가 된다는 것은 대단히 중요한 바인데, 남성의 객체로서
의 여성과 여성 그 자체로서의 주체는 다르기 때문이다. 어쩌면 그런 사
회운동에서 그 결과로서 얻어지는 바도 중요하지만, 그 과정에서 객체
였던 누군가가 비로소 주체가 되는 부분의 의미는 크다고 할 수 있다.

사회를 움직이는 추진력, 모두 바라보는 사회 구성원 속에서

어떤 공간에 아주 다양한 방향으로 힘이 존재한다면, 그 힘은 존재하
지 않는 것이나 마찬가지일 것이다. 힘과 같이 벡터(vector)로 표현되는
양은 그 값을 더해서 0이 된다면 없는 것이나 마찬가지가 될 것이기 때
문이다. 마찬가지로, 어떤 사회에서 사회 구성원이 '객체'로서 존재하고
그 힘이 무작위로 존재한다면 존재하지 않는 것이나 마찬가지겠지만,
만약 어떤 이유에서 각 사회 구성원이 특정 방향으로 적절히 나열(align)
이 된다면 말이 달라진다. 어떤 공간의 모든 벡터가 동일한 방향으로 향
하면 아주 큰 크기를 가지는 벡터가 되듯이, 어떤 사회에서도 모두가 동

일한 목표를 가지면 목표를 향한 큰 힘이 된다.

이와 같이, 한 사회가 동일한 목표를 가지면 그렇지 않은 사회에 비해서 목표를 더 잘 달성할 개연성이 생기는데, 일례로 박정권 체제 아래에서 나온 연설물과 출판물을 분석한 전재호(2009)에 따르면, 국가비상사태를 선포한 이후의 시기(1972~1979)를 국민총화(國民總和)기로 명명하고, 국가주의, 군사주의, 반공 이데올로기가 담긴 정책을 실현하기 위해서 민족주의 담론으로서 이 시기에 꾸준히 제시하였다고 한다. 일례로, 당시 정권에서 정면으로 내세운 '우리는 민족중흥의 역사적 사명을 띠고 이 땅에 태어났다.'로 시작하는 국민교육헌장은 모든 국민이 '민족중흥'을 위한 밀알이 될 것을 주장한 텍스트였다. 허은(2010)은 이에 대해서, 당시 학자들은 '물질적 근대화'만큼이나 '정신적 근대화'가 중요하다고 보았고, 양자를 포괄하는 종합적인 국가발전상을 제시하기 위해서 꾸준히 '정신적 근대화'를 강조하였다고 보았다.

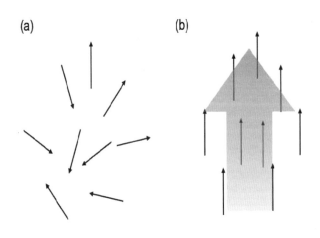

이런 당시 정권 차원의 움직임은 상당한 효과를 이루었는데, 전후 최

빈국에서 벗어나지 못했던 대한민국이 지금의 '대한민국'으로 발전한데에는 시각에 따라 정도는 다르지만 당시 박정희 정권의 정책이 유효했던 것은 사실이다. 이런 발전은 빌 앤 멜란다 게이츠 재단이 "한국은 많은 원조를 받는 나라에서 상당한 원조를 주는 나라로 변신한 유일한 예로, 내가 자주 소개한다."라는 말[최현묵(2011.11.05)]에서 알 수 있듯, 한국의 경제 발전은 기적이자 모범 사례로 언급되고 있다. 하지만 이 기적의 이면에는 모든 국민을 동일한 목표에 동참하게 하는 정치적 수사가 있었기에 가능하였다.

하지만 소위 '총화(總和)'라 불리는 통합을 이끌어내는 정치적 수사도 일정 부분 한계가 있을 수밖에 없다. 단적인 예로 한국의 사례와 같이 모든 국민이 만들어진 힘이 '발전'이라는 방향으로 갔다면 문제가 없지만, 만약 이 힘이 적절하지 않는 방향으로 간다면 돌이키기 힘든 오류에 빠질 수 있다. 제2차 세계대전 당시 나치 독일의 사례나, 군국주의 일본의 사례는 모든 국민이 동일한 생각을 가지고, 그 생각이 적절하지 않는 경우에 어떤 부작용이 나타나는지 잘 보여주는 사례라고 볼 수 있다. 또, 이런 오류가능성을 치하하더라도 자발적인 '총화'가 아니라 타의에 의한 '총화'를 강요하는 과정에서, '전체'의 가치가 '개인'의 가치를 누르게 되는 상황도 적절하다고 볼 수 없다. 현대사회가 민주주의를 추구한다는 점에서 볼 때, 개인의 가치는 존중 받아 마땅하다.

박정희 정권 시절의 조국근대화 과정에서 나타난 작용과 반작용 과정에서 한국사회에서는 '근대적 국민'이 탄생하였고, 그에 맞는 국민의식이 신장된 것은 사실이다. 분명, 왕조사회에 일부 계층에 한정된 '교육'에 대한 관심은, 근대사회에서는 모든 계층으로 확대되었고, 국가 발전을 견인하였다. 또, 역설적으로 봉건시대 잔재를 타파하기 위한 반작용으로서의 조국근대화 담론은, 이후 다른 담론에 대한 '작용'으로서, 정치적 민주화 운동이라는 또 다른 '반작용'을 불러일으켰다. 이런 근대화 과정에서 올라간 교육수준은 단순한 지식의 양적 증대에 머무르지 않고, 그 전에 한반도에 존재하지 않던, 어떤 의미에서 '근대적 시민'을 만드는 기작으로서 작동하였다.

AOE, 보고자 하는 것에 맞춘다는 생각 속에서

박정희 정권의 조국근대화 정책이 양면성을 가지고 있음에도 불구하고, 그 과정에 새로운 '근대적 시민'을 만들었다는 논의는 '성숙한 시민의식'을 찾는 고민을 하는 자를 우울하게 한다. 왜냐하면 새로운 시민의식은 그 사회 전반의 문제의식에 기인하는데, 민주주의 사회에서는 그런 거대담론으로서 전체 국민을 묶는 것은 쉽지 않기 때문이다. 물론, 동일본대지진이 세계인에게 '원자력'이라는 에너지 담론에 대해서, 다시 한 번 생각하게 하는 계기를 만드는 등의 사례가 있다. 하지만 이 경우는 대개 상당한 비극(tragedy)에 기반 하거나, 다원화된 현대 사회의 한 측면(aspect)만 바라보게 하는 한계가 분명히 존재한다.

역설적이게도 현대 한국사회는 지금까지 걸어온 한국사회가 발전해온 덕분에, 더 이상 구조적으로 '쉽게 묶이지 않는' 국민이 구성하는 사회가 되었기 때문이다. 그렇다면 더 이상 한국사회에서는 시민의식을 발전시킬 수 없는가? 하지만 이런 절망적인 질문에 대한 대답은 광학(optics)을 연구하는 물리학자로부터 실마리를 얻을 수 있다. 광학에서 중요한 주제 중에서는 렌즈나 거울과 같은 광학기기를 이용해서 관찰하는 물체의 상이 특정 표면에 맺히도록 하는 문제이다. 이런 문제를 해결하는 데에 중요한 것은 광학기기를 어떻게 배치할 것인지를 정량적으로 설계하는 문제이다. 이 과정은 대개 광학기기나 물체를 그에 대응하는 적절한 행렬에 대응하고, 그렇게 대응시킨 행렬을 정량적으로 계산하는 것을 통해서 설계하게 된다.

이런 방법은 비교적 단순한 물체에 대해서는 성공적이었고, 이런 정량화 시키는 방안은 광학 발전에서 유효하게 작용하였다. 하지만 일상에서 마주하는 대부분의 물질은 대단히 복잡한 형태라서, 그에 맞는 적절한 행렬을 구성하기 어렵다는 점이다. 그런 이유에서 당시 수학적으로 충분히 표현한 물체에 대해서만 충분한 광학적 해석이 가능하였다. 하지만 최근 의료 환경에서 이용하는 생체 분자의 영상화 과정에서는 이러한 문제가 반드시 해결되어야 하는 문제였다.

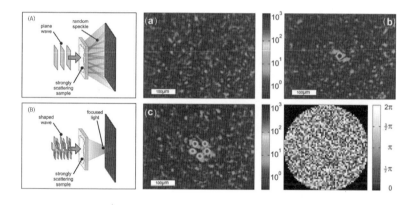

최근에 이러한 문제에 대한 실마리는 다양한 방식으로 시도가 되고 있는데, 그 중 한 가지 접근은 다듬어진(shaped) 파동을 입사하는 방안이다. 과거에는 단순한 형태의 평면파(plane wave)를 넣었었는데, 그러지 말고 입사하는 빛 자체를 다듬어서 이용하자는 전략이다. 평면파를 넣고 그 빛의 초점이 맞는 것을 기대하지 말고, 애초에 '초점이 맞도록 다듬어진' 빛을 이용하자는 것이다. 하지만 이 방법이 이루기 위해서는

빛을 다듬기 위한 상당량의 계산을 해야 하는 데에 있는데, 최근 여러 가지 기계학습(machine learning)이나 연산기술 발달로 이 부분이 극복할 수 있는 범주에 들어섰다.

광학에서 이런 일련의 문제해결 방안은 보상광학(적응광학, adaptive optics)의 영역에 속하게 되는데, 이런 접근 방식은 우리에게 '동일한 형태의 입력이 필수적인가?'라는 근본적인 질문을 남긴다. 그 질문에 대한 대답으로 물질의 각 부위마다 '그에 맞게' 다르게 작용하도록 빛을 다듬는 것은 어떤가라는 해결책을 내놓았다. 그리고 '그에 맞게' 다듬는 데에 필요한 장치인 AOE(보상광학 요소, Adaptive Optical Element)를 찾는 것이다. 그렇다면 실제 한국사회에는 광학에서 찾은 AOE는 존재하지 않는가?

한국사회의 AOE를 찾아서

이런 관점에서 본다면 놀랍게도 한국사회에는 이미 그에 맞는 AOE가 등장하고 있다. 바로 정보화 과정에서 나타난 정보통신 기술이다. 현대 한국사회에서는 더 이상 국가에서 제시하는 단일한 평면파를 거부하고, AOE로서의 인터넷 커뮤니티에 다듬어진, 자신에게 맞는 빛을 능동적으로 찾아가고 있다.

그런 정보통신 기술 중에 대표적인 것은 바로 인터넷 커뮤니티인데, 인터넷 커뮤니티는 단순히 일부 개인의 동호회의 기능을 하는 것으로 여겨졌다. 하지만 강원택(2002)은 인터넷 커뮤니티였던 '노사모(노무현을 사랑하는 사람들의 모임)'에 주목하였는데, 당시 16대 대선에서 노사모는 더 이상 단순한 동호회를 넘어서 현실정치에 적극적으로 변화시키는 주체로서 작용하였다. 또, 과거 한국사회에서 소홀하게 다루어진 기업 피해자 문제나 젠더 문제 등도 다양한 인터넷 커뮤니티 등을 통해서 해결하는 양상이 나타난다.

인터넷 커뮤니티가 한국사회에서 이런 기능을 할 수 있는 것은, 시공간적 한계를 넘어서게 해주었기 때문이다. 소수자 문제의 경우에는 상대적으로 공간에 있어서 분산되어 있고, 또 문제의 민감성으로 인해서 오프라인에서 서로를 인지하는 것이 어려웠기 때문이다. 하지만 인터넷 커뮤니티에서는 그런 공간의 문제는 물론, 어느 정도 정보의 제한을 통해서 외부에 노출되지 않은 상태에서 인지를 하는 것도 가능하게 되었다.

이런 과정에서 과거에는 산발적으로 존재해서 그 존재가 희미했던 문제가, AOE로서의 인터넷 커뮤니티는 그 문제의 초점을 맞추고 있다. 가령, 가습기 살균제 문제만 하더라도 현재 밝혀진 사망자만 1,000여 명인데, 한국 인구로 생각해보면 50만 명 중에서 한 명이다. 만약 인터넷 기술이 없었다면 50만 명 중에서 살균제 피해자를 찾는 것은 대단히 어려운 문제였고, 그런 이유에서 사회 이슈화가 되지 않았을지 모른다. 하지만 그 1,000명이 모인다면 결코 사회에서 간과할 수 없는 사회문제로 대두되기 때문이다.

어쩌면 한국사회에서는 이미 AOE로서의 인터넷 커뮤니티 기술이 보편화된 사회일지 모른다. 가장 먼저 제시한 자연세계의 '자연스러움'에 의해서 한국사회는 다양화되고 있으며, 그 다양화된 사회에서 각자에 주어진 '작용-반작용' 과정을 통하는 과정은 자신의 '정체성'을 찾아 나서고 있는 여정이라고 볼 수 있다. 그리고 그 정체성은 과거 국가에 의해 부여된 정체성이 아니라, 각자 자신에게 맞는 정체성을 스스로 찾아가는 과정이라고 볼 수 있다. 하지만 이런 인터넷 커뮤니티에 의해서 자신의 정체성을 찾아가는 과정에는 문제점이 없을까.

가장 큰 문제점은 사회에서 찾은 AOE는 사회 전체를 비추지 않고 일부만 비추는 경우도 있고, 왜곡된 모습을 비추는 경우도 있기 때문이다. 인터넷 커뮤니티는 과거에 비해서 정치적 다양성이나 사회 담론의 다양성을 증진한 데에는 이견이 없지만, 그 중에는 문제의 본질을 흐리거나 왜곡하는 경우가 있기 때문이다. 한희정(2016)은 최근 한국의 사이버공간은 정제되지 않은 언어와 혐오 표현이 여과 없이 이용되고 있으며, 이른바 '일베'나 '소라넷'과 같은 사이트에서는 젠더, 이주민, 성소수자에 대한 혐오 표현이나 반인간적 범죄자에 대한 옹호와 미화가 아무렇지도 않게 유통되고 있다고 지적하였다. 이런 일군의 우리 사회의 AOE가 사회적으로 밝혀져야 할 사실뿐만 아니라, 사회적으로 지양되어야 할 사실까지도 여과없이 상을 맺게 하기 때문이다.

이와 같이, 부분적으로 사회의 모습을 비추거나, 왜곡된 모습을 비추는 것은 평등주의나 사회권 인식, 그리고 공동체적 연대감을 약화시키는 것으로 작용기 때문이다. 최현(2006)에 따르면 이런 가치는 사회시민적 시민권을 확대할 수 있는 요건으로 작용[Fraser(1998), 재인용]하기 때문이다. 최현(2006)은 이에 대해서 IMF 경제 위기 상황에서의 사회 안전망의 없었던 점, 국가주의 해체 과정에서 공동체 이념을 정립하지 못한 점을 지적하고 있지만, 최근 앞서 제시한 극단적인 커뮤니티에 의한 공동체적 연대감이 약해지고 있다고 생각할 수 있다.

분명 인터넷 커뮤니티는 비슷한 가치를 공유하는 개인을 모이게 해서 집단(cluster)을 만들지만, 그 집단 사이의 연결 고리가 없다면 한 사회를 여러 집단으로 나누는 효과를 낳게 된다. 즉, 일부 극단 성향의 여성 커뮤니티는 과거 젠더 문제의 소수자였던 개별 여성을 모이게 함에 따라서 개별 여성 수준에서 공론화하지 못했던 다양한 문제를 제기하고 해결하는 데에 일조하였지만, 일부 문제에서는 커뮤니티가 '여성-비(非)여성' 구도가 강화됨에 따라서 또 다른 갈등을 야기하는 경우도 존재한다.

이런 '개별 가치의 연대성'이 '사회 전반의 연대성'을 압도하는 상황은 시민의식을 약화하는 경우 두 가지 문제점이 야기가 될 수 있다. 한 사회 안에서 특정 생각을 가진 사람이 모이는 과정에서 적절하지 못한 방향으로 구성원의 생각이 정렬이 되고, 이 과정에서도 강력한 힘이 만들어지는데 그 힘이 적절하지 않은 목적으로 쓰일 수 있는 부분이다. 한편, 개별 가치의 연대성이 지나치게 강조하게 되면 사회 전반에 통용되는 '보편적 시민'이 아니라 각 집단 안에서만 통용되는 '나누어진 시민'이 만들어질 것이다.

한국사회의 AOE, 매개 커뮤니티가 필요할 때

한국사회 구성원은 각자에게 맞는 다양한 인터넷 커뮤니티를 찾고, 그 과정에서 기존에 사회에서 공론화되지 못한 문제가 본격적으로 공론화되었다. 하지만 그 과정에서 '개별 가치의 연대성'이 '사회 전반의 연대성'을 보지 못하는 문제가 있다는 부분이 있었다. 이 문제도 물리학적인 관점에서 본다면, 결국 보고자 하는 대상의 전체 이미지는 가지지 못하고, 그 대상의 일부분의 나누어진 여러 이미지밖에 가지지 못한 상황으로 볼 수 있다.

어쩌면 한국사회에 필요한 것은 이렇게 나누어진 여러 이미지를 하나로 묶는 과정이 필요한 것이다. 굳이 물리학적인 문제로 생각하지 않더라도, 동일한 대상의 각 부분을 찍은 사진을 한 데 모으기 위해서는 각 사진에 겹치는 부분이 있어야 할 것이다. 그래야 그 겹치는 부분을 실마리로 삼아서 두 사진을 이을 수 있을 것이기 때문이다. 한국사회도 '개별 가치의 연대성'과 '사회 전반의 연대성'의 균형을 맞추기 위해서라도, '겹치는 부분'을 만들어야 할 것이다.

겹치는 부분, 사회를 구성하는 각각의 집단을 매개하는 집단이 필요하다는 것이다. 하지만 이 매개 집단을 만드는 것은 쉬운 문제가 아닌 것으로 보인다. 가령, 세대 갈등이 심하다고 해서, 공적 영역에서 인위적으로 '청년세대 커뮤니티'와 '노년세대 커뮤니티'를 잇는 '세대교차 커뮤니티'를 만드는 식의 접근은 애초에 그런 커뮤니티를 만드는 것도 어렵거니와 설령 만든다고 해서 그런 커뮤니티의 호응이 제한적일 수밖에 없다.

오히려 나누어진 집단을 인위적으로 잇는 이른바 '매개 커뮤니티'를 생각하기보다, 다양한 가치관을 가진 사람을 자연스럽게 흡수하는 토론의 장을 만드는 것이 좋을 것이다. 이전에 지역 정보화도서관에서 '문고책 읽기' 프로그램이 있었는데, 이 프로그램은 소위 '문고책'으로 출판되는 다양한 저서에 대해서 지역 저명인사를 중심으로 토론을 진행하는 모임이었다. 이런 공개적인 모임의 경우에는 세대, 성별, 학벌 등에 상관없이 다양한 집단의 사람들이 모여서 토론하기 때문에 평소 일상생활에서 만나지 않는 다양한 집단의 사람들이 의견을 주고받게 된다.

독서모임이 사소해 보일 수 있지만, 특정 사회에 존재할 수밖에 없는 다양한 균열에 상관없이 다양한 사람이 다양한 의견을 주고받는 것은 '개별 가치의 연대성'과 '사회 전반의 연대성' 사이의 균형을 맞추기 때문이다. 어떤 집단의 극단성이란 그 집단의 구성원이 지나치기 단일한 생각을 가져서 비판이 가해지지 않아서 생기는데, 만약 앞서 제시한 '매개 커뮤니티'를 경험한 사람들에 의해 자성의 목소리가 나타날 수 있다.

어쩌면 이런 매개 커뮤니티를 경험한 사람들은 '때로는 방화범의 역할, 때로는 소방수의 역할'을 하는 역할을 할 것으로 기대된다. '개별 가치의 연대성'이 강조된 집단에서 간과하는 담론에 불을 붙이는 방화범의 역할과 해당 커뮤니티 안에서 해결 안 되는 문제를 해결하는 소방수의 역할을 모두 해야 하기 때문이다. 혹자는 최근 극단화되는 커뮤니티가 '매개 커뮤니티' 정도로 해결될 것인지 반문할지도 모른다.

물론, 극단화되는 커뮤니티에 대해서 이런 '매개 커뮤니티'를 경험한 사람들로 모두가 해결이 안 될 것이고, 일부 위법 행위에 대해서는 엄중한 법의 심판도 이어져야 할 것이다. 하지만 앞서 살펴본 바와 같이 어디까지나 '사적인 영역'에 속하는 각각의 커뮤니티에서 공적 권력이 개입할 여지는 대단히 제한적이고, 공적 권력은 어디까지나 '방화범이자 소방수'를 양성해서 커뮤니티의 극단화를 막을 수밖에 없다.

한편, 그렇다면 그런 '방화범이자 소방수'를 양성하는 것에 대한 현실성에 대한 질문이 남을 것이다. 하지만 앞서 살펴본 바와 같이 공공 도서관 등에서 '토론의 장'을 마련하는 것을 통해 충분히 가능한 영역이다. 공공 영역에서도 이미 이루어지고, 이룰 수 있는 영역이 많은데, 앞서 살펴본 사례와 같이 전국의 공공 도서관에서 다양한 토론 프로그램을 운영한다든가, 지역 거점 대학을 중심으로 다양한 토론 프로그램을 개발할 수 있다.

나오며 . 사회의 각 집단과 사회 그 자체의 조화를 이루는 '시민'을 찾아서

'시민의식'이라고 하면 과거 권위주의 사회의 '조국근대화의 밑알'로서의 시민이라든가, 도덕재무장 운동의 성과로서의 시민을 쉽게 떠올린다. 사실 그런 연상이 자연스러운 것은 이 글에서 제시하였듯, 분명 어떤 때에는 분명 '시민'이란 어떤 거대 담론에 대한 작용과 반작용의 소산으로서 만들어졌기 때문이다. 하지만 한국사회는 자연스럽게 몇 개의 거대담론에 의해 정해지는 것이 아니라, 아주 다양한 생각을 가진 집단에 의해 결정된다.

특히, 과거에 초점을 맞추지 못하던 상을 AOE가 상을 맺게 하듯이, 정보화는 한국사회의 그런 다양한 생각을 인터넷 커뮤니티로서 체화를 하였고, 그런 다양한 생각이 다양한 집단으로의 체화 과정은 분명 긍정적인 결과를 내놓았다. 하지만 일부 극단적인 커뮤니티는 한국사회에 여러 가지 우려를 자아내게 한 것 또한 사실이다. 물론 그런 다양성의 부작용으로 말미암아 다양성을 저해하는 조치를 취할 수도 있고, 문제가 띠는 집단에 대한 대대적인 규제를 할 수 있다.

하지만 전자는 다양성이 커지는 자연적인 흐름에 역행하는 처사이고, 후자는 공적 권한이 인위적으로 사회의 다양성을 재단할 수 있다. 특히, 공적 권한의 인위적인 재단의 부작용은 최근 한국사회를 뒤흔든 국정농단 사태에서 잘 볼 수 있는 사례였다. 그런 의미에서 '사회의 각 집단'과 '사회 그 자체'의 균형은 각 집단의 위법행위에 대한 사법적 판단이라는 강경책과 매개 커뮤니티를 통한 '방화범이자 소방수'를 통한 집단의 극단화를 완화하는 방향으로 진행해야 할 것이다. 이런 조치를 통해 '사회의 각 집단'과 '사회 그 자체' 사이의 적절한 균형이 이루어질 때, 비로소 한국사회는 진정한 의미의 '현대 시민'의 '성숙한 시민의식'이 만들어질 것이다.

참고문헌

논문

1. 강원택(2002). 「세대, 이념과 노무현 현상」, 사상

2. 전재호(1999). 「박정희 체제의 민족주의」, 한국정치학보

3. 최현(2006). 「한국 시티즌쉽 (citizenship)」, 민주주의와 인권

4. 한희정(2016). 「이주여성에 대한 혐오 감정 연구」, 한국언론정보학보

5. 허은(2010). 「박정희정권하 사회개발 전략과 쟁점」, 한국사학보

6. Fraser, Nancy, and Linda Gordon(1998). 「Contract Versus Charity: Why Is There No Social Citizenship in the United States?" in The Citizenship Debates: A Reader. edited by G. Shafir. Minneapolis:」, University of Minnesota Press

7. Vellekoop, Ivo M., and A. P. Mosk(2007). 「Focusing coherent light through opaque strongly scattering media.」, Optics letters

일간지

1. 최현묵(2011.11.05). 「한국, 원조 받다 원조 주는 나라로 변한 모범사례」, 조선일보

골든타임 10년, 방치하면 인재(人材)를 잃고 인재(人災)를 낳는다

김동우(포스텍 전자전기공학과), 정재엽(서울시립대학교 전자전기컴퓨터 공학부),

정금옥(영남대학교 경찰행정학과)

프롤로그

2023년 4월의 어느 날, 한 30대 후반 여성이 전국에 몇 군데 남아있지 않은, K문고를 방문한다. 그녀는 3D프린터 업계 홍보마케팅을 담당하는 잘 나가는 커리어우먼으로, 혼기가 찼으나 결혼의 필요성을 느끼지 못해 싱글의 생활을 즐기고 있다.

요즘은 책을 다 온라인으로 사다 보니 오프라인 서점을 찾기가 쉽지 않지만, 여전히 아날로그 감성을 그리워하는 그녀는 주말마다 시간을 내어 K문고를 방문한다. K문고를 들어간 그녀는 10년 전 자신의 모습을 떠올려본다. 대형서점에 가서 베스트셀러 코너 및 신간도서 코너를 돌아다니며 어떤 책을 살까 고민하던 자신의 모습……. 그러나 그런 생각을 하는 것도 잠시, 웨어러블(wearable) 기기는 그녀의 데이터를 분석해서 추천 책 목록을 보여준다. 그녀는 고민의 여지없이 책을 선택하고, 그와 동시에 드론이 책을 찾아서 가져다 준다. 드론에 장착된 결제기에 카드로 결제를 하고 나서 그녀는 K문고를 유유히 빠져나간다.

원하는 책을 사고 결제하고 서점을 나오기까지 걸린 시간은 단 10분! 편리하고 좋으면서도 왠지 모를 아쉬움에 서점을 뒤돌아보는 그녀의 손에는 『인성이란 무엇인가』『취업난, 1인 기업으로 극복하기』『IOT시대의 모순』이라는 책 3권이 쥐어져 있었다.

위의 이야기는 10년 내 가상의 어느 날의 사회상을 담아 미래를 그린 것이다. 먼저, 혼기가 찼음에도 결혼을 하지 않는 커리어 우먼은 여성의 사회진출과 결혼율이 감소하는 우리 사회의 모습이다. 다음으로, 전국에 몇 개 없는 오프라인 서점은 과학기술의 발달로 인한 오프라인 매장의 소멸과 온라인의 지배를 상징하고 있다. 또한, 웨어러블 기기를 통한 책 구매는 스마트폰 시대를 넘어서 곧 도래할 사물인터넷 시대의 생활 모습을 보여주고 있다. 책을 배달해주는 드론 또한 앞으로 무궁무진한 잠재력을 가지고 있는 존재로서 그 모습의 일부를 보여주고 있다. 마지막으로, 그녀가 산 책 3권 『인성이란 무엇인가』『취업난, 1인 기업으로 극복하기』『IOT시대의 모순』은 10년 내에 가장 중요한 이슈가 될 '인성의 부재'라는 문제와 이와 관련 있는 10년 내의 사회 문제들을 담고 있는 것이다.

위의 책들 중에서도 『인성이란 무엇인가』라는 책의 제목을 주목할 필요가 있다. 이 책의 제목을 선택한 데에는 이유가 있는데, 바로 책이야말로 사회상을 잘 반영하는 하나의 매체이기 때문이다. 그 대표적인 예로는 하버드대 교수 마이클 센델의 『정의란 무엇인가』와 서울대 김난도 교수의 『아프니까 청춘이다』를 꼽을 수 있다. 두 책 모두 엄청난 주목을 받았으며 그 공통점은 바로 사회의 현실을 잘 담고 있다는 점이다. 전자의 책은 예전에 비해 부정의가 넘쳐나는 현대 사회 모습을 잘 담고 있고, 후자의 책은 3포 세대(연애, 결혼, 출산-3가지를 포기하며 살아가는 세대)라는 용어를 낳을 만큼 살아가기 힘든 사회 현실을 담고 있다. 이와 마찬가지로, 가상 시나리오에서의 『인성이란 무엇인가』라는 책 또한 2023년 즈음, 그 사회의 모습을 오롯이 담아내는 책이 될 것이다. 즉, 이 책의 제목은 향후 10년 내에 가장 이슈가 될 것이 바로 '인성의 부재'가 될 것임을 시사하고 있다.

제1장. 인성의 부재가 심각해지는 원인은 무엇인가

서론에서 『인성이란 무엇인가』라는 책이 10년 내 어느 날의 모습을 잘 담은 책이 될 것이라고 하였다. 이는 인성의 부재가 현 사회의 흐름에 따른 불가피한 현상이기 때문이다. 그렇다면 인성의 부재가 향후 10년 내에 그토록 심각해지는 이유는 무엇일까? 그 원인은 현재 우리 사회의 문제 속에서 찾을 수 있다.

인성부재의 첫 번째 원인은 결혼율이 급격히 감소하고 이혼율은 증가하며, 맞벌이 부부가 더욱 늘어나면서 부실해지는 가정교육이다. 여성의 사회적 지위가 높아지면서 더 이상 결혼은 필수가 아니라 선택이 되었다. 결혼에 대한 달라진 사고방식을 가진 현 20대들. 그들이 몇 년 후 결혼할 시기가 되었을 때의 결혼율은 상당히 낮을 것이다. 결혼율 뿐만 아니라 출산율도 낮아질 전망인데, 한 취업 포털이 20대 이상 여성 1,203명을 대상으로 출산의식을 조사한 결과, 미혼 여성들을 중심으로 출산기피 경향이 매우 높았던 것에서 이를 충분히 예측할 수 있다. 또한 결혼을 하더라도 요즘은 자녀를 2명 이상 낳지 않으려 할 뿐만 아니라 자녀가 없는 부부인 딩크족(DINK: Double Income, No Kids)도 늘어나는 추세이기 때문에 우리나라의 출산율은 급격히 감소할 것이다.

이렇게 출산율이 낮아지다 보면 대부분은 한 자녀 가정이 될 것이다. 외동의 자녀는 가정과 사회에서 귀하게 여겨지며 자랄 것이고 형제.자매와 부대끼며 자랄 때보다 배려, 공감, 양보 등의 인성적 요소를 체득하기 힘든 환경 속에서 살아가게 될 것이다. 더불어, 여성의 사회진출로 인해 맞벌이 부부가 늘어나다 보면 부모가 가정에 소홀해지고 인성교육의 핵심인 가정교육이 부실해질 확률이 높다. 늘 그런 것은 아니지만, 같은 시간이 주어졌을 때 평균적으로 맞벌이 부부의 자녀들이 그렇지 않은 자녀들보다 부모와 대화하는 시간이 적을 수밖에 없다. 부모와의 대화를 많이 할수록 인성이 올바를 확률이 높다는 여러 연구 결과들을 토대로, 앞으로 가정이 붕괴되고 가정교육이 소홀히 되는 추세는 우리 사회에 인성이 부재하는데 큰 영향을 끼칠 것이다.

위에서 살펴본 것처럼, 출산기피 경향이 심해지면서 한 자녀만 낳는 가정이 많고 핵가족화로 인해 조부모님과의 접촉도 뜸한 지금, 부모와의 대화는 더 부족해지고 인터넷 기기와 소통하는 시간만 늘어난다면? 게다가 이혼율까지 높아진다면? 이런 시대에 우리 아이들이 올바른 인성교육을 받기란 쉽지 않아 보인다. 결국, 올바른 인성교육을 못 받는 현 세대의 어린 아이들에게, 그리고 그것을 대수롭지 않게 여기는 부모가 되어버릴 현 20대들에게 '인성의 부재'라는 문제가 심각해질 것이라는 예측은 너무나 당연해 보인다.

인성부재의 두 번째 원인은, 고령화로 인해 공교육 예산을 확보하기 어려워지면서 인성교육의 장인 학교가 사라지기 때문이다. 공교육의 장인 학교는 학생들이 본격적으로 사회에 나가기 전에 겪는 하나의 작은 사회로서 인성교육의 장이기도 하다. 즉, 초·중등학교는 공부의 목적 외에도 다양한 경험들을 접해보고 친구들과 상호작용하는 공간이다. 이 곳에서의 다양한 경험들이 모여서 인성의 틀이 마련되고 동료 학습자들과의 상호작용은 그 틀을 더 견고하게 한다. 이렇게 인성의 틀을 마련하고 더욱 단단히 하는 장소인 '학교'를 유지 및 지탱하는 것이 바로 공교육인 것이다.

그러나 뉴스 및 신문기사에서도 볼 수 있듯이 현재 공교육의 힘은 점점 약해지고 있고, 의료기술의 발달로 고령화가 심각해지는 앞으로의 공교육은 그 힘이 더 약해질 수밖에 없다. 그 이유는 정부가 고령화를 대비하여 의료 및 사회보장제도를 마련하기 위한 비용을 확보해야 하기 때문이다. 의료비용 및 사회보장제도를 위한 복지 예산이 증가하면 그만큼 공교육에의 예산이 줄어들게 되는데, 지금도 부족한 예산이 더 줄어든다면 앞으로 초·중등 공교육 지원 시스템을 그대로 유지하기란 쉽지 않을 것이다.

고령화 시대……. 복지 예산을 삭감할 수는 없는 정부로서는 이에 대한 대비책으로 2가지를 선택할 수 있을 것이다. 첫째, 한 때 이슈가 되었던 철도 민영화와 같이 공교육을 민영화 하는 것. 둘째, 아이비리그 대학 등 일부 국가에서 실시하고 있는 '개방형 온라인 교육'을 수용·확대하는 것. 곧 도래할 사물인터넷(IOT)시대의 흐름을 반영한다면, 정부는 후자의 '개방형 온라인 교육'을 선택할 확률이 높다. 학부모와 학생의 입장에서도 이 선택을 지지할 확률이 높은데, 우수한 수업과 강의를 손쉽고 저렴하게 들을 수 있기 때문이다. 특히 10년 내에 반드시 찾아올 IOT시대에 온라인 교육은 오프라인 교육과 비교할 수 없는 힘을 발휘할 수 있다. 그 이유는 미래학의 아버지라 불리는 토마스 프레이 박사의 인터뷰-2020년에 우리는 모든 곳에서 정보를 얻고 500억 개가 넘는

IOT장치를 사용하고 있을 것이고, 2024년경에는 전 세계에 1조개의 센서가 설치되어 있을 것-에서 추론할 수 있다. 즉, 개방형 온라인 교육은 각종 기기의 센서를 이용하여 학습자의 교육 데이터를 수집할 것이고, 이 교육 데이터를 기반으로 학생 맞춤형 교육을 실시할 수 있기 때문에 학생 및 학부모의 선호도가 높아질 수밖에 없다. 이러한 교육계의 흐름은 홈스쿨링을 본격화 시킬 것이고, 그로 인해 공교육의 장인 학교는 10년 내에 급속도로 줄어들어 서서히 사라지게 될 것이다. 그 결과, 아이들은 학교에서 동료 학습자들과 상호작용하며 배울 수 있는 공감, 소통, 양보, 배려, 이해 등의 인성적 요소를 자연스럽게 체득할 기회를 잃어버리게 될 것이다.

더 큰 문제는 초.중등교육에서 끝나지 않을 것이라는 점이다. 지금도 교육 분야의 예산이 부족해 골머리를 앓고 있는 정부는, 대학교육에도 서서히 개방형 온라인 교육을 취하게 될 확률이 높다. 대학, 그곳은 더 다양한 사람을 만나고 사회생활에 적응하는 방법을 배워나가야 하는 곳이다. 그런데 '칸 아카데미 사이드' 'edX' '무크' 와 같은 형태의 개방형 온라인 교육 시장이 활성화되면 현장 강의 속에서 옆 동료들과 소통하며 수업을 듣는 모습은 서서히 사라지게 된다. 그러다 결국, 우리는 지금보다 훨씬 개인주의적인 대학생 및 사회인의 모습을 보게 될 것이다.

대학은 단순히 지식을 습득하는 장소를 넘어서 리더의 자질을 기르는 곳이라는 점을 기억해야 한다. 따라서 사회성, 협력, 공동체 의식 등의 인성적 요소는 소홀히 치부하고 지식적인 요소만 중요시하면서 서서히 변해가는 위와 같은 교육계의 흐름은 비판적인 눈으로 바라볼 필요가 있다.

인성부재의 세 번째 원인은 취업난으로 인해 1인 기업 창업 시대가 활성화되면서 심해지는 개인주의이다. 유엔미래보고서에 따르면 현재도 심각한 취업난에 엎친 데 덮친 격으로 2030년이 되면 현존 일자리의 무려 80%가 소멸, 변환될 것이라고 한다. 서론의 가상 시나리오에서 드론이 책을 배달해준 것처럼, 드론과 같은 로봇이 앞으로 사람들의 영역을 침범할 것이라는 예측은 부정할 수 없다. 최근 주가를 올리고 있는 3D프린터의 사례만 보아도, 한 때 사람이 담당했던 제조업 영역을 차지하면서 사람이 설 자리가 매우 줄고 있음을 확인할 수 있다. 앞으로는 드론, 3D프린터 및 각종 로봇들이 그 영역을 더욱 넓히면서 사람들이 설 자리를 차지하여 취업난은 더욱 심각해질 것이다.

취업난 속에서 살아남기 위한 방법으로, 대니얼 핑크는 1인 기업 창업 시대가 열릴 것이라고 언급했다. 1인 기업 창업이란 자신만의 기술로 하나의 프로젝트를 부여 받고 이를 수행한 후에 그에 해당하는 보수를 받는 형태의 일자리를 의미하는데, 1인 기업으로 성공한 대표적인 사례로 마크 주커버그와 빌 게이츠가 있다. 이러한 1인 기업은 앞으로 더욱 활성화 될 것으로 예상되는데, IOT시대에는 모든 기기가 초 연결되기 때문에 혼자 일해도 충분히 성과를 낼 수 있는 사업적인 환경이 마련되기 때문이다. 특히, 간섭 받기를 싫어하고 스마트폰 만으로도 혼자 시간을 잘 보내는 오늘날의 젊은이들에게 1인 기업 창업은 매우 매력적으로 느껴질 것이다. 그 이유는 1인 기업은 기존의 기업과 달리 위계질서가 없고 회사 내 적응도 필요 없으며 무엇보다 자신의 기술로 쉽게 취업을 할 수 있다는 큰 장점이 있기 때문이다.

이처럼, 1인 기업 창업은 젊은이들이 취업난을 극복할 수 있는 대안이 될 수 있음에는 틀림이 없다. 그러나 1인 기업 창업은 협력과 팀워크를 그다지 필요로 하지 않는다는 장점이자 단점이 있다. 혹자는 1인 기업 간 협력이 종종 필요하다며 반박하기도 한다. 그러나 문제는 이것이 '일시성을 가진 협력'이라는 데 있다. 일시적인 협력은 프로젝트가 완성

되면 끝나버리는, 이해관계에 의한 단기적인 협력이다. 이러한 환경 속에서 사람들의 개인주의 성향은 더욱 강해지고 공동체 의식 및 협동심은 약화될 확률이 높다.

이러한 현상이 축적되다 보면, 소위 인생의 3막이라고 불리는 사회생활을 통해 인성을 견고히 다지고 상호소통 및 이해심을 배울 기회는 사라지고 말 것이다. 이것이, 인성의 부재가 더욱 심각해지게 되는 마지막 원인이다.

글 서두에서, 『인성이란 무엇인가』라는 책이 2023년 즈음에 발행되어 한국인들의 주목을 받을 책이 될 것이라는 추측을 하였다. 가상 시나리오이긴 하지만, 이는 결코 단순한 추측에 지나는 것이 아니라는 것을 명심해야 한다. 앞서 말한 현 사회의 문제들-결혼율 감소, 이혼율 및 맞벌이 부부의 증가, 심각한 고령화 그리고 취업난 속 1인 기업 창업 시대의 도래-은 '미래의 주역인 지금 세대와 자라나는 세대의 인성 부재가 심각해질 것'이라는 단순한 추측을 자명한 사실로 만들어 주고 있다.

제2장. 향후 10년, 인성의 부재가 왜 '가장' 중요한 이슈가 되는가

제4의 물결은 파도를 일으킬 뿐, 파도 밑의 사정은 따로 있다.

향후 10년, 우리 사회는 사물인터넷(IOT)시대로 접어들 것이다. 이는 여러 전문가들에 의해서 사실(fact)로 인정받고 있다. 저명한 미래학자 엘빈 토플러는 '제1의 물결은 농업혁명이었고 제2의 물결은 산업혁명이었으며 현재 제3의 물결은 정보화 혁명이고, 다음에 밀려올 제 4의 물결은 사물인터넷 혁명이다.'라고 언급했고, 미래 경제학자 제레미 리프킨도 제4의 물결로서 초 연결 경제 혁명을 언급했다. 미국의 네트워크 산업에서 각광받는 기업인 CISCO 또한 사물인터넷 시대가 올 것임을 확신했다. CISCO에 따르면 2020년에는 무려 370억 개의 기기가 인터넷상에 연결될 전망이라고 한다. 이를 토대로, 향후 10년 내에 IOT시대가 올 것임을 알 수 있다.

그렇다면, 10년 내 우리 사회가 당면할 가장 중요한 이슈는 IOT 일까? 이 질문에 대해서는 다시 한 번 생각해볼 필요가 있는데, 제 3의 물결이었던 정보화 시대를 돌이켜보면 그 이유를 알 수 있다. 21세기 정보화시대를 돌아보면, 우리 사회가 당면한 가장 중요한 이슈는 TV, 스마트폰, 인터넷 등의 정보화 매체이라기보다는 그 정보화 매체들로 인해 사회에 큰 혼란을 주는 문제들인 경우가 많았다. 즉, 그 사회를 들썩이게 하는 중요 이슈는 그 시대의 물결을 일으킨 것 '자체'라기보다는 그것으로 인해 나타난 '부정적 결과' 즉 그 이면인 것이다. 과학기술이 발전하면 늘 그 뒤의 어두운 면 때문에 논란이 되는 것처럼 말이다.

따라서, 이 글은 IOT시대가 곧 도래한다는 점과 그 영향력을 인정함에도 불구하고 10년 내에 우리 사회가 당면할 가장 중요한 이슈로서 제4의 물결인 IOT 그 자체를 들지 않는다. 오히려, 초 연결 기술로 인해 생겨날 여러 문제들에 초점을 맞추고 있다.

IOT시대가 오기 때문에, 인성의 부재는 더 큰 사회 문제를 가져 온다

최근 엄청난 흥행을 가져온 〈어벤져스〉에는 인공지능 '울트론'이 등장한다. 그러나 지구의 평화를 위해 탄생한 울트론은 인류를 멸망시키려 하는 최대의 적이 된다. 그 이유는 무엇이었을까? 바로, 인공지능 울트론을 만든 토니 스타크의 바르지 못한 생각이 울트론에게 영향을 주었기 때문이다. 이처럼, 기술이 아무리 뛰어나다 하더라도 그 기술을 이용하는 주체인 사람의 생각이 그릇되면 그 기술은 절대 올바르게 사용

될 수 없다. 여기서, 우리는 왜 '인성의 부재'가 10년 내 가장 중요한 이슈가 되는지를 짐작할 수 있다. IOT라는 기술이 등장하면 그 기술 자체는 우리의 삶에 자연스럽게 녹아들 것이다. 그러나 문제는 그 기술을 악용해서 개인 데이터를 집단 노출시키는 등 고도의 지능형 범죄가 큰 사회문제로 대두될 수 있다는 점이다. 지금의 지능형 범죄와는 그 규모와 피해가 다를 것인데, IOT시대는 개인 데이터를 기반으로 해서 사물 간에 초연결 되어있다는 특성이 있기 때문이다. 이는 한 국가가 흔들릴 수 있을 만큼 큰 규모의 피해를 낳을 수 있기 때문에 각 국가는 보안 네트워크 망을 구축하는데 힘을 쓸 것이다. 하지만 그 또한 사람이 만드는 기술이어서, 이 보안을 뚫으려는 또 다른 기술이 다시 개발될 것이다. 결국, 사람들의 삶을 편리하게 하기 위해서 개발된 IOT기술이 또 다른 사람에 의하여 사람들의 삶을 더 불편하게 하는, 악순환이 지속되는 것이다.

과학기술이 나날이 발전하는 IOT시대에 이 악순환의 고리를 근본적으로 끊을 수 있는 방법은 하나 뿐 이다. 바로, 올바른 판단력과 의사결정능력 그리고 양심을 가지도록 하는 것. 올바른 판단력, 의사결정능력, 양심은 인성에서부터 비롯되고, 인성이 부재하는 IOT시대에 우리는 결코 밝은 미래를 기대하기 힘들다. 이것이 왜 IOT 시대일수록 인성의 부재가 더 심각한 문제가 될 것인지, 그 이유에 대한 답이다.

우리나라의 유일한 자원은 '인재'이기에, 인성의 부재는 더 심각한 문제

'한국의 저 출산, 고령화 문제는 날로 심각해져서 한국의 발목을 잡을 것이다.' 미래학의 아버지 토머스 프레이가 얼마 전 인터뷰 한 내용이다. 이에 덧붙여, 한국의 저출산, 고령화 문제는 현재 한국의 재능과 기지로는 극복하기 힘든 문제라며 그 심각성을 언급하기도 했다. 그렇다면, 타 국가들에 비해 한국에서 저출산, 고령화 문제가 더 심각하게 조명되는 이유는 무엇일까? 바로, 우리나라가 경쟁력을 가질 수 있는 자원은 '인재'이기 때문이다. 『앞으로 10년, 한국 없는 중국은 있어도 중국 없는 한국은 없다』 등 다수의 책에서도 천연 자원은 부족하고 땅은 좁으며 인구는 많지 않은 우리나라가 10년 후 중국과 함께 하려면 인재 자원을 성장 동력으로 삼아야 함을 강조하고 있다. 이를 토대로, 우리나라에서 미래 성장 동력 자원이 인재이며, 이들을 양성하는 것이 얼마나 중요한지를 다시 한 번 깨달을 수 있다.

그렇다면, 우리나라 자원이 인재이기 때문에 인성 부재가 더욱 심각한 문제라는 것은 무슨 의미일까? 우선, 우리나라 인재 개념을 살펴보면 그 의미를 알 수 있다. 흔히 '인재'하면 유·소년층의, 미래의 주역이 될 자라나는 세대들을 떠올린다. 하지만 좀 더 넓게 생각하면 중·장·노년층도 놓쳐서는 안 될 우리나라의 중요한 인재이다. 특히, 저출산, 고령화가 심각해지는 우리나라는 유·소년층은 줄고 중·장·노년층은 크게 늘어나는 상황을 당면하게 될 텐데, 이에 대해 걱정만 할 것이 아니라 두 층의 인재를 잘 활용하려는 발상의 전환이 필요하다. 즉, 두 층의 인재를 잘 이용하여 사회 발전에 이바지 하도록 하기 위해서, 줄어드는 유.소년층의 인재들은 가능한 놓치지 않도록 하면서도 그들이 중·장·노년층의 인재들과 잘 협력하여 시너지 효과를 내도록 해야 하는 것이다. 이 때 필요한 것이 바로 '인성'인데, 만약 사회에 인성이 부재하게 된다면 두 층의 인재 간에 세대 차이 및 사고방식 차이로 인한 충돌이 발생하게 될 것이다. 이는, 인재가 미래 성장 동력자원인 우리나라에 엄청난 손실이다.

다음으로는, 한국의 한 천재 이야기를 통해 인재가 자원인 우리나라에서 인성의 부재가 큰 문제라는 의미를 더 잘 이해할 수 있다. 5살 때

미적분을 풀고 8살 때 대학생들과 수업을 같이 들었으며 11세에 미 항공우주국(NASA)에 들어갔던, IQ 210의 한국 천재를 기억하는 사람이 있을지 모르겠다. 천재소년이었던 그는 현재 한국에서 두 아이의 아빠이자 교수로서, 과거의 화려한 경력에 비해 너무나 평범한 삶을 살고 있다. 물론 그는 지금이 더욱 행복하다고 하지만, 우리나라는 엄청난 인재를 놓친 셈이기에 안타까울 수밖에 없다. 그의 인터뷰에 따르면, 지적인 영역만 추구한 그는 제 나이에 느끼고 행할 수 있는 것들을 누리지 못했으며, 그 결과 사회성이 떨어져 사회의 일원으로 적응하기가 힘들었다고 한다. 즉, 인성이 뒷받침되지 않은 인재는 그 시작은 뛰어났을지 모르지만 끝에는 진정한 인재가 되기 힘든 것이다. 이에 대해 동국대학교 석좌교수이자 교육계 혁명가인 조벽 교수는 '인재의 핵심요소인 창의력은 긍정심, 모험심 그리고 여유가 있어야만 가능한 것'이라 주장하면서 인성의 중요성을 언급했다. 특히, 최근 트렌드인 창조경제시대에는 창의력이 경쟁력이다. 인성이 기반이 되어야 진정한 창의력을 발휘할 수 있다는 점에서 인성의 중요성은 더욱 강조될 것이다. 마지막으로, 인성이 중요한 가장 중요한 이유 중 하나는 바로, 국가에 진정으로 기여할 인재란 그 마음가짐이 단순히 '나의 성공' 이 아니라 '우리의 성공'이 될 수 있어야 하기 때문이 아닐까.

결국, 인재를 미래 성장 동력으로 삼아야 하는 우리나라는 그 어떤 측면보다 인재들의 인성이 부재하지 않도록 힘써야 한다. 저출산으로 인해 줄어드는 유.소년층을 단 한 명도 소홀히 하지 않고 인재로 키워내기 위해서. 그리고 이들이 고령화로 인해 늘어나는 중.장.노년층 인재와 발을 맞춰가며 시너지 효과를 내기 위해서. 마지막으로, 국가에 기여할 창의적인 인재로 길러내기 위해서 '인성'은 무엇보다 우선되어야 한다.

제3장. 인성의 부재, 그 대처방안은 무엇인가

지금까지 우리는 현대 사회의 문제 속에서 인성이 부재할 수밖에 없는 원인을 살펴보고, 10년 내 한국사회가 당면할 가장 중요한 이슈가 다른 것이 아닌, 왜 인성의 부재일지에 대한 이유를 알아보았다. 그 결과, 현재 한국의 사회문제와 미래에 도래할 한국의 모습 모두가 하나의 공통 주제로 수렴됨을 알 수 있었다. 즉, 저출산, 고령화, 취업난 등 여러 현대사회 문제의 화살촉이 공통적으로 '인성의 부재'라는 과녁을 향하고 있었고, IOT시대 및 인재 자원 등 향후 미래의 전망 또한 같은 곳을 가리키고 있었다. 이를 시각화하면 다음과 같다.

〈그림 1〉 인성 부재와 사회 문제들과의 관계

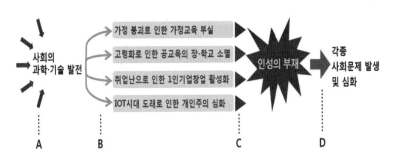

바꿀 수 없는 것은 과감히 내려놓고, 변화시킬 수 있는 것에 집중하라

〈그림 1〉을 보면 사회의 과학.기술 발전으로부터 시작해 화살표 4개 (A, B, C, D)가 있고, 그 결과 우리의 삶을 불편하게 하는 사회문제들로 귀결됨을 알 수 있다. 우리는 이 4개의 화살표 중에 하나의 고리를 끊어야만 사회문제의 발생과 심화를 막을 수 있다. 당신이라면 어떤 화살표를 선택하겠는가?

우선, A는 사회의 과학.기술 발전을 촉진시키는 외부의 것들로서 우리가 쉽게 끊을 수 없는 고리이다. 우리가 스마트폰의 밀려듦을 막을 수 있었는지 생각해보면 왜 A를 끊는 것이 불가능한지 이해할 수 있을 것이다. 그렇다면, 화살표 B는 어떨까? 단순히 생각하면 B의 고리를 끊는 것이 가장 효과적으로 보인다. 그러나 미래학자 토머스 프레이가 언급했듯이, 가정의 붕괴를 막고 고령화를 방지하며 취업난을 극복하는 것은 현재 한국의 재능과 기지만으로는 단기간에 해내기 쉽지 않은 것이다. 위의 문제들은 단기간 뿌리 뽑기 힘든, 현대 세대들의 '사고방식'과 관련되어있기 때문이다. B에서도 특히 IOT시대가 도래하는 것을 막는 것은 제 4의 물결을 막는 것과 같기 때문에 이것은 거의 불가능하다고 할 수 있다. 그렇다면, 우리가 집중해야 할 화살표는 무엇일까? 바로, 화살표 C이다. 인성의 부재로 향하는 화살표 C는 다른 화살표보다 비교적 쉽게 끊을 수 있다. 이를 끊기 위한 가장 현실적이고도 효과적인 키(KEY)-그것은 바로 '교육'이다. 교육의 예로서 는 다음과 같은 것들을 생각해 볼 수 있다.

뇌 공학의 발전, 교육에 접목시켜 이용하라

　천재 우주물리학자 스티븐 호킹은 100년 내에 로봇이 사람을 지배할 것이라고 예견했다. 즉, 뇌 공학이 급속도로 발달하면서 인공지능을 지닌 로봇이 사람을 능가 및 지배한다는 것이다. 100년까지 가지 않더라도 머지않아 뇌 공학이 크게 발전하리라는 것을 알 수 있는데, 유명한 발명가이자 미래학자인 커즈와일에 따르면 2029년에 컴퓨터가 인간의 지능을 능가할 뿐 아니라 가까운 미래에는 자신의 뇌를 컴퓨터에 업로드(upload)하는 시대가 올 것이라고 한다. 이처럼 미래 유망 키워드 중 하나이며 새로운 패러다임을 가져올 뇌 공학을 활용하여, 뇌의 특성을 파악하고 이를 교육과 접목시킨다면 인성 부재를 막는 하나의 방법으로 사용할 수 있을 것이다.

예를 들어, 0-12살 까지 뇌의 거의 대부분이 형성되며 이때 교육받은 것은 쉽게 바꾸기가 어렵다는 뇌의 특성을 토대로 초등교육에서 커리큘럼에 변화를 주는 방법이 있다. 이는 우리나라 뇌 과학 전공 김대식 교수가 한 인터뷰에서 언급한 것으로서 뇌의 유연성이 높은 시기에는 수학, 물리 등 불변의 진리를 가르치고 이후에 역사, 사회, 윤리 등의 개념을 가르치는 것이다. 이렇게 하면 인성과 관련된 신념이나 성향이 잘못 주입되는 것을 막을 수 있다. 또 다른 방법으로 17-19세까지 성격, 독립성, 사회성을 주관하는 전두엽이 발달된다는 특성을 반영하여 동료관계 관리 프로그램을 실시하는 방법이 있다. 이와 함께 올바른 가치관을 정립할 수 있도록 상담 프로그램을 지금보다 더 내실 있게 실시하면 효과는 배가 될 것이다. 마지막으로, 일반 동물과 달리 뇌가 형성되는 결정적 시기가 여러 번 있을 것으로 추측되는 사람 뇌의 특성을 교육과 접목시킬 수도 있다. 결정적 시기 때마다 가정교육이 채워주지 못하는 부분을 국가적 차원에서 초·중·고등교육과 연계하는 것이다. 최근 맞벌이 부부 및 이혼 등으로 가정교육이 부실해지고 가정이 붕괴되어 학생들이 제대로 된 가정교육을 받지 못하는 경우가 많다. 향후 10년, 이러한 사회현상은 더 심각해 질 것이기 때문에 '평생 사랑 프로젝트' 등의 이름으로 부실한 가정교육을 채워줄 수 있다. 하지만 턱없이 부족한 교육 예산으로 이 프로젝트를 지원하기에는 무리가 있을 것이다. 따라서 대학생들 사이에서 성행하는 재능기부를 적극 활용하여 1:1 멘토-멘티 제도를 사용하거나, IOT기술을 긍정적으로 활용하여 학생 심리 및 학습 데이터를 토대로 재능기부와 결합시키는 방법도 생각해볼 수 있다. 이 프로젝트가 형식적으로만 끝나지 않도록 정부는 가이드라인을 만들어 배포하고 각 학교의 교사는 가이드라인에 따라 대학생과 학생 사이를 관리한다면, 가정교육이 부족한 우리 사회에서도 충분히 인성의 부재를 예방해나갈 수 있을 것이다.

교육계는 성장 마인드를 가지고 수용.발전해야 한다

2015년 5월 19일부터 4일간, UNESCO주최의 세계 교육 포럼이 한국에서 열렸다. 이에 누리 꾼들은 상당한 아쉬움을 표했는데, 그 이유는 한국의 교육에 대한 반성과 이에 따른 혁신을 위한 노력은 거의 없고 한국 교육에 대한 추상적인 칭찬만 결과물로 내놓았기 때문이었다. 물론, 지금까지 한국의 교육계가 이룬 성과가 적은 것은 아니다. 입학사정관제 활성화, 인성면접 확대, 영어 절대평가 도입 등 평가를 위한 평가가 되지 않도록 다방면에서 노력해온 것이 사실이다. 그러나 타국에 비해 자원이 부족한 우리나라가 앞으로 내세울 수 있는 것은 '인재'이며 그들을 양성할 수 있는 것은 '교육'이라는 점에서, 우리나라는 교육에 있어서 특히 더 스스로에게 냉정해지고 비판적일 필요가 있다. 이렇게, 하나라도 더 배우는 것을 중시하고 타인이 아닌 자신의 과거와 비교하는 성향을 '성장 마인드'라고 하는데, 우리나라는 교육에 있어서 반드시 성장 마인드를 가져야 한다. 이에 대비되는 개념으로, 결과를 타인과 비교하고 발전보다는 안정과 이 순간의 완벽함을 추구하는 '고착 마인드'가 있다. 이번에 주최한 교육 포럼을 보더라도, 우리나라의 교육은 아직 고착 마인드 성향이 강한데, 이 개념을 설명한 스탠퍼드 대학 캐롤 드웩 교수의 말-'고착 마인드는 절대로 성장 마인드를 이길 수 없다'-은 우리나라의 교육계에 일침을 가해주고 있는 듯하다.

따라서 향후 10년 간, 교육포럼 등 좋은 취지의 행사를 국내, 국외적으로 자주 실시하되 그 때마다 국가는 고착 마인드가 아닌, '성장 마인드'를 가져야 한다. 유대교육 등 타국의 좋은 교육은 받아들이고 예술교육이나 토론교육을 특히 초등교육에 잘 적용시킬 수 있도록 끊임없이 연구하는 한국이 되어야 한다. 이를 통해 한국의 독특한 교육과정을 만들고 이것이 공교육으로 자리 잡도록 하여, 차별화 된 공교육이 IOT시대에서 인성의 부재를 막고 창의성을 높여줄 수 있도록 해야 한다.

세계적으로 학생 행복 지수가 최하위인 우리나라 교육 환경……. 성장 마인드의 국가라면 현재의 한국 교육을 객관적으로 바라볼 수 있지 않을까. 성장 마인드를 가질 때, 우리나라는 교육 혁신을 통한 올바른 인성의 인재 양성이 가능할 것이다.

인문학의 숲에서 자신과 타인, 우리를 만나다

대기업 및 공무원 쏠림 현상, 우수 과학 인재의 의·약학대 편입……. 인재가 국력인 한국의 국가적 손실이 아닐 수 없다. 하지만 그 누구도 그들을 비판할 수도 없으며, 비난해서도 안 된다. 그 이유는 젊은 세대들도 나름의 고뇌와 고통 속에서 많은 것들을 포기하고 살아가기 때문이다. 김난도 교수의 『아프니까 청춘이다』가 엄청난 베스트셀러가 된 이유, 그리고 3포 세대를 넘어 '5포 세대'라는 용어가 나온 이유를 생각해본다면 우리 사회가 청춘들에게 가혹한 큰 이유 중 하나가 취업난 일 것이다. 이렇게 취업난으로 고민을 하다 보니 '우선 내가 잘 되자.' 등의 개인주의가 만연하게 되었다. 이 심각성을 각성한 국가공인 교육방송 EBS가 개인화 된 청춘들의 모습을 〈왜 우리는 대학에 가는가〉라는 다큐멘터리로 제작한 것만 보아도, 그 심각성은 이제 부정할 수 없는 상황에 이르렀다. 이렇게 취업 준비로 개인화 된 대학생은 다가오는 IOT시대의 개인성(Individuality)속에서 더욱 개인화 된 사회인으로 성장할 것이다.

시대의 발전에 따라 개인화 되는 사회를 막기란 쉽지 않다. 그러나 더 큰 문제는 개인화 속에서도 진정한 개인상을 갖지 못한 사람이 대다수라는 데 있다. 데이터 처리 속도(Transaction speed)가 중요해지는 시대에 살게 될 사람들은 타인뿐 아니라 자신에 대해서 생각해볼 시간조차도 갖기 힘들다. 진정한 자아상을 확립하지 못한 상태에서 개인주의 성향이 강해지면, 이것은 개인주의를 넘어 초개인주의(Hyper-individuality)가 되어, 결국 이기주의의 경계를 넘어갈 확률이 높다.

초개인주의(Hyper-individuality). 우리나라 사회, 문화적 특성상 쉽게 해결하기 힘들지만 반드시 다루어야 할 문제임은 확실하다. 이를 보다 현실적으로 해결하는 방법은 바로 '인문학 교육'이다. 인문학 교육은 진정한 나를 삶 속에 올바르게 자리 잡게 하는데 매우 좋은 교육이다. 이미 교육 선진국에서는 인문학 교육을 중시하고 있고 그 효과도 다방면에서 증명되고 있다. 그 중 하나의 예로, 희망의 인문학이라 불리는 '클레멘트 코스'를 들 수 있는데, 이는 인문학 교육을 통해 사회에서 소외받는 이들과 약자들의 자존감을 회복시켜주고 자신을 성찰할 수 있도록 하는 교육방식이다. 사회적 소수자들 뿐 아니라 앞으로 IOT시대가 오고 증강현실 및 가상현실이 보편화될수록 현대인들에게도 인문학 교육이 반드시 필요하게 될 것이다. 그 이유는 제4의 물결(IOT)속 사람들은 웨어러블 기기, 각종 센서, 드론, 전자 칩 등의 파도에 휩쓸리며 어느 순간 가상 속의 자신과 현실의 자신을 구분하기가 애매모호해 지는 시대를 맞이하게 될 것이기 때문이다. 쉽게 말해, 지금 현대인들이 손에서 스마트폰이 사라졌을 때 느껴지는 어색하고 불안한 기분, 그 몇 배 이상의 느낌을 받게 된다는 것이다. 따라서 과학.기술이 발전함에 따라 인문학 교육은 반드시 병행해야 한다. 그렇지 않으면 제4의 물결 속에서 사람들은 삶 속에 '나'의 개념이 확고하게 정립하지 못해 가치관 및 정체성의 혼란이 올 수 있고 이것은 인성의 부재로 이어질 것이다. 이것이 어쩌면 천재 물리학자 스티븐 호킹이 경고한, '로봇이 인간을 지배하는 시대가 온다.'는 것의 원인이 될지도 모르는 일이다.

앞으로 10년 간, 현대인들 특히 우리나라의 인재들은 인문학의 숲에서 '자신'이라는 풀과 '타인'이라는 꽃, 그리고 '우리'라는 나무가 모여 사회의 허파와 같은 존재가 된다는 것을 깨달아야 한다. 이것은 인문학 교육을 통해 가능하며, 삶 속에 '나'와 '우리'가 확고하게 자리 잡을 때 우리나라 인재들은 각종 사회문제에도 굴하지 않고 자신의 길을 걸어갈 용기를 얻을 수 있다. 또한 개인주의가 심각한 미래 사회에서 남과 함께 윈윈(win-win)하며 살아가는 사람으로 성장하는데도 인문학 교육은 필수적이다.

결국, 인문 교육은 인성의 첫걸음이며 공유와 책임 그리고 열정이 기반이 되는 DT(Data Technology)시대에서 진정한 인재를 양성할 수 있는 현실적이고 효과적이며 확실한 방법인 것이다.

제4장. "이 문제는 해결 가능한 문제입니다!" 외친 스무 살 청년처럼

"이 문제는 해결 가능한 문제입니다. 3년 전 배를 타고 있을 때 누구도 바다에 떠 있는 쓰레기를 청소하는 것이 가능하다고 생각하지 않았습니다. 하지만 적어도 해양 쓰레기 청소는 시도는 해봐야 할 만큼 인류에게 중요한 문제입니다. (후략)"

이는 사상 최대의 해양 쓰레기 청소 기업 '오션 클린업'을 창립한 보얀 슬랫이 강연에서 한 이야기이다. 그는 해양 쓰레기를 두고 '이미 엎질러진 물이다, 돌이킬 수 없는 일이다.'라던 모든 사람들의 말을 뒤로

하고 해양 쓰레기 청소의 가능성을 5%에서 100%로 끌어올리면서 최연소 지구환경대상을 받았다. 그는 진정한 혁신의 시작이 문제의 발견 그리고 이를 해결할 수 있다는 확신에서 나온다는 것을 자신의 삶을 통해 증명해낸 것이다.

우리에게도 위의 사례가 시사하는 바가 크다. 사람들은 해양 쓰레기 청소가 매우 중요한 사안임을 알지만 이것이 가능하다고 생각하지 않아 손을 놓고 있었다. 하지만 보얀 슬랫은 5% 였던 해양 쓰레기 청소의 가능성을, 수 없는 연구와 관심 끝에 100%로 끌어올렸다. 그가 이렇게 할 수 있었던 원동력은 위에서도 언급하였듯이, 해양 쓰레기 청소는 시도는 해봐야 할 만큼 인류에게 중요한 문제라는 생각 덕분이었다. 이 모습은 우리 사회의 모습과 참 많이 닮아있다. 우리 모두가 인성의 부재가 매우 심각하고 중요한 사안임을 알지만 은연중에 인성의 부재를 막기란 거의 불가능하다는 생각을 가지고 형식적으로만 인성교육을 하고 있는 것이 현실이다. 그러나 우리나라의 성장 동력 자원은 인재라는 점에서, 그리고 인성 부재 문제는 해양 쓰레기 청소 그 이상으로 인류에게 중요한 문제라는 점에서 반드시 시도해보아야 할 문제다.

또한 보얀 슬랫이 5%의 가능성을 100%로 끌어올린 것처럼, 우리는 5%보다는 높을 인성의 부재 해결 가능성을 100%로 끌어올릴 수 있을 것이다. 설사 인성 부재 해결 가능성이 5%보다 적다 하더라도, 우리는 보얀 슬랫처럼 혼자 하는 것이 아니라 여럿이 함께 할 것이기에 그 가능성을 반드시 100%로 끌어올릴 수 있을 것이라 확신한다. 이 것을 가능하게 하는 것이 바로 '교육'일 것이며 제 3장에서 언급한 다양한 방법들 외에도 끊임없는 관심과 연구가 병행된다면 향후 10년, 인성 부재는 서서히 완화될 것이다. 그리고 우리나라는 타 국가가 부러워하는 IOT시대의 DT(Data Technology)선진국이 되어있을 것이다.

"진정한 혁신의 시작은 문제의 발견 그리고 이를 해결할 수 있다는 확신에서 나온다."는 보얀 슬랫의 말. 그것이 사실이라면, 우리나라의 혁신은 분명히 이루어진다. 그 이유는 이 글을 통해 우리는 인성 부재라는 문제를 발견하였고 이를 해결할 수 있다는 확신으로 대처방안을 구상했으며, 무엇보다 우리나라의 인재로서 이 문제를 함께 해결 해나갈 여러분이 이 글을 읽고 있기 때문이다.

참고 문헌

1. 박영숙 외 3명, 『유엔미래보고서 2040』, 교보문고, 2014
2. Earl shorris, 『희망의 인문학』, 이매진, 2010
3. 2015 ALC(Asian Leadership Conference)오찬 기조연설- 마윈 알리바바그룹 회장
4. http://www.econovill.com/news/articleView.html?idxno=228002 (토머스 프레이 박사 인터뷰)
5. http://m.munhwa.com/mnew/view.html?no=201407250103292 7015005 (김대식 腦과학 전공 교수 인터뷰)
6. http://www.munhwa.com/news/view.html?no=2014053001032927015002 (조벽 교수 인터뷰)
7. 김상철, 「앞으로 10년 한국 없는 중국은 있어도 중국 없는 한국은 없다」, 한스미디어, 2015
8. Anthony T. Kronman, 교육의 종말(삶의 의미를 찾는 인문교육의 부활을 꿈꾸며), 모티브북, 2009
9. 정진홍, 인문의 숲에서 경영을 만나다, 21세기북스, 2011

감염병 예방, 어디까지 준비했니?

박유진(이화여자대학교 약학과), 박윤정(이화여자대학교 약학과)

2025년, 한국에 알 수 없는 감염병이 돌고 있다는 소문이 들린다. 지금 당장 백신이 필요하지만 우리나라에는 아직 백신이 만들어지지 않아 외국에서 들여와야 한다고 한다. 오! 드디어 개발한 모양이다. 하지만 달걀로 만든 소량 백신인 탓에 내가 맞을 차례는 한참 멀었다. 과연 나는 이 혼돈 속에서 살아남을 수 있을까?

우리나라가 더워지고 있다

해마다 봄이 되면 전국에서는 꽃놀이가 한창이다. 전국의 연인들은 거리로 쏟아져 나와 흐드러진 벚꽃을 보며 흐뭇해 한다. 하지만 나는 제대로 벚꽃놀이를 가본 적이 없다. 매년 중간고사 기간은 비슷한데 어쩜 그렇게 딱 그 기간에만 개화를 하는지. 하지만 올해 드디어 벚꽃을 보러 갈 수 있었다. 무려 시험 기간보다 2주 전에 개화를 했기 때문이다. 일단 나는 꽃놀이를 시험에 쫓기지 않고 즐길 수 있어 좋았지만, 참 이상한 일이라고 생각했다. 어째서 재작년까지만 해도 이때는 꽃이 피지 않았는데, 해가 갈수록 꽃이 일찍 피는 것일까?

개화는 온도와 밀접한 관련이 있다. 꽃은 적당한 온도가 되면 봉오리를 터트린다. 그렇기 때문에 해마다 개화는 남쪽에서부터 서서히 북상한다. 따라서 개화 시기가 앞당겨지는 것은 결국 우리나라의 기온이 상승하는 것을 반증하고 있는 셈이다.

실제로 우리나라는 꽤 오래 전부터 기온이 상승하고 있었다. 환경부와 기상청에서 발표한 〈한국 기후변화 평가 보고서 2014〉를 보면 한반도의 연 평균 기온은 1954~1999년 기간에는 10년에 0.23도 올랐지만, 1981~2010년에는 10년에 0.41도가 상승했다. 2001년과 2010년 사이에는 0.50도가 올랐다. 단순히 온도가 상승할 뿐 아니라 그 기울기도 증가하는 것을 알 수 있다. 이 정도의 속도라면 2025년에는 약 1.5도의 기온 상승을 보인다는 예측을 할 수 있다.

단순히 기온만 오른 것이 아니다. 강수량의 변화도 크다. 마치 동남아처럼 갑작스럽게 비가 몰아치고 갑자기 그치는 등의 스콜성 소나기가 나타나는가 하면, 아직 반팔도 입기 전인데 태풍이 몰아친다. 실제로 강수량을 측정한 자료를 보면 2001~2010년까지의 강수량이 지난 30년간의 강수량 보다 7.4% 증가하였다. 여름철 장마기간의 증가와 태풍의 빈도가 잦아졌기 때문이다. 이러한 모든 수치를 보았을 때 분명 우리나라는 더워지고 또 습해지고 있다. 이는 곧 우리나라가 아열대화 되고 있다는 신호이다.

이러한 기후의 변화는 한반도에 있는 모든 것에 영향을 미친다. 대구사과가 사라진 것처럼 제주도의 특산품이 바나나가 되는 날이 분명 올것이다. 반팔의 소비량은 늘 것이고 우산과 우비의 판매량은 매년 증가할 것이다. 매년 여름에는 모기를 비롯한 곤충과의 사투로 에프킬라를 비롯한 퇴치제들은 우리들의 사랑을 받을 것이다. 이처럼 우리의 의식주에 모든 영향을 끼칠 것이다. 뿐만 아니라, 아주 작은 미생물에게도 영향을 미쳐 우리나라에선 볼 수 없을 줄 알았던 감염병이 유행할 수 있고, 새로운 바이러스가 등장할 수 있다. 어쩌면 재난 영화에서 보던 그 끔찍한 상황이 당장 눈앞에서 일어날 수 있다. 비현실적일 수 있겠지만 현재 이런 상황은 진행 중이고 실제로 일어나고 있다.

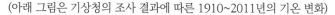
(아래 그림은 기상청의 조사 결과에 따른 1910~2011년의 기온 변화)

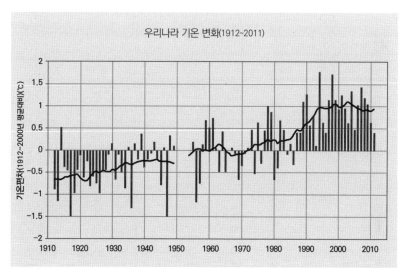

감염병의 위협

전 세계적으로 큰 영향력을 떨친 감염병들의 진원지를 찾아보면 흥미로운 사실을 발결할 수 있다. 유럽 국가들의 아메리카 대륙 침공의 일등 공신이었던 천연두의 기원은 고대 이집트로 기록돼 있고, 지금도 음지에서 조금씩 그 감염자를 늘려가는 에이즈 바이러스의 경우 그 진원지가 콩고를 포함하는 중앙 아프리카이다. 최근에 가장 큰 논란이 됐던 에볼라 바이러스의 최초 발생 지역도 아프리카의 가나였다. 세계적으로 악명 높은 감염병들의 대다수가 적도 부근의 흔히 말하는 열대, 아열대 지방에서 발병했다. 우리가 흔히 열대, 아열대라고 말하는 지역에서 감염률이 높은 균과 바이러스의 출현이 잦았다는 이야기이다. 현재 우리나라가 아열대화 되어 가고 있다면 이것이 얼마나 무서운 이야기인지 알 수 있다.

세계에서 가장 인간을 많이 죽인 동물은 뭘까? 정답은 모기이다. 이처럼 모기와 진드기, 설치류들은 감염병의 전파에 많은 관여를 하고 있다. 동물에 의한 전염은 여러 감염병의 발병 경로 중 가장 큰 부분을 차지하고 있다. 이러한 모기와 진드기 등은 온도가 높고 습할수록 개체 번식의 속도가 현저히 빠르다. 모기가 판치는 때가 여름이라는 것을 생각하면 쉽게 그렇다는 것을 알 수 있다.

실제로 부산지방기상청에서 부산지역을 중심으로 모기의 개체수를 조사한 결과 월 평균 기온이 높은 6~9월에 모기의 개체수 또한 집중되며, 이중 최고 온도를 보이는 8월에 모기의 개체수 또한 최대를 찍었다고 조사됐다. 하지만 지금처럼 기온이 올라가고 있는 상황이라면 모기를 비롯해 질병을 옮길 수 있는 매개체의 수가 증가할 것이고 이는 곧바로 질병의 발병이 증가한다는 사실로 연결된다.

단순히 이런 사실을 넘어서 열대지방의 환경에서만 서식하던 여러 매개동물들이 한국에서도 살아갈 수 있게 된다면 그곳에서 유행하는 매개 감염병들이 대거 유입될 가능성이 있다. 실제로 진드기에 의해 매개돼 전염되는 질병인 쯔쯔가무시의 경우 동남아시아에서만 있던 풍토병이

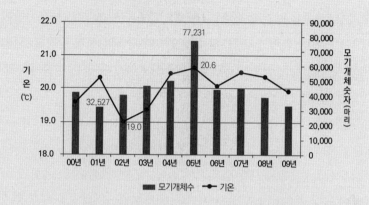

(그림은 기상청에서 조사한 모기 개체수 변화)

연평균기온(4~10월)과 모기개체수의 연변화

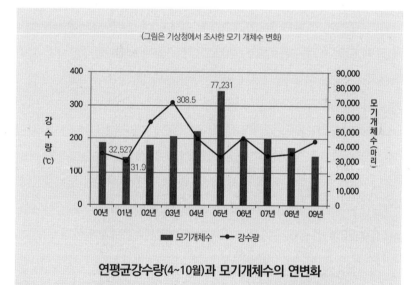

(그림은 기상청에서 조사한 모기 개체수 변화)

연평균강수량(4~10월)과 모기개체수의 연변화

었다. 하지만 우리나라에 도입이 되고 지난 10년 사이에 환자가 3배 증가했다. 이 또한 고온다습해진 기후로 인한 매개 동물인 진드기의 증가를 가장 큰 이유로 보고 있다. 그리고 말라리아 모기 또한 열대지방에만 서식하던 것이 현재 한국, 특히 북한 지역에서 심심찮게 발견되고 있다. 고온다습해질수록 모기와 진드기를 비롯한 매개 동물들이 증가하게 되고 이는 질병의 유병률을 높이는 큰 원인이 된다.

온도가 올라간다는 것은 단순히 매개 동물들의 증가만을 의미하지 않는다. 미생물학 실습시간에 우리는 균을 배양하기 위한 배지를 만들고 여기에 균을 접종해 관찰하는 여러 실험을 한다. 균을 접종한 후에는 약 40도의 따뜻한 히터가 있는 곳에서 배양한다. 왜 그런 것일까? 수분과 온도, 그게 바로 미생물이 번식하는 데 가장 적합한 온도이기 때문이다. 그렇기 때문에 균들은 36.5도의 사람 몸속에서 증식하고 체내를 벗어났을 때 급격히 증식률이 감소한다. 미생물들은 습할수록, 그리고 따뜻할수록 잘 자란다. 그렇기 때문에 대다수의 질병들은 적도 부근의 열대와 아열대 기후 국가에서 발생하는 것이다.

지금까지는 우리나라에서 심각한 균을 통한 감염병이 생긴 적은 없었다. 해외 여행을 했던 사람들은 그러한 감염병에 걸릴 수 있었을지 모르겠지만 적어도 국내는 안전지대라고 생각했다. 그러나 아열대 기후가 되면서 점점 열대지방에서 유행하는 질병들이 우리나라까지 침범하고 있다. 우리도 더 이상 동남아시아 지역의 감염병이 먼 얘기가 아니게 됐다.

중국과 홍콩에서 2003년 유행한 SARS는 오리의 바이러스가 인간의 바이러스의 특징을 띠게 되면서 인간에게도 전염이 가능하게 되었기 때문에 발병했다. 전문가들은 SARS바이러스가 탄생할 수 있었던 배경에는 그 지역의 기후가 큰 역할을 했다고 생각했다. 중국 광동성은 열대기후의 특성을 띠는데 이런 환경이 바이러스와 인간의 공존이 용이하기 때문이라고 설명했다. 이에 따라 치명적으로 작용할 수 있는 조류의 독감 바이러스가 인간에게로 넘어올 수 있도록 변종이 되는 데 좋은 환경이 조성된 것이다.

바이러스는 유전물질을 갖는 가장 작은 단위의 유기체이다. 인간은 가장 안정한 형태로 진화해 왔다면 바이러스들은 최대한 변이가 잘 형성되어 살아남기 좋은 형태로 진화해 왔다. 그렇기 때문에 올해 왔던 독감이 점 하나 찍고 내년에 다시 오는 것이 빈번하다. 이처럼 바이러스는 잘 변형하고 이것이 바이러스가 생존을 위해 택한 방법이다.

바이러스는 숙주의 몸 밖으로 나가는 순간 환경이 변하면 죽게 된다. 더 이상 생물체라 부를 수 없는 단백질 덩어리가 된다. 그렇기 때문에 열대 지방은 바이러스에겐 다양한 시도를 해 볼 수 있는 좋은 환경이 된다. 일단 온도가 37도 정도가 되면 인간의 체온과 매우 유사해진다. 체내와 비슷한 온도이기 때문에 바이러스가 나와도 큰 스트레스를 받지 않을 수 있다. 또한 습기가 많으면 바이러스가 외부에 노출되지 않고 물속에 갇혀 다른 숙주에게로 옮겨가기 쉬운 환경이 된다. SARS의 경우도 이러한 경로를 통해 돼지에게 전달된 인간의 바이러스와 조류의 바이러스가 융합될 수 있는 기회를 얻게 된 것이다. 뿐만 아니라, 바이러스가 유전자 변형을 일으키기 위해서는 적절한 온도가 필요한데 열대지방에서는 그러한 온도를 쉽게 충족시킬 수 있다. 앞서 설명한 천연두를 비롯한 에이즈와 최근에 큰 이슈가 된 에볼라는 모두 바이러스에 의해 일어나는 질병이고 모두 적도 부근의 후텁지근한 기후에서 발생한 것이다. 아직까지 우리나라에서 지구 온난화의 영향으로 발생한 바이러스도 발견되지는 않았다. 하지만 우리나라가 점점 더 더워져 열대화 된다면 우리나라에서도 위와 같은 질병이 발생하지 않으리란 보장은 없다.

과연 우리나라는 이런 상황에 얼마나 대처하고 있을까?

우리나라에서 백신 개발은 최근에서야 가속화 되고 있으나 아직까지는 대부분 외국의 잘 개발된 백신을 우리나라로 수입해 들어오고 있는 실정이다. 외국의 백신들은 주로 열대지방의 개발도상국형 질병이 아닌 유럽형 질병들 위주로 만들어진다. 그렇기 때문에 에볼라를 비롯한 열대지방에서 유행하는 질병에 대한 대처는 아직 확실하게 되어 있지 않다. 우리나라에서 생산하고 있는 백신들도 B형간염백신, 녹농균, 디프테리아 등에 불과하며, 열대지방의 더운 기후에서 발생하는 질병에 대해서는 자체적으로 개발할 수 있는 능력이 없다. 과연 이대로 괜찮을까?

우리나라는 상당한 인구 밀집 국가이다. 따라서 감염병이 서울을 비롯한 인구 밀집 도시에서 발생한다면 걷잡을 수 없이 퍼져나가게 된다. 또한 앞으로 동남아시아를 비롯한 열대지방과 비슷한 기후가 된다는 점에서 그쪽 국가들에서 유행하는 질병들이 발생할 가능성이 크다. 영화 〈감기〉를 보면 분당 지역에 동남아에서 밀입국한 사람들에 의해 유입된 독감 바이러스가 퍼져 어찌할 도리도 없이 속수무책으로 당하는 모습이 나온다. 극적으로 항체를 찾아 치료제 개발에는 성공했지만, 이런 독감이 동남아 지역에서 유행하고 있다는 사실을 빠르게 캐치하고 재빠르게 예방접종으로 막았더라면 그렇게 수많은 분당 시민들이 죽는 일은 없었을지도 모른다. 질병에 대해 더 연구가 필요하고 이를 예방할 백신 기술의 개발에 박차를 가해야 한다.

현재 우리나라 백신의 대부분은 동물백신으로 달걀을 이용해 만들어진다. 그렇기 때문에 여러 가지 문제점이 발생한다.

　가장 큰 문제점으로는 비윤리적인 생산 방법이다. 바이러스 백신의 경우 바이러스는 반드시 살아있는 세포 안에서 증식하기 때문에 살아있는 생물체에 주입해야만 한다. 유행병에 대한 백신일 경우는 단시간에 많은 수요가 몰려 있고, 질병관리본부에 등록된 필수 백신인 경우에는 지속적으로 수요가 많기 때문에 반드시 대량생산을 해야 한다. 생산량을 늘리기 위해서 달걀을 살아있는 세포로 이용하여 바이러스를 증식시키는데, 이러한 과정을 거친 대량의 달걀들은 성장하지 못하고 의료폐기물로 분류되어 사체가 되고 만다. 생명의 희생이 뒤따르는 것이다. 이러한 달걀의 생산을 위해 축사에 많은 닭들이 갇혀 끊임없이 달걀을 생산해야 하는 것도 동물학대에 해당한다. 또한 생산과정에서 생산되는 달걀과 실험동물들의 사체는 '의료폐기물'로 처리가 까다로우며 폐기비용이 높게 책정 된다. 이로 말미암아 불필요한 지출이 일어나며 더 나아가 환경오염의 주범이 된다.

　우리나라에서 백신 예방접종을 할 때 항상 달걀 알러지가 있는지를 물어본다. 이 또한 달걀로부터 백신을 만드는 동물백신의 특징 때문이다. 동물백신은 달걀에 바이러스를 주입하여 증식시키는 과정이 필수적이다. 이 과정을 거친 후 다른 공정들을 거치지만 결국 바이러스는 달걀 세포를 이용하여 분열을 했기 때문에 달걀 단백질 재료로써 바이러스 단백질의 부분, 즉 외피 부분을 형성한다는 것을 알 수 있다. 따라서 달걀로 만들어졌다는 꼬리표를 달고 있는 상태이다. 이를 흔히 tagging 이라 한다. 달걀에 알러지 반응이 있는 사람은 달걀을 이용하여 증식한 바이러스에게도 알러지 반응을 일으킬 가능성이 높으므로 사용하기에 매우 조심스럽다. 알러지 반응이 만약 아나필락시스 쇼크를 유발한다면 심할 경우 발작, 호흡억제, 죽음에 이를 수 있기 때문이다. 질병을 예방하려다가 질병을 유도하는 셈이 된다.

또한 동물백신은 오로지 주사를 통해서 접종이 이루어진다. 그렇기 때문에 통증이 따르게 되어 아이들에게 접종할 때 어려움이 생기고 용량 조절이 힘들다는 단점이 있다.

네 번째로 지적할 문제는, 동물의 수를 급하게 증가시키는 것은 단가가 높고, 급하게 증가시키고 나면 수요가 다시 줄었을 때 생산규모를 줄이기가 힘들기 때문에 일반적으로 생산규모를 처음부터 정한 후에 유지한다는 점이다. 이러한 이유로 대량 생산에 있어 어려움이 존재한다.

식물로 백신을 만든다고?!

앞의 네 가지 단점들을 훌륭히 보완할 수 있는 백신이 바로 식물을 이용해 백신을 만드는 것이다. '식물백신'은 인간이나 동물에서 질병의 예방을 위한 백신으로 이용되는 항원 유전자를 식물에 도입해 이를 섭취함으로써 백신의 효과를 낼 수 있도록 만든 것이다. 항원 유전자 대신 항체 유전자를 삽입한 것은 '식물항체'라고 한다. 식물항체는 동물백신과는 달리 체내에서 외부물질(항원)이 인식되는 경우 면역반응이 일어나게 될 때, 외부물질에 결합하여 제거하는 데 도움을 주는 항체를 식물에서 바로 생산하도록 하여 우리가 식물을 먹으면 몸에서 그 항체를 바로 이용할 수 있도록 한다. 이러한 면역을 수동적 면역이라 하며, 식물항체는 비교적 짧은 기간이긴 하지만 체내에 체류하고 있으므로 넓은 범위에서 식물백신과 단어를 혼용할 수 있다. 동물백신은 항원을 소량으로 약화시켜 일부러 주입하여 항체가 미리 생성되도록 유도하는 기전으로 능동적 면역을 이용한다. 식물항체를 생산하기 위해서는 동물백신과 달리 항원으로 작용하는 단백질의 특이한 구조에 항체로 작용하는 물질을 찾아내고 그 항체의 유전자 염기서열을 규명한 뒤 이미 알려져 있는 식물바이러스를 벡터(vector)로 이용하여 항체유전자를 삽입하여 식물에 감염시키는 방법을 사용한다. 이 항체의 효과와 안전성을 검사하기 위한 임상실험단계에서는 동물백신을 비롯한 다양한 의약품과 마찬가지로 동물실험이 필요하지만 생산과정에서는 동물의 희생을 필요로 하지 않는다.

그리고 달걀을 이용하지 않기 때문에 달걀에 알러지 반응을 가지고 있는 사람에게 식물 유도 백신이나 식물항체는 더할 나위 없이 좋은 대안이다.

그뿐 아니다. 기존 백신의 투여 경로는 대부분 주사에 의한 접종, 분무에 의한 접종, 그리고 경구에 의한 접종이다. 그 중에서도 주사에 의한 접종이 과반수를 차지한다. 이 경로는 침습적이므로 통증을 유발하고 전문가의 도움을 받아야 하기 때문에 불편하다. 또 다른 방법으로 분무에 의한 접종이 있지만 이 역시 동물의 경우에나 접종 비용이 저렴하기 때문에 이용되고 사람의 경우에는 질병의 경로가 코나 기관지의 점막인 경우에 국한되기 때문에 사용 범위가 제한적이라는 단점이 있다. 이와 다르게 식물백신의 주 투여방법인 경구 투여는 입을 통하기 때문에 위의 두 투여에 비해 통증의 불편함이 없고 분무 투여의 단점인 백신 접종량을 조절할 수 없는 것 역시 해결되며 질병 경로에 상관하지 않고 사용할 수 있다. 한편 1992년 세계보건기구(WHO)에서 어린이를 위한 백신으로 비용이 저렴하고, 쉽게 접종이 가능하고, 냉동 작업 없이 보관이 가능한 백신이 목표라고 발표하였는데, 이에 가장 적합한 것이 경구 백신이라고 할 수 있다. 나아가, 소아백신뿐 아니라 축산업에서도 저렴한 비용과 접종의 용이성으로 유용하게 사용될 수 있다.

모든 생산품은 QA(Quality Assurance)과정을 거치며 생산품의 품질관리를 거쳐 규정 기준에 적합한 것만을 내놓는다. 백신도 예외가 아니며 오히려 의료 목적인 만큼 더욱 정밀하고 까다로운 품질을 원한다. 현재 일반적으로 사용되고 있는 백신은 약독화되거나 불화된 병원체이다. 생산과정에서 병원체는 살아있는 상태이기 때문에 변형을 일으켜 강독성과 감염성을 갖게 될 우려가 있다. 반면, 식물체 유도 백신은 바이러스가 독성을 회복하는 것과 같은 위험이 전혀 없다. 식물체 유도 백신은 포유동물 바이러스에 감염되지 않기 때문에 인간 병원성 바이러스에 의해 오염될 위험성이 없다. 사람과 기타 동물간에는 인수공통병원체가 존재하는데, 이로 인한 감염병을 1958년 WHO/FAO 합동 전문가 회의에서는 "척추동물과 사람 사이에서 전파하는 성질이 있는 미생물에 의한 감염 또는 질병"으로 정의하고 있다. 따라서 식물 유도 백신은 이러한 인수공통병원체에 의한 오염 위험도 전혀 없다.

그리고 동물 백신과 달리 식물항체는 농사가 가능하여 쉽게 대량생산이 가능하다. 식물은 수를 증가시키기 쉽고 다시 감소시키기도 쉽기 때문에 생산규모의 유연한 조정이 가능하다. 또한, 동물은 식물과 달리 행동이 있어 통제가 어렵기 때문에 생산 시에 식물로 개발한 것과 비교했을 때, 수율이 낮고 품질을 통일시키기 어렵다. 품질의 편차가 크기 때문에 생백신의 경우에는 소아마비 백신의 경우처럼 종종 인명사고를 일으키곤 하는 것이다.

식물항체를 이용하여 항균작용을 하는 물질을 생산한다고 가정해 보자. 기존의 항생제는 경구로 투여하면 위장관 속의 우리 몸에 이로운 균까지 제거한다. 하지만 식물항체는 표적이 명확하게 존재하기 때문에 특정 균에게만 결합하여 제거하여 체내 균총이 일정하게 유지될 수 있다. 따라서 이미 개발된 약물의 부작용도 보완할 수 있고 동량을 사용했을 때 더 큰 효과를 얻을 수 있으며 백신의 목적이 아니라 치료의 목적으로도 사용 범위를 넓힐 수 있으므로 경제적이다.

또한, 동물세포를 이용하여 생산된 항원단백질은 바이러스나 암 유발 DNA와 프리온 등을 걸러내야 하므로 많은 공정비용이 필요하지만, 식물항체는 동물세포를 이용하는 것의 0.1%의 비용으로 생산할 수 있다. 뿐만 아니라, 식물은 빠르게 자라기 때문에 동물을 성장시키는 것보다 시간도 단축할 수 있으며 이는 곧 경제성으로 직결된다.

식물백신, 아직 완벽한 것은 아니다

이렇게 좋은 대안의 식물항체에도 단점이 있다. 그것은 인간과 식물 간의 당화과정의 결과물이 다르다는 것이다. 세포 핵에서 단백질을 생산하면 세포질에 존재하는 소포체와 골지체를 거치며 번역 후 가공과정을 진행한다. 이때, 세포에서 생성된 단백질에 락토스나 푸코스 등의 당이 붙는 과정을 통틀어 '당화'라고 한다. 단백질 위에 부착하여 존재하고 있는 당(glycans)의 종류와 구조는 식물과 동물에서 서로 차이가 있고 이러한 당의 종류 및 구조에 의해 단백질의 활성이 완전히 다르게 변화되지는 않지만, 단백질의 접힘(folding), 안정성(stability), 용해도(solubility) 및 protease에 대한 민감성, 혈중 반감기(serum half-life), 항원성(antigenicity) 등에 영향을 미친다. 단백질에 붙는 당에 따라 N-glycosylation, O-glycosylation으로 나뉘는데, 포유동물의 경우 N-glycan은 일반적으로 세 가지 N-glycan subtype 즉 high-mannose, hybrid, complex type 등의 구조를 갖는다. 반면, 식물의 N-glycan은 high-mannose, paucimannosidic, complex type 등으로 변형된다. 이러한 당화 결과물로 인해서 식물 고유의 당화과정이 인간 유래 당단백질인 항체의 당구조를 식물특이적으로 변형시킬 수 있는 문제점을 갖고 있다. 인체에 적응하지 못하고 부작용을 나타내거나 효능이 없을 수 있다는 것이다.

현재 생명공학산업에서는 인간 및 동물에서 발병하는 질병에 대한 진단 및 치료에 널리 사용되는 면역단백질인 항체를 생산하기 위하여 주로 미생물, 곤충 및 동물 세포 배양 시스템을 이용하고 있다. 박테리아를 이용한 미생물 발현시스템은 빠른 시일 내에 다량의 단백질 생산이 가능하다는 장점은 있으나 번역 후 당화가 이루어져야 활성을 갖게 되는 대부분의 의료용 당단백질의 경우, 당화시킬 수 있는 능력을 갖고 있지 않아 최종적으로 생리활성을 지니지 못한 단백질을 발현하게 된다. 따라서 이러한 면에서 식물 항체는 식물이 번역 후 당화가 이루어지기 때문에 체내에서 활성을 가질 수 있다는 장점이 있다.

생체방어의 관점에서 볼 때 식물항체 제품을 쓸 필요는 그리 많지 않다고 생각할 수 있지만 비행기의 발명으로 해외여행이 보편화되어 질병이 보다 빠르고 멀리 퍼지고, 계속되는 지구온난화 현상으로 균과 바이러스가 번식하기 좋은 환경으로 감염병이 더 악화되는 오늘날에는 식물항체가 빛을 발휘할 수 있다. 과학자들은 식물항체가 감염성 질병 치료 방식을 획기적으로 바꿔놓을 신개념의 약이라는 데 의견을 같이하고 있다. 항생제와 달리 부작용이 거의 없고 내성 문제도 해결할 수 있는 장점을 지니고 있다.

앞으로 나아가야 할 방향

그러나 식물항체의 이러한 장점에도 불구하고 식물을 기반으로 약물을 생산하는 생명공학 제약사들은 동물 세포를 이용하는 생명공학 업체들에 비해 거대 제약업체들의 주목을 받지 못하고 있다. 그래서 오히려 그것이 블루오션이다. 우리나라에서 식물항체를 개발하는 제약회사가 출현한다면, 단 하나의 식물항체가 블록버스터급 경제 이익 창출의 근원이 되어 침체되어 있는 제약업계를 활성화시키고 국가 신성장의 원동력이 될 것이다. 2011년 전 세계에서 가장 많이 팔린 의약품인 고지혈증치료제 '리피토'(화이자)의 연간 매출액은 125억 달러(한화 13조 원)이다. 이는 현대차 아반떼 약 100만 대 수출과 맞먹는다. 이처럼 수백만 대의 차보다 잘 빠진 약 하나가 더 큰 이익을 가져다 줄 수 있다는 것이 제약 산업의 묘미라고 할 수 있다.

신약은 개발해 제품화하기까지 많은 시간과 비용이 필요하고 시장에서 성공할 확률도 낮다. 하지만 글로벌 블록버스터로 이름을 올린다면 단숨에 글로벌 제약사로 도약할 수 있다. 고지혈증이 노인성 질병으로 환자가 매우 많기 때문에 '리피토'가 블록버스터로 급성장한 것과 유사하게, 어떤 식물항체가 생명에 치명적인 감염병에 대한 백신이 되어 필수 접종 품목으로 정해진다면 전 세계적으로 수요가 급증하여 블록버스터급 판매가 가능할 것이다.

의약품 시장조사기관 IMS에 따르면 전 세계 의약품 시장은 1,040조 원 규모다. 자동차·반도체 세계 시장을 합친 것보다 더 크다. 이제 국가 경제 발전의 트렌드는 제약업계로 기울게 된 것이다.

우리나라 보건복지부는 2014년 7월 국내 제약산업을 집중적으로 육성하기 위해 '제약산업 육성·지원 5개년 종합계획'을 발표했다. 2020년까지 세계 7대 제약강국으로 도약한다는 구체적인 목표도 제시했다. 그동안 구축해온 튼튼한 발판을 바탕으로 개발에 박차를 가하여 식물항체라는 블루 오션을 개척할 수 있을 것으로 바라보고 있다.

현재 형질전환 식물을 이용한 식물항체는 〈표1〉에서 보듯이, 연구와 함께 임상실험 단계인 상품이 많기 때문에 10년 내로 상용화될 것으로 보인다. CIGB, Cuba에서 개발한 B형 간염 항체 백신은 이미 시판 중이며, 충치의 항체를 담뱃잎으로 생산하는 식물항체, 가축의 뉴캐슬병 백신은 각 국가의 승인을 받고 시판 준비 중인 단계이다. 그 밖에도 다양한 항체들이 임상 단계에서 박차를 가하고 있다.

최근 큰 이슈를 불러일으킨 에볼라는 치료제가 아직 없다고 알려졌다. 하지만 계속되는 감염에 WHO는 승인 심사 중이던 Zmapp을 비상수단으로 사태의 심각성에 따라 조건부로 허용했다. 바로 이 Zmapp이 앞서 설명한 식물백신 중 하나이다. 원리는 에볼라 바이러스의 항체를 만들어내는 유전자를 담배 식물에 이식해서 담배 잎에서 만들어지는 3가지의 인간 단일클론항체(monoclonal antibody, 특정 항원에만 반응하는 항체)를 혼합한 것을 주성분으로 하는 것이다. 이 3가지 인간 단일클론항체는 맵바이오가 개발한 실험용 치료제 'MB003'과 토론토 소재 제약사 '디파이어스' 및 캐나다 공중보건국이 개발한 'ZMab'으로 일부 환자들에게는 큰 효과를 발휘한 것으로 알려져 있다. 에볼라 환자들의 치료율에 따라 식물 항체의 파급력에 영향을 미칠 것이라고 예상이 된다. 이처럼 이미 판데믹(pandemic)에서 식물백신의 사용은 증명이 되었다.

세계적으로 식물항체 제조 회사들은 소수이며 동물백신 회사에 비해 거대 제약사들의 러브콜을 받지 못했다. 왜냐하면 제조 공법이 아직 안전하다는 확신이 없기 때문이라고 한다. 상대적으로 체계 정립화가 되어 있는 동물 백신에 투자를 하는 것이다. 하지만 이 틈새를 비집고 들어가 선구적인 자리를 차지한다면 분명 우리나라의 백신 산업은 세계를 주도할 수 있게 될 것이다. 다른 나라에서 개발하기를 기다리기 전에 우리 스스로 개척해볼 가치가 충분히 있는 '국가미래전략사업'이라고 생각한다.

〈표 1〉 형질전환 식물을 이용한 경구 백신

회사	식물	생산방법	산물	적용대상	현재상황
Plant Biotechnology	담배	시험지 (field)	secretory antibody vaccine	충치	EU 승인
Dow AgroSciences	담배	세포배양	가축 백신	뉴캐슬병	USDA 승인
CIGB, Cuba	담배	온실	백신 정제 항체	B형 간염	시판
Large Scale Biology	담배		항암 항체	Non-Hodgkin's lymphoma	임상II상
Arizona State University	감자	온실	항원	B형 간염	임상II상
Plant Biotechnology	담배		항체	일반 감기 (Rhinovirus)	임상II상
Arizona State University	감자	온실	항원	설사 (Norwark virus)	임상I상
Thomas Jefferson	시금치		항원	광견병	임상I상
ProdiGene	옥수수		항원	설사	임상I상

한국의 여름이 점점 길어지고 있다. 이대로 가면 언젠가 봄과 가을이 사라진다는 이야기도 들린다. 계속되는 지구온난화에 항공비행은 계속해서 감염병을 옮겨오고 있다. 이러한 상황에서 우리는 어떻게 대비하고 있는가? 소 잃고 외양간 고치지 말고 미리미리 외양간을 고쳐야 한다.

참고문헌

1. 기상청 〈http://www.kma.go.kr/〉

2. 질병관리본부〈http://www.cdc.go.kr/CDC/main.jsp〉

3. 뜨거워진 한국, 작년 평균 기온 관측 이래 '최고' 〈뉴스한국〉 2012-02-07

4 소양강, 박다영, 김현순, 전재흥, 추영국, 고기성, 김영관,Plant-basedproductionofth erapeuticantibodies식물기반 치료용 항체생산, Journal of plant biotechnology 식물생명공학회지,, 2010년, pp.262-268

5. 식물을 이용한 식품 백신 개발 전망 〈용인뉴스 〉 2010. 9. 1. 수. 농촌진흥청 국립농업과 학원 기능성물질개발과 김종범 박사

6. Julian K-C. Ma, Pascal M. W. Drake & Paul Christou,Theproductionofrecombina ntpharmaceuticalproteinsinplants,NatureReviewsGenetics4,794-805(October2003)

7. 양문식, 형질전환 식물을 이용한 경구백신 개발 및 현황, KBCH, Biosafety vol.10 No.2 pp.43-53

8. 블록버스터급 신약 3개 개발, 세계 톱7 진입한다 〈JTBC〉 2013-11-18

9. 항생제 대신할 '식물항체' 나온다 〈The Science Times〉 2015.04.02

큰 것부터 해결하자 : 깨끗한 정치 엘리트를 선택하는 방법과 기성 정치인의 변화 유도

문예진(충북대학교 경제학과)

들어가기에 앞서 : 이슈가 하나일까

"잘 되는 집안의 이유는 엇비슷한데 안 되는 집안의 이유는 제각각이다." 러시아의 대문호 톨스토이의 『안나 까레리나』의 첫 구절이다. 잘 되는 집안은 여러 요소에서 문제가 없어야 가능하지만, 불행한 가정의 경우 금전 문제든 건강 문제든 불행의 요소가 매우 다양하기 때문에 이유가 각기 다르다는 것을 비유적으로 역설하고 있다.

머릿속에서 떠올려 본 한국사회가 10년 내 당면할 이슈들은 저출산, 인구감소, 청년실업, 경제적 양극화, 갈등으로 인한 국론 분열 등 대부분 부정적인 사안이었다. 이것들이 어우러진다면 안 되는 집안 중에서도 아주 골고루 안 되는 집안을 보여줄 태세다. 한국사회가 당면할, 혹은 이미 당면하고 있는 수많은 사안들을 해결하고 잘 되는 집안으로 가기 위해서 필요한 것은 무엇일까.

우선순위 : Still it's the politics, stupid!

이제는 식상해진 빌 클린턴의 대선 슬로건 "It's the economy. stupid(바보야, 문제는 경제야)"를 응용하여 만들어진 "It's the politics, stupid(바보야, 문제는 정치야)" 이 역시도 다소 진부하게 느껴질 정도로 많은 이들이 차용하였다. 심지어 동 제목의 저서까지 있을 정도니.

그러나 현재 한국사회가 직면한 다양한 이슈 앞에서 저 식상한 문구만큼 와 닿는 표현도 없을 것이다. 여러 사안에 영향력을 행사해서 해결을 도울 수 있는 이슈. 즉 이슈들의 이슈, 우선순위에 있는 이슈가 바로 정치개혁이기 때문이다.

정치는 우리 사회의 '컨트롤 타워'라 할 수 있다. 우리 삶에서 부족한 부분은 채워주며, 잘못된 부분은 수정한다. 크고 작은 부분들을 조절해주는 것이 가장 큰 의미 중 하나인데 이것의 작동 기능이 떨어진다면 개혁을 통해서 정상 기능을 회복시켜야 할 것이다.

허나, 단순히 정치개혁이라고 한다면 막연할 수 있다. 정치란 것이 하나의 개념이 아니듯 정치개혁 또한 하나의 방안이 아닐 것이다. 다양한 갈래의 정치개혁 중 어느 방향에 초점을 맞출지는 개혁의 대상인 현 시대의 정치를 좀 더 살핀 후 설정해야 할 것이다.

윗물 : 현 시대의 정치가 어떤데?

장면 하나, 100일여의 회기가 지나고 올해도 정기 국회의 막이 내렸다. 뉴스에선 같은 내용이 흘러나온다. '갈길 먼 입법 과제, 아직도 산적', '이념 전쟁에 휩쓸린 국회. 입법 전쟁으로 이어지나' 말은 다르지만 결국 그들이 해결해야 할 일을 제대로 수행하지 못 했음을 질타하는 내용이다. 국회의 업무로 대변될 수 있는 정치인들의 주된 일은 법률의 제정 및 개정, 예산안을 심의 확정하는 일과 같이 국가가 효율적으로 굴러가게 해주는 역할을 수행한다. 그러나 위와 같이 매년 흘리나오는 부정적인 뉴스는 많은 정치인들이 제 할 일을 하지 않았음을 전 국민에게 알려주고 있다.

장면 둘, 또 게이트가 터졌다. 원래 게이트(gate)란 단어는 출입구란 뜻의 단어지만 정치권력과 관련된 대형 비리 의혹사건이란 접미사적 역할도 한다는 것과 그것이 미국의 워터게이트 사건에서 유래되었고, 워터게이트란 빌딩이 있다는 시사 상식을 알게 해준 것은 순전히 한국 정치인들의 공이다. 잊힐 만하면 사람의 이름을 말머리로 한 게이트가 발생 하고 수많은 정치인이 그 의혹에 연루되어 있다.

장면 셋, 모 부처의 장관 인사청문회가 '또' 예정되어 있다. 일 년도 채 되지 않아 벌써 세 번째이다. 처음 임명됐던 사람은 해당 부처의 관료 출신인데, 과거 발언에 대한 야당의 반대로 낙마했고, 그 다음 타자는 여당 정치인이었으나 땅 투기 의혹 등으로 여론의 뭇매를 맞고 스스로 퇴진했다. 그리고 오랜 인선 끝에 발탁된 현재 예정자는 뜻밖의 야당 출신 인사이지만 아들과 본인의 탐탁잖은 병역문제로 벌써부터 누리 꾼들의 비난을 받는 중이다.

최근의 기억을 더듬어 인상적이었던 정치권의 몇몇 모습을 다소 각색하여 서술해 보았다. 만약 지면과 형식의 제약만 없었다면, 수백여 장면도 쓸 수 있을 것 같다는 생각이 들었다. 그만큼 현재 한국 정치권의 상황은 탁한 상류와 같다. 탁한 물에서 제대로 된 판단은 이뤄질 것이며, 그곳에서 결정된 것들이 흘러 든 하류는 깨끗할 수 있을 것이며, 국민들은 그 탁한 곳에서 결정된 것들을 온전히 신뢰할 수 있을까.

아랫물 : 현 시대의 정치가 불러온 사회 모습

탁한 윗물은 아랫물에 필연적으로 영향을 끼친다. 정당 간 대립으로 정책형성의 기능 마비가 발생하고 이로 인한 문제해결 기능의 상실은 시시각각 변하는 현실의 상황과 그 안에서 파생되는 문제들을 적시에 해결할 수 없게 만든다. 그것으로 인한 피해는 고스란히 국민들이 떠안게 된다.

그리고 게이트에 연루된 정치인들이 부정부패를 통해 일부 세력에게 특혜를 주었다고 한다면, 특혜를 얻은 세력의 이득은 어디에서 발생한 것일까. 발생하는 것이 아니라 가져오는 것이며, 대다수 국민의 후생에서 앗아간 것이라 할 수 있다. 부패 세력이 다섯의 득을 본다면 국민들은 다섯 이상의 실을 보게 되는 구조가 발생하는 것이다.

이러한 것들은 결국 국민들이 정치에 대해 '합리적'으로 무관심하게 만든다. 부정부패에 연루된 정치인, 처리해야 할 법안을 처리하지 못한 채 다음 국회로 넘기는 정치인, 장고 끝에 이뤄진 인선인데 문제투성이인 후보자들. 이런 상황에서 국민들은 바뀌지 않을 것만 같은 탁한 윗물의 형국에 개인들의 정서적 안위를 위해 굉장히 합리적인 선택의 일환으로 정치적 무관심을 택하게 된다. 관심 가져봐야 자신이 받는 스트레스만 가중될 것이 예상되므로 말이다.

결국 국민들의 '합리적 무관심'은 악순환의 도돌이표로 작용하여 정치인들의 행태가 더욱 심화되게 만든다. 그 결과 현재 사회적으로 일어나는 각종 부정적 이슈의 발생 속도를 가속화 한다. 여기서 파생되는 구성원 간의 사회적 갈등은 덤이다.

이렇듯 윗물의 탁함은 광범위하면서도 가장 아래에 있는 모든 곳까지 영향을 끼치기에 어느 사안보다 시급하게 개혁해야 할 분야라는 것이 확실해졌다. 무엇을 고칠 것인가. 단, 정치 세력을 개혁할 때는 지지부진하고 점진적인 방식보다 개혁이란 말이 어울릴 만큼 단칼과 같은 신속하고 강력한 방책이 나을 것이라 보인다. 현실 정치는 심각하게 꼬인 매듭처럼 여러 이해 세력과 집단이 얽혀있고, 그것을 하나하나 풀려다 간 다른 곳에서 뜻하지 않게 꼬일 수 있기 때문이다. 즉, 고르디우스의 매듭을 단칼에 끊어낸 알렉산더의 칼질이 필요한 시점이다.

알렉산더의 칼질 part.1 – ① : 깨끗한 엘리트 찾기

정치권 구성원의 면면을 보면 많은 이들이 훌륭한 경력과 뛰어난 능력을 가지고 있다. 소위 말해 각계각층의 엘리트가 모였다고 봐도 크게 무리 없는 집단이다. 그럼에도 불구하고 그들이 제 할 일을 제대로 처리하지 못해서 국민들에게 피해를 끼치고, 국민들의 신뢰를 얻지 못하는 가장 큰 이유는 도덕성의 결여 때문이라 판단된다. 도덕성이 결여되었기에 부정부패에 연루되고, 그리하여 이슈들은 이익집단의 입김에 휘둘리고, 해결되지 않는 문제의 피로감에 국민들은 등을 돌리는 것이다.

도덕적인 엘리트라는 묘하게 이율배반적인 단어의 조합은 정녕 요원한 것인가. 가능할 수 있다고 생각한다. 일단 국민의 손으로 결정되는 선출직부터 시작될 수 있다. 방법은 간단하다. 도덕적 결함이 더 큰 이들에게는 표를 행사하지 않는 것이다. 물론 이 방법을 두고 '도덕성만 있다면 능력은 필요 없는 것이냐'라고 반문할 수 있다. 하지만 후보 모두 도덕적일 경우 그 후엔 당연히 능력을 보게 될 것이다. 그러면 각 정당은 선거에서 승리하기 위해 깨끗하면서 능력 있는 후보를 내보낼 것이다. 즉, 국민들이 정치권에 신호(signal)만 제대로 발송한다면, 각 정당은 게임이론에서 승리하기 위한 전략처럼 최적화된 행동을 취할 것이다. 그렇기에 가장 중요한 것은 도덕적이지 않은 후보는 떨어진다는 것을 보여주는 것이다.

선출직에 위와 같은 일이 발생하기 시작하면, 임명직에 대해서도 국민의 시선이 더욱 따갑게 의식될 것이다. 그간의 인선과 같은 결과는 덜 나올 것이고, 정치에 입문한 이들도 행보를 각별히 유의할 것이라 예상된다.

알렉산더의 칼질 part.1 - ② : 정치인 DB

도덕적인 정치인에게 선호의 신호를 보내는 것도 중요하다. 그러나 그들에 대한 선호와 비선호를 구분하기 위하여 누가 도덕적인지 정확히 알 필요가 있다. 그래서 제안하는 방법은 직관적이며 접근이 용이한 정보 창구의 존재다.

현재 선거 관련 후보자들의 공식적인 정보공개는 중앙선거관리위원회의 주도하에 이뤄지지만 대부분은 언론 기사를 통하여 후보자의 문제에 대해 접하게 된다. 게다가 상시 정보공개가 이뤄지는 것이 아니며 해당 정치인이 출마하는 선거 기간이 되어야 정보공개가 이뤄진다.

이를 개선하고자 한다. 방법은 정치인 데이터베이스(DB)를 만들고 하나의 사이트에 일관된 양식으로 모든 정당의 당원 중 선거에 출마한 경험이 있는, 정치인이라 할 수 있는 모든 이의 정보 사항을 공개하는 것이다. 예컨대, koreaopen.org(가칭) 이란 비영리 사이트를 개설한 후 병역 사항, 인적 사항, 재산 내역, 전과 기록 등을 일관되고 상세한 양식으로 오픈을 해놓는 것이다. 처음엔 선관위의 선거 후보 공개처럼 접근하는 이가 많지 않겠지만, 해당 사이트가 알려지고 신뢰도가 누적 된다면 국민들이 도덕적인 정치인을 선별(screening)하는데 큰 효용을 안겨줄 수 있을 것이다. 사이트의 운영은 기존의 유관 업무를 시행한 중앙선거관리위원회에서 하는 것이 혼란을 막을 수 있을 것이다.

혹자들은 반문할 것이다. 기존에도 충분히 정치인들에 대한 정보가 공개되어 있고 중앙선거관리위원회에서 공개하는 정보로도 위에서 열거한 정보를 충분히 알 수 있는데, 군이 만든다고 해서 도덕적 정치 엘리트를 검열할 수 있겠냐고. 그러나 그에 대한 내 견해는 다르다. 현재 젊은 세대는 정치에 관심이 제한적이며, 그들에 대한 판단 근거도 미약하다. 또한 관심이 있고 판단을 하려 들어도 대부분 포털 사이트에서 검색하여, 해당 정치인이 자기 입맛에 맞게 뺄 것은 빼고 넣을 것은 넣은 프로필을 주로 접하게 된다.

하지만 koreaopen.org는 적어도 인물들의 객관적 판단 근거에서 만큼은 신뢰할 수 있고, 최소한의 도덕적 검열 장치로 탄생되는 것이다. 해당 사이트가 재미 추구의 사이트와는 거리가 멀기 때문에 포털 사이트나 커뮤니티 사이트만큼은 어렵겠지만, 선거와 정치 관련해서는 가장 많이 찾는 객관적인 사실의 장이 될 것이라 확신한다.

알렉산더의 칼질 part.1 – ③ : 정치인 사관학교

민주주의 사회에서 다소 과격한 아이디어일 수 있다. 뜬금없이 정치인 사관학교라니. 하지만 너무 부정적으로 볼 필요만은 없다. 먼저 정치인 사관학교를 만든다고 하더라도 그들이 무조건적으로 정치인이 된다는 보장은 없다. 자격도 아니고, 면허도 아니다. 단, 수년에 걸쳐 정치인으로서 자질을 키울 수 있는 깊이 있는 교육과 그에 비례하여 철저하게 이뤄지는 인성 함양, 그리고 한국사회를 위한 확실한 국가관. 이러한 것을 토대로 예비 정치인들을 양성한다면 그들이 기성 정당에 들어가서, 또는 새로운 당을 창당하여 일으킬 변혁의 바람을 기대해 볼 수 있을 것이다. 단, 해당 학교가 생긴다면, 입학 사정이나 학생 선발을 어느 곳보다 투명하고 특정 계층에 편중되지 않도록 주의해서 운영해야 할 것이다.

민주주의가 가장 잘 정착된 국가 중 하나이며, 현재 한국사회보다는 훨씬 선진 정치를 구축하고 있는 것으로 보이는 프랑스의 경우 '그랑제꼴(Grandes Ecoles)'이란 교육 기관이 존재한다. 높은 경쟁률의 엄격한 선발 과정을 거쳐 소수 정예의 신입생을 선발하고, 각 분야에서 최고 수준의 교육을 통해 프랑스 사회의 엘리트를 양성하는 엘리트 고등교육 연구기관이다. 이 중 정치 분야에서는 '파리정치대학(Institut d'Etudes Politiques de Paris)'이 있으며, 프랑스의 역대 대통령 및 국무총리, 장관 등을 무수히 배출했으며 국제기구에도 상당수 진출해 있다.

사실 파리정치대학을 포함한 그랑제꼴 자체에 대한 프랑스 내에서의 찬반은 꾸준히 존재해 왔지만, 아직도 과반이 넘는 프랑스인들이 그랑제꼴 제도에 대해 호의적인 시선을 가지고 있다고 한다. 이는 그랑제꼴 출신 졸업생들이 학교의 존립 근거에 따라 국가에 도움이 되는 일을 해왔기 때문이고, 이에 대하여 국민들은 지지를 보내는 것이라 할 수 있다.

우리 사회도 이 제도에서 모티브를 얻어서 젊고 도덕적인 청년 정치인들을 육성하는 것도 생각해 볼 문제다. 그들의 과도한 엘리트 의식과 조기 부패가 걱정이 된다면 전에서 다뤘던 koreaopen.org에 해당 학교 학생들의 프로필을 정치인으로서 미리 등록하여 그들의 도덕적 관념을 강조할 수도 있다.

알렉산더의 칼질 part.2 : 당비를 통한 도덕적 해이의 방지

앞선 파트.1에서는 잘못된 정치인을 택하게 되는 역선택(adverse selection)을 하지 않는 방법에 대해 전반적으로 논했다면, 두 번째 대안에서는 도덕적 해이(moral hazard)를 방지할 수 있는 방안을 생각해 보려 한다.

투철한 국가관과 국민에 대한 사랑이 있는 정치인이라면 아무 걱정할 필요가 없다. 하지만 우리가 으레 떠올리는 정치인의 경우, 누굴 위해 일한다고 생각하는가. 아마도 이익집단일 것이다. 이익집단 중 자신에게 특정 이익을 가져다주는 이에게 더 큰 배려를 해줄 것이고, 이것이 흔히 말하는 부정부패의 시작일 것이다.

인간이 유인이 있는 것에 더 큰 반응을 한다는 것은 꽤나 자명한 명제다. 허나 정치인은 정말 많은 이들에게 영향을 미치는 이들이기에 단순히 유인에 반응해서는 안 된다. 그럼에도 유인에 반응을 한다고 하면 어떻게 해야할 것인가. 답은 국민들에게 잘해야 할 유인이 생기도록 만드는 것이다.

많은 국민들이 자신이 지지하는 정당에 가입을 하고 정치인에게 실명으로 당비를 내는 것이 첫 걸음이다. 기존의 당비 체계는 10%가 채 안되는 당원만이 당비를 내는 구조를 보이고 있다. 즉, 특정 몇몇이 많은 당비를 내고 정치인은 해당 특정 인물을 위한 정치를 할 가능성이 생긴다. 여기에 '뒷돈'과 같은 부정거래까지 더해진다면 돈을 내지 않는 일반당원은 그저 자신에게 한 표 던져주는 사람으로만 인식될 뿐이다.

연 5만원, 10만원이라도 당비는 굉장히 중요하다. 사람은 자신이 지불한 만큼 더욱 열심히 활동하기에 마련이다. 같은 것을 배우더라도 무료 강습소에서 취미로 배우는 것과 돈을 배고 학원을 다녔을 때 실력 차가 나는 것도 이러한 이유에 기인할 것이다.

　많은 국민들이 정당에 관심을 가지고, 당비를 직접 내며 정치에 참여하는 것은 어떠한 효과가 있을까. 바로 정치인들의 도덕적 해이 방지다. 자신이 사용하는 금액의 출처가 일반 당원이라는 생각을 가지게 될 때, 정치인은 돈을 허투루 쓸 수가 없다. 그리고 단순히 정치인의 생각이 변화했기에 나타나는 현상이 아니라, 돈을 낸 당원들이 그만큼 열성적인 자세로 정치에 참여하고 이는 다른 표현으로 정치인을 감시하게 되는 효과를 가지고 있다. 그렇다보니 정치인들이 다수 당원들에 대한 소홀히 할 수 없고, 소수의 이익집단이 아닌 다수의 말에 귀를 기울이고 정책을 향하게 해야 하는 유인이 생기는 것이다.

　여기서 중요한 것이 하나 있다. 바로 최대한 많은 이들이 당비를 내며 활동을 하는 것이다. 당원이 만약 극히 소수라면 그들도 또한 하나의 이익단체로 변질되어 다수의 국민의 후생에 반하는 목소리를 낼 가능성이 존재하기 때문이다. 연 10만원이 적은 금액이라 할 수는 없지만, 본인이 살아가는 사회에 좀 더 효율적이고 상식적인 정책이 실행되도록 하는 비용이라 생각한다면 아깝지 않은 사용일 것이다.

그날이 오면 : 고르디우스 매듭의 우선순위

　'출산율 20년만 증가세로 전환, 지난해 입법된 저출산 정책 효과 발휘', '아이들이 웃는 세상, 청소년 자살률 OECD 회원국 중 가장 낮은 수치 기록' 10년 뒤인 2025년에 나오길 기대하는 희망적인 가상 뉴스다.

　세계 어느 국가가 안 그렇겠는가. 볼 수 있는 눈이 있고, 들을 수 있는 귀가 있다면 세계 대부분의 국가가 각종 문제에 허덕이며 논쟁을 벌이는 모습을 볼 수 있다. 그러나 한국사회는 어느 국가보다도 한 치 앞을 알 수 없을 만큼 각종 부정적 이슈가 도처에 도사리고 있다. 마치 대한민국이란 국가가 거대한 암초가 곳곳에 있는 바다를 항해하는 배란 생각이 들 정도다.

배에서 가장 중요한 인물은 선장이다. 특히나 위기 상황에선 더욱 그렇다. 대한민국호의 선장은 결국 정치권이다. 현재의 이슈들이 문제화되도록 크게 일조한 이들도 그들이지만, 그것을 해결할 이들도 결국 그들이다. 그래서 우선순위란 표현까지 써가며 정치개혁을 논한 것이다. 즉, 많은 사회문제 해결의 단초는 정치권력임을 기억해야 한다. 단, 구태 정치권에 대한 개혁은 다른 데 있지 않고 우리 안에 있다는 것도 함께 기억해야 한다.

방안들을 제법 제시했지만 결국 핵심은 '두드리라. 그러면 열리리라'라는 경구의 의미와 일맥한다. 정치는 남의 이야기가 아니라는 생각을 가지고, 우리와 가장 밀접할 수 있는 일을 결정하는 사람들에 대해 적극적이고 지속적인 관심을 보내라는 것이다. 이것이 결국 제시한 방안들의 기본 토대이기도 하다.

알렉산더의 칼질은 누군가 대신 휘두르는 것이 아니다. 국민 한 사람 한 사람이 모여 거대한 칼날을 내리치는 것이다. 오랫동안 꼬여온 매듭을 풀어내기 위해선 결국 우리 모두가 알렉산더가 돼야 한다. 시간이 많지 않다.

듣기 좋은 말은 귀머거리도 듣게 만든다

배형준(연세대학교 경영학과)

1. 들어가는 글

　2017년 3월, 헌정사상 초유의 대통령 탄핵 사건으로 '글로써의 역사'
는 비로소 책을 찢고 튀어나와 '실재하는 역사'가 되었다. 동일한 대상
을 보고도 사람마다 인식의 결과가 상이하므로 탄핵 인용의 옳고 그름
에 대한 판단은 다를 수 있다. 따라서 헌법재판소의 주요 인용사유 중
일부를 살펴보면 다음과 같다. '대통령의 공무 수행은 투명하게 공개하
여 국민의 평가를 받아야 하나, 국정개입 사실을 숨기고 의혹을 부인하
여 언론에 의한 감시 장치가 제대로 작동될 수 없었다.' 어디서부터 잘
못된 것일까? 많은 이들은 '소통의 부재'를 주요 이유 중 하나로 보았
다. 대학 입시와 취업의 전쟁에서 적군의 시체를 넘고 지나가는 방법만
배워왔던 나는 '듣는 것'의 힘이 그토록 거대하다는 사실에 충격을 받지
않을 수 없었다. 과연 무엇이 대통령을 불통의 프레임에 가두게 되었는
지 그 요인과 해결방안을 성찰하지 않으면 같은 역사가 반복될 수 있다
는 두려움에 사로잡혔다. 비단 개인의 문제가 아니다. 대한민국 '토양'

에서 길러지고 있는 한국인이라는 '묘목'이 병들면 대한민국 사회라는 '숲'도 병들게 되는 바, 토양의 상태와 나무의 성장 환경을 면밀히 살펴 집단의 생존환경을 재검토해야 한국사회가 건강해질 수 있다.

송호근, 《시민민주주의의 미시적 기초— 시민성, 공민(共民), 그리고 복지》, p.33

송호근 교수에 따르면 '시민성'은 책무와 권리의식을 동시에 갖춘 균형 감각이며, 사익보다는 공익을 중시하는 윤리성이다. '시민성이 공유되는 사회'는 나무가 건강하게 자라나는 데 중요한 '환경적 요소'라고 생각한다. 이러한 환경을 조성하는 것이 건강한 국가 건설의 지상과제임은 의심할 여지가 없다. 문제는 환경적 요소를 받아들이는 뿌리와 잎사귀 같은 나무의 '수용기관'이 망가졌다는 것이다. 이는 시민성의 공유화 측면에서 굉장히 큰 악영향을 미친다. 개인의 수용 행위가 완전하지 못해 체화의 과정을 거치지 못한다면, 공유가치의 재생산과 파급 과정에서 그 연결고리가 끊어진 것과 같은 단절효과를 나타내기 때문이다.

동물의 입장에서의 수용기관 중 하나는 '귀'다. 무엇이 우리를 고집불통 귀머거리로 만들었을까? 모두가 귀를 열고 세상과 긍정적으로 상호작용하는 존재가 될 수는 없을까? 상대방의 견해를 '잘 듣고 체화하여 공감할 줄 아는 것'이 성숙한 시민의식 함양의 핵심이다. 이와 같은 과정이 자연스럽게 일어나기 위해 필요한 핵심적 필요조건은 '시민성에 대한 우호적 경험(Pleasurable experience)'이다. 칭찬은 고래도 춤추게 만드는 것처럼, 듣기 좋은 말은 귀머거리도 듣게 만드는 마법을 부릴 수 있다고 생각한다.

2. 그들이 귀를 열어야 하는 이유

현대경제연구원 경제주평, 《사회적 갈등의 경제적 효과 추정과 시사점》

현대경제연구원 주평에서는 사회적 갈등으로 인해 연간 82조 원에서 최대 246조 원의 손실이 발생한다고 추산했다. 과도한 사회적 긴장과 갈등은 비단 심리적 고통으로 끝나는 것이 아니라, 심리변수에 영향을 미쳐 경제전반에 큰 파장을 일으킬 수 있다는 것이다. 이때 사회적 갈등이란, 사회적 쟁점에 대해 최소 두 당사자가 서로 다른 입장을 갖고 대립하여 긴장이 발생되는 상황을 의미한다고 정의된다. 우리나라의 사회적 갈등이 크게, 그리고 지속적으로 나타나는 분야는 정치다. 격동의 산업화와 민주화를 거치며 사회적 갈등은 수도 없이 이어져왔다. 우리나라에도 민주주의가 도입되기는 했으나 문제는 불완전한 정착의 양태를 보인다는 것이다.

이 과정에서 내가 주목하고 싶은 점은 아래로부터의 민주주의에 대한 요구는 지속적이었던 반면, 위로부터의 자발적 수용에 대한 노력이 부족했다는 것이다. 스웨덴 최고의 금융가문인 발렌베리 가문은 스웨덴 국내총생산의 30%를 차지하는 14개 대기업의 소유주다. 이들은 한국의 재벌과 마찬가지로 지배층으로 분류되지만, 재벌과는 확연히 다른 지배원칙을 고수하고 있다. 발렌베리 가문은 노조 대표를 이사회에 중용하고, 이익의 85%를 법인세로 사회에 환원하며 기업의 생존 토대는 사회라는 점을 강조한다. 스웨덴 국민들은 발렌베리 가문을 자긍심으로 여기며, 존경한다. 반면 한국 재벌의 형성 토대인 피라미드식 위계질서는 소수인 권력자의 시각이 사회 전반으로 나비효과를 일으킬 수 있는 구조를 형성했다. 여기서 문제는 부와 권력을 가진 자들이 하층민의 삶을 돌보려는 노력을 게을리 하고, 귀를 닫음으로써 충언을 무시할 때 사회 전체적으로 부정적인 결과를 초래할 수 있는 완벽한 환경이 조성된 다는 것이다.

> 지배계층의 잘못된 의사결정은 중산층과 하층을 삶을 파괴시킬 수 있다. 그들의 붕괴는 공공선(common wealth)의 형성을 불가능하게 한다. 송호근, 《시민민주주의의 미시적 기초— 시민성, 공민(共民), 그리고 복지》, p.35

송호근 교수에 따르면 공공선을 만드는 기제는 복지정치다. 복지정치는 임금생활자로 하여금 삶의 여유를 갖게 할 뿐 아니라, 자신의 작업과 노동이 공익과 연결되어 있다는 긴장감을 유지하도록 만든다. 자신의 노동이 공동체의 공익에 기여한다는 연대감을 가질 때 시민성이 생겨난다는 것이다. 공공체와의 연대감을 사회 저변에 확산시킨 기제가 된 발렌베리 가문의 사례는 우리나라에서 정착이 불가능한, 꿈과 같은 이상일 뿐일까?

나는 이것이 전혀 도달할 수 없는 유토피아를 향한 일방적 지향은 아니라고 생각한다. 위에서 언급한 피라미드 체계를 뒤집어 생각해보면 고위층의 노블레스 오블리주를 자연스럽게 이끌어낼 수 있을 때, 그 파급효과가 클 것이라고 추론된다. 언제까지 윗사람들의 배려, 도덕심에 개인의 삶을 맡길 수는 없다. 강요에 의하지 않고 유연하게 개입함으로써 선택을 유도하는 '넛지 효과'를 도입한다면 언제 사과나무에서 사과가 떨어질까를 고대하는 애처로운 기다림을 어느 정도 없앨 수 있다고 생각한다. 애덤 스미스는 『도덕감정론』에서 사회질서의 기초를 구성하는 원리, 즉 도덕 원리는 감정에 근거한다고 생각했으며, 특히 동감(sympathy)의 원리를 강조했다. 동감의 감정과 이에 따른 공감능력을 바탕으로 긍정적 낙수효과가 나타났을 때야말로 시민성에 대한 공감대가 사회 저변으로 확산될 수 있는 확실한 토대를 마련할 수 있다. 그렇다면 어떻게 그들로부터 동감의 감정을 이끌어낼 수 있을까?

이런 선순환 구조를 이끄는 기제의 핵심은 '시민성에 대한 우호적 경험(Pleasurable experience)'이다. 한 번 경험으로 지속성을 이끌어내는 힘은 '자발성'에 의해 나타날 수 있기 때문이다. 한국의 재벌이 사람들의 존경과 칭찬, 그리고 관심의 대상이 되었을 때, 즉 그들을 축포가 터지는 스포트라이트 위에 올려놓았을 때 그들은 우호적 경험을 하게 되고, 자발적 참여 동기를 형성하게 될 것이다.

그러나 나의 에세이는 재벌과 고위 인사들의 태도변화만을 꾀하는 글이 아니다. 고위 인사도 중요하지만 더 중요한 사회적 구성원은 막대한 정보력을 가진 개인이나 언론, 혹은 사회단체 정도가 될 것이다.

앞으로 서술하겠지만 그들이 사회적 자극(Stimulus)에 민감하고, 피고용자의 의견에도 답이 있을 수 있다는 가능성에 열린 마음을 가지고(Open minded to probability), 중심화 된 의사결정 시스템을 구축하고(Centralized decision making system), 사회적 약자의 경제적 회복을 지원하며(Infrastructure for recovery), 좀 더 정확한 성과평가를 지향하고(Accurate measurement), 의사결정 참여자들의 지렛대 효과(Leverage effect)를 적극적으로 이용할 수 있는 분위기를 조성할 때 권력자들의 귀가 열릴 것이다.

이제 나는 힘의 우위에 있는 자들이, 더 나아가 대한민국 국민들이 귀를 닫고 있는 이유를 몇 가지 살펴보고 이를 CRISIS(Curiosity, Rigidness in thinking, Indirect communication, Success oriented culture, Impatience,

Sidestep from Criticism)이라는 6가지로 명명하려 한다. 이를 타개할 방법으로 SOCIAL(Stimulus, Open minded to probability, Centralized decision making system, Infrastructure for recovery, Accurate measurement, Leverage effect)을 제시해보고 싶다.

3. 무엇이 우리를 귀머거리로 만들었는가?

1) C : Curiosity(궁금증)의 부족

한경 경제용어사전, '하브루타'(Chavrutal)는 나이, 계급, 성별에 관계없이 두 명이 짝을 지어 서로 논쟁을 통해 진리를 찾는 것을 의미한다. 이스라엘의 모든 교육과정에 적용되는 하브루타는 공부법이라기보다 토론 놀이라고 봐도 무방할 정도다. 하브루타의 최대 강점은 끝없는 비판의 과정이 불러오는 '궁금증의 폭발'이라고 생각한다. 무비판을 원칙으로 하는 브레인스토밍과는 달리, 하브루타는 찬반을 나누고 비판을 가능하게 하여 더 나은 대안을 찾는 과정 자체를 즐긴다. 때문에 원래 답이 정해져있지 않은 사회적 문제에 대한 최선의 대안책을 찾는 과정에서 상대방의 논거를 듣고 허점을 찾으려는 노력을 통해 귀가 저절로 열린다. 반면 한국의 현재 교육방식은 누구나 알다시피 주입식이다. 최근에는 객관식 시험을 없애려는 움직임, 토론을 중심으로 평가하는 교육과정이 주목받고 있지만 막상 고등학생이 된 이후에는 줄 세우기식 성적평가가 대학입시의 가장 쉬운 방안으로 사용되고 있다. 이는 참으로 청소년으로부터 궁금해 할 권리를 앗아가는 낡은 방식이 아닐 수 없다.

성공한 과거에 매몰되어 경영실패로 나타나는 경우도 궁금증의 부족으로 인해 발생한다. 『Change in the Presence of Fit: The Rise, the

Fall, and the Renaissance of Liz Claiborne』, Nicolaj Siggelkow 교수는 저서에서 매니저의 과거 성공에 대한 관성(inertia)이야말로 기업이 변화하는 경영환경에 적응하지 못하게 하여 실패를 겪게 만드는 주요 원인 중 하나라고 주장했다. 특히 산업화 시대에 눈부신 성장을 이룬 한국 굴지의 기업들 중 많은 수가 과거 영광에 취해 변화하는 시대의 흐름의 물결을 감내하지 못했다. 이는 성공에 대한 관성이 새로운 현상에 대한 궁금증 형성을 저해했기 때문이라 생각한다. 앞으로 4차산업혁명 시대에는 빅데이터, 인공지능 로봇의 활용 등 경영환경 변화에 끝없는 궁금증을 품은 기업만이 생존할 수 있을 것이다.

2) R : Rigidness in thinking(사고의 경직성)

이제 막 입대한 대한민국 남성들 중 많은 수가 집단에 복종하고 순응하는 문화에 적응하지 못해 극단적인 선택을 하여 사회적 이슈가 된다. 문제는 명령과 복종이 필요 없을 것이라 사료되는 집단에서도 이런 군대식 문화가 과도하게 만연해있다는 점이다. 특히 사회 일상생활에 침투한 명령 복종, 그리고 순응의 의사결정 체계는 '경직된 사고'를 가져올 수 있다는 점에서 그 문제점이 있다. 오랜 기간 이어져온 조직의 경직된 상명하복 시스템은 '매뉴얼의 문서화'로 발현되며, 이는 세상에 정답은 하나라는 잘못된 생각의 시작점이 될 수 있다. 마찬가지로 매뉴얼을 지키지 않을 경우 조직에서 배제될 수 있다는 두려움도 학습되어 생각의 경직성은 더욱 공고화되는 악순환에 빠지게 되는 것이다.

3) I : Indirect communication(간접적 의사소통)

대통령 탄핵 당시 문서를 통한 소통이 문제시되기도 했다. 직접 대면 없는 간접적 의사소통은 의견 교환의 양과 질 모두 떨어뜨릴 가능성이

농후하다. 명령서에 인쇄된 제한된 정보는 생각을 멈추게 하고, 실무자의 귀를 닫게 만든다. 비단 업무상황 뿐만 아니라 SNS 플랫폼의 발달과 유행으로 간접적 의사소통이 확대되면서 '이해'가 아닌 '비교와 평가'의 문화가 한국사회에 자리 잡았다. 깊은 관계를 맺기보다 피상적, 간접적 채널을 선호하면서 대상에 대한 관찰과 이해 없이 그의 속성을 속단하고 단정 짓게 되는 것이다. 대중매체와 SNS에서 제3자를 통해 전해지는 정치인의 단정한 모습과 실제로 그 혹은 그녀를 만났을 때의 얼룩진 모습이 사뭇 다르게 느껴지는 것은 간접적 의사소통이 얼마나 우리의 인식을 쉽게 바꿀 수 있는지에 대한 경각심을 느끼게 한다.

이렇게 재단된 이미지는 닻내림 효과(anchoring effect)를 불러올 수 있다. 과거 경험이 나도 모르게 무의식적으로 기준점으로서의 역할을 하여 미래 판단에 영향을 미친다는 것이다. 더불어 인간의식체계는 바깥 세계를 왜곡하고 상대적으로 바라보기 때문에 판단 과정에서 항상 주의를 요한다.

4) S : Success oriented culture(성공 지향적 문화)

'호사유피인사유명(虎死留皮人死留名)' 즉, 호랑이는 죽어서 가죽을 남기고 사람은 죽어서 이름을 남긴다는 속담은 우리나라에서 '입신양명'이 얼마나 중요한 덕목으로 자리 잡고 있는지를 나타낸다. 특히 한국인은 전통적으로 나 자신의 성찰 보다는 타인과의 관계 안에서 존재의미를 찾는 경향이 짙었다. 농촌사회의 특징일 수도 있고, 좁은 국토의 특징으로 인한 민족적 특성일 수도 있다. 문제는 이러한 풍조가 와전되어 과도한 경쟁의 문화가 정착됐다는 것이다. '나만 아니면 돼'라는 말은 한 때 대중의 공감을 샀다. 희화적이면서도 자조적인 유행어다. 과도한 경쟁은 패거리 문화를 형성하게 됐고, 내가 우선 살아남는 것이 중요한, 그래서 타인에 대한 배척이 사회적으로 용인 가능해진 시대가 온 것이다.

이미 이 같은 사회가 도래했다는 사실은 더 이상 새롭거나 충격적이지 않다. 하지만 무감각해져서는 안 된다. 특히 배척으로 낙오자의 입장에 처한 시민에 대한 사회적 관심과 배려가 절실하다. 공공선(common wealth)의 형성은 낙오자들의 안정적인 경제적, 사회적 복귀와 시민활동에의 자발적 참여로 이뤄질 수 있기 때문이다.

5) I : Impatience(조급함)

외국인들이 한국에 관광을 오면서 신기해하는 것 중 하나는 식당에 있는 벨이다. 벨을 누르면 종업원이 달려온다. 한국 특유의 빨리빨리 문화가 빚어낸 참으로 편한 서비스다. 그러나 반대로 생각해보면 바쁜 시간대에 근무 중인 종업원에게 벨이란, 지옥으로부터 들려오는 소리일 것이다. 그래서 나는 중요치 않은 일일 경우 직접 종업원에게 다가가 말을 걸거나 시선이 마주칠 때까지 느긋하게 기다리곤 한다. 내가 조급하지 않으면 종업원은 미안한 눈빛으로 주문하지도 않은 반찬을 가져다주곤 한다.

조급함의 문제는 나만 조급해지는 것이 아니라, 주위에까지 긴장감을 형성한다는 것이다. 긴장된 사회의 사람들은 맹목성에 일찌감치 눈을 뜬다. 눈앞에 보이는 것은 한 가지 목적 밖에 없고, 주위를 걸으며 만나는 참새와 바람의 소리에 귀를 기울이지 못한다. 다양한 경험에의 노출이 풍부한 소통의 자양분이 된다고 할 때, 조급한 사회는 우리의 귀를 닫게 만드는 요인이다

6) S : Sidestep from Criticism(비판으로부터의 회피)

한국의 대학 강의실은 꽉 차 있는데, 교수님 말소리밖에 들리지 않는다. 어렸을 때부터 답을 조용히 듣기만 하는 수업을 받아왔던 학생들이 비판을 두려워하게 됐기 때문이다. 튀어나온 못이 정을 맞는다는 말을 굳게 믿는 우리 학생들은 타인의 비판을 두려워하고 또 그에 대한 재반박 하기를 부끄러워한다. 하지만 신기한 것은 반대로 그들은 항상 커뮤니티에 속하고 자신의 견해를 공유하며 존재감 드러내기를 좋아한다는 것이다. 참 모순적인 현상이다.

한국심리학회지에 게재된 박유진, 김재휘의《인터넷 커뮤니티의 사회적 지지가 커뮤니티의 몰입과 동일시 및 개인의 자아존중감에 미치는 영향》에 따르면 사람들은 인터넷 커뮤니티를 통해 같은 관심과 태도, 생각을 공유하는 타인과 사회적 관계를 형성하며, 교류를 통해 자신이 원하는 형태의 사회적 지지를 받게 된다. 이러한 보상은 개인의 커뮤니티에 대한 몰입을 강화시키고 소속감을 높이는 것이다. 물론 인터넷 커뮤니티에의 몰입 강화는 이처럼 긍정적 형태로 개인과 사회에 에너지와 활기를 주입할 수 있다. 하지만 현실세계에서 개인이 사회로부터 받는 비판과 그로 인한 자존감 상실은 인터넷 커뮤니티에의 과도한 몰입을 조장할 수 있다. 과도한 몰입으로 인한 패거리문화 형성은 해당 커뮤니티와 이견이 있는 집단에 대한 배격을 일삼아 사회갈등의 원인으로 작용한다. 최근 문제가 되고 있는 남성중심 커뮤니티인 '일간베스트'와 여성중심 커뮤니티 '메갈리아' 회원 간의 극단적인 배격과 갈등은 사회 곳곳에서 물의를 일으키며 충격을 주는 세태가 그 증거이다. 결국, 비판에 대한 두려움이 크면 클수록 나에게 어울리는 집단에 동화되어 정체성을 형성하는 문화가 고착화될 수 있기에 비판을 너그럽게, 그리고 당연하게 받아들이는 사회분위기의 형성이 중요하겠다.

4. 귀머거리의 귀를 여는 방법들

위처럼 'CRISIS' 때문에 귀를 닫아버린 한국인을 다시 듣게 만드는 방법을 찾는 것이 성숙한 시민의식을 함양하고 재생산, 그리고 확대하는 시작점이 될 것이다. 이에 대해 나는 'SOCIAL'로 표현되는 6가지 해결방안을 제시하고자 한다. 중요한 점은 아래 방안들이 강제적이고 고통스러운 과정이 아닌, 자연스럽고 즐거운 경험으로 작용하여 사회 구성원들로 하여금 시민성을 체화시킬 수 있는 기회를 제공해야 한다는 것이다

1) S : Stimulus(자극)에 민감해지기

궁금증이 결핍된 사회에서 벗어나는 가장 직관적인 방법은 자극(Stimulus)을 주는 것이다. 하브루타의 학습법에서와 같이 성숙한 시민의식이 무엇인가에 대한 답을 찾아가는 과정에서 서로 비판하고, 방어하는 토론식 의사결정 시스템에 유년시절부터

익숙해져야 한다. 어린 아이일수록 세상에 대한 관심이 많기 때문이다. 저 사물은 무엇이고, 왜 그런 현상이 나타나는 지에 대한 끊임없는 질문을 막은 것은 궁극적으로 어른이다. 이제는 그러한 물음을 성인이 될 때까지 끊지 않아야 한다. 그 과정에서 중요한 것은 부모와 교사의 역량이다. 다양한 방향 제시와 적절한 피드백을 통해 스스로 답을 찾아가는 과정에서 재미를 느낄 수 있도록 유도해야 한다. 나는 학제개편이나 자율학습 금지 혹은 자사고 폐지 등의 외형적 부분이 아니라 '교육자를 우선 교육하는 것'을 강조하고 싶다. 자극은 자극을 부르고, 또 다른 자극은 이전 정보와 시너지 효과를 나타낼 수 있는 바, 그 불씨를 지피는 부싯돌은 교육자다.

비단 교육 분야 뿐 아니라, 기업이나 국가를 운영해 나갈 때도 자극에 민감해지는 것이 중요하다. 권력자 혹은 정보의 우위를 가진 자들은 변해가는 운영환경에 능동적으로 대처해 나가기 위해 자극을 끊임 없이 받아들여야 한다. 이를 효과적, 효율적으로 운영히기 위해 합당한 시스템은 '원스톱 시스템의 설치'라고 생각한다. 정보가 산발적으로 존재할 때보다 한 곳을 통할 때 정책의 중복을 피할 수 있고, 추가 조사비용을 절약할 수 있을 것이다. 무엇보다 정보에 대한 지속적 감시로 변화하는 환경변화를 민감하게 받아들일 수 있는 역량을 기를 수 있을 것이다.

2) O : Open minded to probability(개연성에 대한 개방적 사고)

생각의 경직성을 없애기 위해서는 다른 옵션도 존재할 것이라는 일말의 가능성에 대한 열린 마음을 가지고 있어야한다.

1697년 영국의 자연학자인 존 라삼은 호주 서쪽에 있는 스완강에서 검은 백조(black swan)를 발견했다. 그의 발견은 기존의 선입견을 일거에 무너뜨리면서 당시 사람들에게 상당한 충격을 줬다. 불가능하다고 인식된 상황이 실제 발생하는 것' 또는 '예측 불가능한 사건'이 블랙스완 이론의 핵심이다. 이처럼 1%의 가능성도 언제나 열려있는 것이다.

리디기 개연성에 대한 개방적 사고를 갖춰야만 그는 종업원에 대해 준거적 권력(referent power)을 가질 수 있다. 준거적 권력이란, 프렌치(John E. P. French, Jr.)와 레이븐(Bertram H. Raven)이 제시한 5가지 권력의 유형 중 하나로, 대상인물이 행위자를 존경하거나 동일시하며 그의 인정을 받고자 원할 때 생기는 권력 유형이다. 리더를 따르는 자들은 기꺼운 마음으로 자신의 상사를 롤 모델 혹은 본보기로 삼게 될 것이며, 그의 길을 닮아가는 과정에서 성취감과 기쁨을 느낄 것이다. 더불어 상사가 개방돼 있으면 하급자도 나름의 창의성을 발휘하며 만족감을 느끼는 일거양득의 효과를 거둘 수 있다.

3) C : Centralized decision making system(중심화 된 의사결정 시스템) 활성화

'Small World Network Model'에 따르면 내가 특정한 정보를 발송했을 때, 다시 그 정보가 내게 돌아오기 위해 모든 사회의 구성원이 직접적으로 거미줄처럼 연결돼있을 필요는 없다. 다수의 개인을 알고 있어 정보력이 강한 몇몇 소수만 알고 있더라도, 내가 발송한 정보가 모든 다른 이들을 거쳐 다시 내게 돌아오는 시간을 단축시킬 수 있다는 것이다. 즉, 의사소통 과정에서 Hub(허브)의 존재가 중요하다는 것이다. 정보의 허브를 조성하는 것만으로도 간접적 의사결정 문제를 어느 정도 해소할 수 있다.

우리 사회의 의사소통의 허브는 이미 충분히 존재한다고 생각한다. 여러 시민단체와 이익단체가 그것이다. 그러나 한국 시민단체의 문제는 다수가 공공선을 위해 존재한다기보다는 정치적 편향성과 연계돼있다는 점이다. 각종 시민단체가 특정 정치집단의 선전도구가 된다든지, 불법파업 혹은 폭력시위를 일삼는다든지 여튼 정보 매개자로서의 역할을 제대로 수행하지 못한다는 점이 애석하다. 처음에도 언급했듯이 중요한 것은 '시민성에 대한 우호적 경험(Pleasurable experience)'이다. 이제 시민단체가 가입자와 일반인의 이해를 연결하고 직접적 네트워크를 형성하는 창구로 사용될 수 있으려면, 그들 단체의 이미지 홍보에도 힘써야 할 시점이 다가왔다. 사회봉사활동, 비가입자들과의 의사소통채널확보 등 일반 시민들에게 더욱 친숙하게 다가갈 수 있을 때 우호적 경험이 자생할 수 있다.

4) I : Infrastructure for recovery(회복을 위한 기반시설) 구축

우리나라의 빈부격차 문제는 여타 선진국처럼 상위 10%의 소득 확장 속도가 하위 10%의 확장속도보다 빨라서 나타나는 것이 아니라, 하위 계층의 소득이 오히려 하락하는 특성을 보이고 있기 때문에 나타난다. 인구의 고령화와 맞물려 질 나쁜 일자리로 내몰리는 6,70대 우리 아버지 어머니들의 문제가 곧 사회 전반에서 불합리적인 결과를 초래하고 있는 것이다. 이에 더해 대기업 입사의 종말은 치킨집 사장님이라는 말이 진리처럼 받아들여지는 현재, 자영업의 실패 또한 우리가 살펴야할 사회문제다.

퇴직자든 청년 창업자든 그들에게 가장 필요한 것은 실패 후에도 다시 사회적, 경제적으로 회복할 수 있다는 안정감이다. 고리대금업을 저리대금으로 바꿔주고, 창업자금과 운용자금을 대출해주는 등 도전자의 재기를 돕는 서민금융진흥원의 예처럼 국가적 차원의 지원 시스템이 다방면으로 구축되어야 한다. 이때 중요한 것은 국가정책자금으로 100% 지원하는 시스템은 한계가 있다는 것이다. 결국에는 다시 세금으로 걷히는 시스템이 국가재정운영의 본질이다. 거대 금융권이나 개인의 투자를 유치할 수 있는 파생상품 의 개발이나 P2P형식의 도입을 통해 고갈하지 않는 샘을 만들어야 지속적 지원이 가능한 선순환 구조를 형성할 수 있을 것이다. 성공 지향적 문화에서 패배한 국민이라도 다시 일어설 수 있는 사회에서 그들은 보람을 느끼고 사회발전에 이바지하는 공공선 형성에 일조할 수 있을 것이다.

5) A : Accurate measurement(정확한 성과평가) 지향

좁은 길가에 많은 차량이 있다. 게다가 그 차량들은 빨리 목표에 도달하기 위해 전속력으로 달린다. 그 것이 현재 한국사회의 모습인 것 같다. 나 자신을 비롯해 앞만 보고 가쁘게 살아온 한국인들이 때로는 애처로워 보인다. 바쁘고 경쟁적인 사회, 그리고 좁은 국토 때문에 '빨리빨리'를 외쳐야만 하는 것이 우리네 숙명이라면, 제도적 노력으로 이러한 조급함의 부작용을 최소화 할 수 있도록 지혜를 모아야 한다.

안전을 위한 각종 도로 표지판과 과속방지턱은 보행자, 그리고 운전자 자신에 대한 일종의 경고표시이고 안내판다. 과도한 경쟁사회에서 안내판이 될 수 있는 구체적 노력으로는 '성과측정 제도의 다변화'일 것이다. 사내 성과평가 시, 엉망인 재무적 지표로 인해 지청구를 들을 수는 있다. 반면 높은 서비스 만족도로 고객들로부터 호평 또한 받고 있다면, 미래 재무적 지표의 개선 사인으로 비춰질 수 있을 것이다. 이렇게 집단과 조직의 평가는 단순히 숫자 놀음으로 이뤄질 수 있는 것이 아니다. 기업은 물론이고 정부, 시민단체, 교육현장에서도 포괄적이고도 유연한 평가지표를 활용할 때, 우리의 조급함은 조금이나마 해소되지 않을까 생각한다.

6) L : Leverage effect(지렛대 효과)의 이용

일단 비판에 맞서게 되면 반박과 수용의 과정을 거쳐 지렛대효과를 발생시킬 수 있다. 내 주장을 발전시켜 나가면서 생각지도 못했던 더 좋은 결과물을 내거나 해결방안을 찾을 수 있다는 것이다. 이때 중요한 것은 비판을 회피하지 말고 유연하게 대처하는 자세의 확립이다. 건전하고 풍부한 비판의 경험은 학창시절 때 겪을 수 있는 일종의 특권이다. 과도한 분란을 저지하기 위한 중재자가 존재하고, 논점이 다양하며 서로의 다른 생각을 우애로 포용할 수 있는 시기이기 때문이다. 최근 선거연령을 만 18세로 낮춰도 되는가에 대한 찬반 논란이 있었다. 나는 찬성이다. 반대 측에서는 교육 현장의 정치적 도구로의 변질과 학생 통제의 어려움을 그 이유로 들었다. 그러나 정치를 일상생활에서부터 배우는 순간 정치는 그저 일상으로 비춰질 뿐이다. 거창한 정치가 아닌, 건전한 시민성을 기르기 위한 도구로써의 정치를 배울 수 있는 기회가 주어질 것이다.

더불어 나는 의사결정이나 특정 행위에서 '칭찬하는 것의 효과'가 지렛대 효과를 배가(倍加)시킬 수 있다고 믿는다. 재미있어서 공부를 하는 아이를 키우고 싶은 부모는 공부할 것을 강요하는 게 아니라, 어쩌다 공부했을 때 칭찬해주면 그 효과가 기하급수적으로 커지는 것과 같은 원리다. 논리적이고 타당한 주장이 자유롭게 수용될 수 있는 사회가 비판으로부터 회피하지 않는 한국인을 만들어내는데 일조할 수 있을 것이다.

5. 나가는 글

성숙한 시민의식을 함양하기 위한 방법이 무엇인가 생각해보는 과정은 끊임없이 이뤄져 한다. 한국인의 번영과 발전을 위해 갖춰야 할 자질은 시대에 따라 달라지기 때문이다. 나는 지금 우리가 가진 '성숙함의 씨앗'이 결코 부족하지는 않다고 생각한다. 다만 그것을 공론화시키고 확대 재생산하여 사회 저변에 공감대를 형성할 도구가 마련되지 않았을 뿐이다. 이와 같은 재생산의 수단으로써 '귀 열기'가 에세이의 주제였다. 나는 귀 기울이기에 익숙하지 않은 현대 한국사회의 양상을 CRISIS라는 6가지 요소로 파악해 보도록 노력했고, 해결방안을 SOCIAL이라는 6가지로 제시해 보았다. 이때, 해결방안이 제대로 작동하기 위한 자발적 참여 기제로서, '시민성에 대한 우호적 경험'이 중요하다. 인류는 놀이하는 존재인 '호모루덴스'이기 때문이다. 모든 바탕에는 사회적 약자도 자신의 목소리를 충분히 낼 수 있는 사회적 분위기가 형성돼야함이 전제인 바, 사회적 강자든 약자든 서로의 입장을 이해하고 존중하는 사회적 분위기를 형성해 나가는 것이 선결과제가 될 것으로 생각된다. 성숙한 사회와 그 지향 과정에 대해 고민해볼 수 있는 기회를 주신 박태준미래전략연구소 관계자 여러분께 감사드리며 에세이를 마무리한다.

'나'의 행복을 넘어 '우리'의 행복으로

김형근(연세대학교 철학과)

1. 들어감

"나는 행복한가?"라는 물음은 우리가 살며 끊임없이 제기하고 제기할 수밖에 없는 물음이다. 아울러 이 물음은 오늘날에 이르러 특별히 제기된 것이 아니라 인류의 역사 이래 줄곧 물어져왔다. 그리고 역사 속에서 행복과 관련한 대답은 다양하게 이루어져왔는데, 고대 그리스의 플라톤은 행복을 묻기에 앞서 덕에 대해 먼저 논의하였다. 그리고 여기서 덕이란 우리가 흔히 사용하는 도덕이 아니라 arete, 즉 탁월함이었다. 다시 말해 그들은 행복에 대해서 생각할 때, 행복 그 자체를 추구하기보다도 이에 앞서 '탁월한 삶'에 대해서 성찰하였으며, 그들에게 탁월한 삶이란 타고난 자신의 성향을 사회 속에서 잘 실현시키는 것이었다. 즉 고대 그리스에서 행복은 바로 그렇게 자기 자신을 탁월하게 사회 속에서 실현시켰을 때 주어지는 것이었다. 다시 말해, 그들에게 행복은 자신을 실현해나가는 삶 속에 주어지는 것이지 그 자체로 삶의 목적이나 추구의 대상이 아니었던 것이다.

그렇다면 왜 그들은 행복 그 자체를 목적으로 두지 않았을까? 그것이 2,500년 전 그리스 문명에 우리가 궁금증을 갖는 부분이다. 그리고 생각하면 그 까닭은 오늘날 우리가 쾌락과 안정으로 대변되는 '행복'을 최고의 가치로 두고 숭배하는 것과 달리, 고대 그리스에서 참된 행복이란 '나' 자신의 탁월함을 공동체 속에서 실현해내는 것 그 자체였기 때문이다. 그리고 공동체 속에서 자신의 탁월함을 실현하고자 했던

그리스인들은 '나'만의 고립된 행복을 지향하는 것이 아니라, 아리스토텔레스의 통찰이 보여주듯 '나'의 삶이 '너'와 더불어 있음을 자각하고 서로 함께 행복하고자 했다.

그 점에서 그들의 행복은 '홀로' 있지 않았고 '서로' 있었다. 생각하면 이 얼마나 당연한 말인가? 내가 공동체를 무시하고 나만의 행복을 추구할 때, 그 공동체의 윤리는 붕괴되고 결국 서로에 대한 공포와 시기, 불안으로 모두가 불행해질 것은 자명하기 때문이다.

그러나 오늘날 우리에게 행복에 대한 물음은 너무도 협소하고 고립된 물음이 되어버렸다. 또 그 물음은 근원적인 의미에서의 자유나 자기실현에 대한 물음과는 무관한 물음이 되어버렸다. 즉 오늘날 "행복한가?"라는 물음은 단지 '안정적인 직장을 가지고 여유롭게 사는 삶'과 뗄 수 없는 물음이 된 것이다. 그리고 설사 그런 안정적인 조건을 갖추었다 하더라도, 이를 유지하기 위해 우리는 '자기 자신'과 삶의 탁월함에 대한 물음은 제쳐두고 그저 살아갈 수밖에 없는 환경에 처해 있다. 다시 말해 행복에 대한 물음이 협소해졌다는 말의 의미는 우리가 행복을 '가치'가 아닌 '물질'에 한정시켜 버렸다는 점을 가리킨다. 이뿐 아니라 즈음 우리에게 행복은 '우리의 행복'이 아니라 '나의 행복'을 묻는 말과 같은 말로 쓰인다. 생각하면 치열한 경쟁시스템을 동반한 교육환경 속에서 어

린 시절부터 '너'를 더불어 살아가는 대상이 아니라 경쟁의 대상이요 기껏해야 필요의 대상으로 치부해온 우리에게 행복 또한 '나의 행복'으로 여겨진 것은 어찌 보면 당연한 결과이다.

물론 우리는 그 치열한 경쟁 속에서도 제한적이나마 가족이라는 울타리 속에서, 혹은 다양한 집단 속에서 '우리의 행복'에 대해서 고민하기도 한다. 그러나 그럼에도 불구하고 오늘날처럼 서로를 짓밟음으로써만 생존할 수 있고 그렇게 해야만 성공할 수 있는 사회 속에서 작은 집단 속의 '우리의 행복'에 대한 고민은 그와 경쟁하는 또 다른 집단의 '불행'을 고민하는 것과도 같다. 그런 까닭에 이러한 제한적인 울타리 내에서 '우리'를 생각함 역시 참된 의미에서 더불어 사는 삶이라 볼 수 없고 그런 한 고립되어 있다고 할 수 있다. 루소의 말처럼 "아무리 강한 사람이라 하더라도 자기에 대한 복종을 의무로 바꾸지 않는 한, 영원히 주인일 수 있을 만큼 강한 것은 없으니", 다른 집단 혹은 사람을 배제하고 고립된 행복을 묻는 것은 실은 불가능한 물음일 수밖에 없는 것이다.

그렇다면 우리는 오늘날 행복을 어떻게 다시 생각해야 할 것이며 이를 토대로 어떤 삶을 살아야 할 것인가? 그리고 2500년 전의 그리스인들과 달리 우리는 왜 행복을 협소하고 고립된 행복으로 생각하게 되었으며, '나 자신'을 추구하기보다 '나의 행복'만을 추구하게 되었는가? 우리는 이러한 물음을 제기함으로써 한낱 물질적 욕망이나 성공에 대한 욕구를 행복과 동일시하는 오늘날의 우리 모습을 반성하고자 한다. 그리고 그 성찰을 통해 모두가 행복할 수 없는 사회 속에서 '나의 행복'을 위해 '너의 행복'을 배제해왔던 우리는 조금씩 '나와 너의 행복'을 위해 고민하기 시작할 것이다.

2. 행복을 넘어서 '나 자신'으로

오늘날 행복은 너나할 것 없이 우리 모두의 목표가 되어버렸다. 물론 행복이 우리 삶과 사회의 목표임은 애써 언급할 필요 없는 자명한 명제일 수도 있겠으나, '모든 인생은 고통'임을 통찰한 싯다르타의 가르침을 생각하면 어쩌면 행복하기만을 원하는 우리의 태도야말로 삶의 결핍과 불행을 야기하고 있는 것처럼 보이기도 한다. 그렇다고 필자가 '모든 것을 비우자'는 부처의 가르침이나, '맹목적인 의지를 완전히 버리라'는 쇼펜하우어의 염세주의적 교훈을 따르자는 것은 아니다. 다만 오늘날 행복을 단지 물질적 안락이나 쾌락, 혹은 타인과의 경쟁에서 이김으로써 얻어지는 성공과 동일시 여기는 우리에게 있어서 고통을 배제하는 협소한 행복은 결국 망상 속에만 존재하는 것임을 우리는 드러내려한다. 그리고 그럼으로써 우리는 '좁고 고립된 행복'이 아닌 보다 높은 가치를 포함한 행복, 즉 우리가 삶에서 겪는 갖은 고통과 불행까지 포괄할 수 있는 행복을 넘어선 가치에 대해 생각하고자 한다. 그렇게 우리 삶에서 필연적으로 겪는 불행까지 그 자체로서 긍정할 수 있게 되는 '보다 높은 가치'의 중요성에 대해 고찰해보려 한다. 그것을 우리는 '행복을 넘어선 행복'이라 말해 볼 수 있겠다. 또한 니체가 자주 논리성만을 추구하는 이성을 비판하며 신체의 감각과 의지를 포함한 이성을 '큰 이성(die große Vernunft)'이라고 표현했듯이, 우리는 불행을 포함한 행복을 하나의 '큰 행복(die große Glucklichkeit)'이라 말해볼 수도 있을 것이다. 좌우간 그것을 어떻게 부르든 우리에게 중요한 물음은 그저 체념하는 방식이 아니라 삶의 고통을 그 자체로서 긍정한다는 것의 가능 여부이다.

그리고 그러한 삶의 태도가 삶의 고통을 무작정 긍정하자는 무책임한 태도는 아닌지에 대해서도 우리는 물어야 할 것이다.

두 물음에 대해 대답하자면, 첫 번째로 '행복'보다 중요한 삶의 가치가 있는지 누군가 묻는다면 필자는 "그렇다!"라고 힘주어 외칠 것이다. 그리고 그것이 무엇이냐고 되묻는 다면 필자는 다시 세찬 목소리로 "그것은 삶이요 자기 자신이다."라 대답할 것이다. 그 까닭은 결국 나의 '삶' 없이는 행복도 없을 것이며 '자기 자신'을 긍정하지 않고서는 또 어떤 물질적 안락으로도 우리는 결코 온전히 행복해질 수 없기 때문이다. 누구보다 존재하는 모든 것들(행복과 불행, 기쁨과 슬픔까지도)을 긍정하라고 외쳤던 철학자 니체는 우리에게 문제는 오직 삶이고 모든 예술 형식은 삶에 종속되어야 한다고 주장했다. 그리고 "삶이란 살며 마주치는 모든 것들을 자신 만의 불꽃으로 만드는 것"이라 말했다. 결국 우리에게 근본적이고도 가장 중요한 문제가 '삶'인 까닭에 행복보다 중요한 삶의 가치는 삶 그 자체요, 참된 삶이야말로 행복한 삶보다 우선하는 가치이다. 그렇다면 삶이란 무엇이며 참된 삶이란 또 무언가? 이 단언할 수 없는 물음에 대해 필자는 단지 삶이란 '자기 삶'이요 그런 까닭에 참된 삶이란 '자기 자신으로 사는 삶'이라고만 말할 수 있을 뿐이다. 그러므로 니체의 삶에 대한 정의는 우리에게 참된 삶이 무엇인지 정확히 지적해 주고 있다고 볼 수 있다. 그리고 '자기 자신'으로 나아가는 참된 삶을 우리가 살아가는 한, 그 속에서의 고통과 불행, 슬픔을 우리는 긍정할 수 있다. 왜냐하면 나 자신으로 나아가는 과정 속에 겪는 고통은 내가 감수하는 고통이요 근본적인 차원에서 보자면 하나의 '자발적 고통', 헤겔의 말로는 '긍정을 예비한 부정'이기 때문이다. 또한 헤겔은 '자기 자신과 일치하는 삶이야말로 나 자신의 주인이 되는 삶이요 그런 한 그는 자유롭다'라고 말했다. 이러한 통찰에 우리가 동의한다면, 진정으로 자기 자신으로 나아가는 사람은 행복과 고통을 긍정하는 보다 높은 가치를 추구하는 사람이요 또 자유로운 사람이다.

따라서 필자는 우리에게 주어지는 모든 고통을 마냥 긍정하자고 하는 것이 결코 아니다. 그리고 이는 앞서 제기한 물음 중 두 번째 물음, 즉 모든 삶의 고통을 그저 받아들이자는 것은 아닌가 하는 문제제기에 대한 대답이 될 수 있을 것이다.

만약 우리가 '삶은 고통의 연속이니 우리는 그저 받아들일 뿐이다'라고 말한다면 이는 지금도 자기의 삶을 짓누르는 고통 속에서 괴로워하는 모든 사람들에게는 또 하나의 폭력으로 여겨질 뿐이다. 애써 가슴 아픈 사례를 들 필요 없이 지금도 짓누르는 압박감에 시달리고 있는 우리 대부분이 아마 저 무책임한 말을 접한다면 분명 분노할 것임은 자명하다.

한편 농부 철학자 윤구병은 '있을 것이 있고 없을 것이 없는 사회'가 좋은 사회라 주장하며 "우리 사회가 좋은 사회가 되기 위해서는 있을 것이 무엇이고, 없을 것이 무엇이냐, 그것이 실제로 있느냐, 없느냐, 있으면 얼마나 있고, 없으면 얼마나 없느냐를 꼼꼼히 살피지 않는" 데에 우리 사회의 병폐가 있다고 지적했다. 그리고 이 단순하면서도 당연한 성찰에 우리가 지금껏 놓쳐왔던 점이 숨겨져 있다. 즉 우리는 '나의 행복'에 고립되어 우리가 함께 겪는 고통을 세세하게 성찰하고 어떤 아픔이 우리에게 없을 것이고 어떤 아픔은 우리가 감수할 아픔인지 온전히 걸러내지 못해왔던 것이다. 그리고 그렇게 여전히 마땅히 '없을 것'으로서의 고통이 우리를 짓누르고 있는 와중에 우리는 '나와 너의 행복'보다도 '나의 행복'만 찾게 되며 스스로 독방 속으로 기어들어가게 된 것이다. 그것도 참된 행복이 아니라 '없어야 할' 고통에 대한 반동으로 추구되는 물질적 안락함을 위해서 말이다. 이것이 우리 사회가 불행할 수밖에 없는 근본적인 까닭이며, 그런 한 우리는 우리 자신에 대한 반성 속에서 이로부터 벗어날 수 있다.

따라서 우리는 첫째로 오늘날의 협소하고 또 고립된 행복을 넘어서 자기 자신이라는 가치를 찾아나서는 삶을 살아내야 한다. 그리고 그렇게 '나' 자신으로 살아가는 한, 우리는 삶에서 주어지는 행복과 고통 모두 긍정할 수 있으며 또 다가오는 불행 속에 침잠하지 않고 '나 자신'으로 나아갈 수 있다. 그것이 우리가 추구해야할 새로운 보다 높은 '뜻'이다. 그러므로 뜻 없는 고통, 그저 우리를 짓누르며 우리로 하여금 고립된 자기가 되어 '너'와의 경쟁을 강요하는 데서 오는 압박과 불행은 우리에게 '없을 것'이요 우리 사회에서 걷어 내야할 것들이다.

3. '나의 행복'에서 '우리의 행복'으로.

여기서 혹자는 우리에게 자기 자신으로 사는 삶이야말로 고립된 삶이 아닌가라는 질문을 제기할 수 있을 것이다. 그리고 그 점에서 '나'를 넘어선 '너'의 행복에 대한 고민에 있어서는 자신이 속한 가족 혹은 집단의 행복을 추구하는 것만으로도 충분하지 않느냐고 되물을 수 있을 것이다. 그러나 이 물음에 대해서는 다행히도 우리의 철학자 김상봉의 '나'는 오직 '너'와의 만남을 통해서만 '나'가 될 수 있다는 대답으로 대신할 수 있을 것이니, 우리는 그가 밝힌 바를 되새기기만 하면 될 것이다. 그는 "자유는 자기형성에 존립합니다. 하지만 자기가 과연 무엇입니까? 나는 오직 너와의 만남 속에서 더불어 우리가 됨으로써만 내가 됩니다. 그런 까닭에 나는 오직 누군가와의 만남을 통해 세상에 오고 그 만남 속에서 내가 됩니다. 그런즉 나를 형성한다는 것은 우리를 형성한다는 것, 곧 너와 나의 만남을 형성한다는 것과 정확하게 같은 말입니다."라고 말하며, '나'로 사는 삶이 결코 '너'와의 만남을 배제할 수 없음을 밝혀 놓았다. 그리고 '나'를 이루는 '너'와의 만남에서 '너'는 단지 나의 가족이나 소속 집단에만 국한되지 않는다. 만남으로 나를 새로운 나로 거듭날 수 있도록 하는 '너'에는 제한이 없다. 그러므로 우리가 참된 의미에서 자기 자신으로 나아가는 삶을 위해서, 우리는 모든 '너'와의 만남에 대한 가능성을 확보해야 한다.

한편 자기로 산다는 건 하나의 주체가 된다는 것과 같다. 그리고 주체의 본질은 활동성에 있다. 인간은 "자기 자신을 주체로 정립하는 활동을 통해 주체가 되기도 하고 그렇지 못할 때 객체로 전락하기도 한다." 그러나 그것은 오직 '나'만의 일일 수 없다. 오직 '너'와의 만남을 통해 '나'는 참된 의미에서 주체로 거듭날 수 있는 것이다. 이러한 주체성의 '서로형성'에 대해서 김상봉은 다음과 같이 말한다.

"왜냐하면 주체는 오직 타자의 부름에 응답함으로써 주체가 될 수 있기 때문입니다. 인간은 자기를 부르는 이름에 대답하기 시작하면서 … 스스로 의식하는 주체로서 일어나기 시작합니다. … 그렇게 누군가에게 '너'가 될 때 비로소 그는 자기를 자기로서, 다시 말해 '나'로서 의식할 수도 있게 됩니다. 그리하여 부르는 자와 대답하는 자는 부름과 응답 속에서 너와 내가 되고 또 우리가 됩니다. 주체성이란 그런 부름과 응답이 교차하는 만남 속에서 생성되는 나와 너 그리고 우리라는 인격성입니다. 그 속에서 주체는 부름받는 '너'이면서 응답하는 '나'이며 부름과 응답 속에서 생성되는 '우리'인 것입니다."

그의 말에 따르면, 나는 언제나 너와 함께 함으로써만 참된 의미에서 '나'가 된다. 어렵게 생각할 것 없이, 기억해보면 지금의 '나'가 있기 위해 우리는 얼마나 수많은 '너'들과 만나왔는가? 그리고 우리는 지금도 각자의 삶 속에서 '너'와의 만남에 응답하고 있으며 또 대답하려 하고 있다.

이처럼 자기 자신으로 사는 삶이 결코 '너'를 배제한 채 홀로 살아가는 것이 아니라 각자의 삶 속의 무수한 '너'들과의 만남을 지속해나가는 삶인 한, 우리의 '큰 행복' 또한 '너'와의 만남에 있는 것이다. 나아가 우리는 만남으로 진정한 '나'가 되고, 또 '자기'로 살아갈 수 있으니 김상봉의 지적처럼 만남은 자유이며 자유는 그 본질에서 사회적이다. 그런 까닭에 나의 자유는 너와의 만남이 온전해지는 만큼 확장될 수 있다. 쉽게 말해 우리가 사회 속에서 '너'와 온전히 만날 수 있을 때, 우리는 자기 자신으로 살아갈 수 있다. 그 까닭에 '나'의 행복은 결코 '너'의 행복과 무관한 것이 아니다. 오늘날 우리 국가에서 사는 국민들의 삶의 행복지수가 OECD 34개국 중 최하위이며 자살률은 1위인 까닭은 바로 우리가 각자의 고립된 섬에서 행복을 찾으려하기 때문이다. 따라서 '행복한 한국사회'를 위해서 우리는 정치, 경제, 사회, 문화, 환경 등 다양한 차원 속에서 각각의 구체적인 사안들을 고찰해야겠으나, 무엇보다도 '나'의 행복이 '너'의 행복과 무관치 않다는 우리 사회의 진지한 성찰이 없는 채로는 우리 사회는 참된 행복에 이를 수 없다.

4. '우리의 행복'을 위한 과제

이제 우리는 '나의 행복'이 '너의 불행'이 아니라 '너의 행복'과 하나임을 확인했다. 그리고 '나'와 '너'를 이어주는 매개는 다름 아닌 만남인바, 우리의 '큰 행복'은 서로간의 만남의 온전한 만큼만 온전해질 수 있다. 까닭에 우리가 생각해야할 바는 '나'와 '너'의 만남을 저해하는 바를 하나씩 고민해내고 성찰하여 그것을 우리 사회에서 걷어내는 데 있다.

대표적으로 우리 사회의 경쟁주의는 서로를 만남의 대상이 아니라 대립적 대상으로 고착시키는 원인 중의 하나이다. 교육현장에서부터 서로를 짓밟고 승자와 패자가 나눠지는 섬뜩한 현실을 아이들에게 체화시키는 우리 사회에서 경쟁주의가 도달하지 않은 곳은 찾기 어려워 보인다. 뿐만 아니라 신자유주의 세계화가 수반하는 치열한 경쟁주의로 우리는 만남은커녕 나 남으로 분열되고 더욱 고립되어 왔다.

나아가 열악한 노동환경을 방치하는 것은 이미 폐허가 된 만남의 도시에 재차 포격하는 바와 같다. 자본과 상품의 자유로운 흐름으로 시장의 효율성을 극대화하려는 신자유주의는 인간의 본질적 삶의 활동인 노동마저 상품으로 전락시켰다. 상품이 된 노동자들은 남보다 잘 팔리기 위해 인간으로서의 자기 자신을 착취해야 하는 끊임없는 경쟁 속으로 내몰렸다. 시장의 자유로운 거래의 대상으로 전락한 노동자들은 불안정한 삶을 강요당해야 했다. 까닭에 신자유주의 확산 아래 이 땅의 국민들은 오늘날 정규직으로 살아남기 위해 '너'와 치열하게 싸우지 않을 수 없게 되었다. 경쟁에서 살아남은 자들은 끝까지 살아남기 위해, 경쟁에서 도태된 자들은 말 그대로 생존을 위해 자유를 포기해야 했다. 그렇게 내 가족, 이웃 간에도 '나는 너이며 너도 나'가 되는 만남의 지평을 열어 젖히지 못하는 지금, 국가적 차원에서 만남을 이야기하는 것은 그저 공허하기만 해 보인다. 따라서 우리는 모두 하나의 노동하는 인간인 한, 우리네 노동환경을 개선하지 않고서는 고립된 자기로부터 벗어나 너를 만나 자기를 형성함으로써 자유로울 수 없을 것이다.

이뿐 아니라 우리의 정치는 또 어떤가? 실은 정치야말로 만남이다. 정치가 우리의 공동체를 이끄는 지평임을 감안한다면, '나'와 '너'가 만나 '우리'가 되는 만남이 가장 활발해야할 곳이 정치 영역인 것이다. 그러나 우리의 정치는 만남이 아니라 분열과 대립이 가장 활발히 이루어지는 곳이다. 진보와 보수, 지역과 지역 간의 해묵은 대립은 물론이고 뜻이 아닌 오직 자신의 당선만을 고려하며 정치적 행보를 이어나가는 모습이 오랫동안 우리가 지금껏 보아온 정치 풍경이다. 정치란 그 나라의 거울과도 같다. 그러므로 우리네 정치는 서로의 차이를 극복하고 국민을 위한다는 큰 뜻 아래서 만나야만 한다. 오직 그런 한, 우리 사회도 서로 간의 다름을 인정하며 각자의 모습으로 만남을 이루어 나갈 것이다.

경제와 정치가 아닌 보다 넓은 사회적 지평에서 보자면, 인권은 우리가 서로 만나기 위해 닦아야할 초석이다. 생각건대 삶은 홀로 사는 것이 아니라 함께 사는 것이며, 그렇게 더불어 사는 삶이란 '나'와 '너'가 자유롭고 동등한 인격체로 서로 만남을 형성하는 것이다. 나아가 인권이란 우리가 사회 속에서 만나기에 앞서서 '나', 그리고 '너'로 서있기 위한 하나의 땅과도 같다.

"따라서 인권이 보장되지 않는 곳에서 '나'나 '너'는 온전한 의미에서의 주체가 될 수 없으며 만남은 두 주체를 전제로 하기에 하나의 주체도 되지 못한 우리는 결코 더불어 살아갈 수 없을 것이다. 그리고 그런 까닭에 우리는 삶다운 삶을 형성하지도 못할 것이다." 그러므로 우리는 무엇보다도 서로의 인간다움의 권리를 살펴야 하며, 세계인권선언문과 그 밖의 국내법, 국제법에 제시된 인간으로서 지녀야할 천부인권에 기초하여 그것이 오늘날 우리사회에서 온전히 지켜지고 있는지 끊임없이 살펴야할 것이다. 그러한 인권의 기초 위에서 우리는 서로 간에 만남을 형성할 수 있으며, 그런 한 '자기 자신'으로 나아갈 수 있다. 그리고 그렇게 자기 자신으로 살아가는 삶 위에서 우리는 '없을 것'으로서의 고통과 '뜻 있는' 고통을 분별하고 전자의 고통은 배제하면서도 후자의 고통에 대해서는 긍정할 수 있다. 그러한 삶들이 모여서만이 비로소 '행복한 한국사회'는 온전할 수 있다. 다시 말하지만 행복은 '우리의 행복'이기 때문이다.

5. 나감

이로써 우리는 행복에 대한 본질적인 성찰에서 시작하여 자기 자신으로, 나아가 '우리'로 살아가는 한 나의 참된 행복과 행복한 사회가 동시에 가능할 수 있음을 살펴보았다. 아울러 우리에게 행복에 대해 반성할 수 있도록 도움을 준 그리스인들의 탁월함에 대해 다시 생각해보면, 그들에게 탁월성은 올바른 이성과 결부되지 않을 수 없는 개념이었다. 소크라테스는 탁월성을 이성(logos)이라 생각했으며 아리스토텔레스는 "탁월성은 올바른 이성을 동반한(meta) 품성상태"로 보았다. 소크라테스는 탁월성 그 자체가 하나의 이성이라 본 반면, 아리스토텔레스는 탁월성이 이성을 동반한다고 보았다. 두 주장이 서로 다름에도 불구하고 고대 그리스의 대표적인 두 철학자의 공통된 의견은

탁월성이 이성, 즉 '생각함'과 별개의 것이 아니라는 점이다. 이러한 통찰은 오늘날 삶과 사회의 탁월성에 대한 진지한 고민과 성찰이 부족한 우리에게 '나'와 '우리'에 대해 진지하게 반성할 것을 제안한다. 오직 그러한 지속적인 성찰을 통해서만 우리 사회의 행복이라는 씨앗은 씨앗이길 그치고 비로소 하나의 새싹으로 움트기 시작할 것이다.

참고문헌

1. 김상봉, 『철학의 헌정』, 한길사, 2015.

2. 김상봉, 『서로주체성의 이념』, 도서출판 길, 2007.

3. 김형근, 「신자유주의 세계화 속 노동자 인권과 노동자 경영참여에의 길」, 《인권법평론》 제16호, 2016.

4. 윤구병, 『철학을 다시 쓴다』, 보리출판사, 2013.

5. 장 자크 루소, 『사회계약론』, 정성환 옮김, 홍신문화사, 2007.

6. HPI(Happy Planet Index), 〈http://www.happyplanetindex.org/data〉, 검색일: 2016.05.13.

| 박태준미래전략연구총서를 펴내며 |

현재가 과거의 축적 위에 있듯 미래는 현재를 포함한 과거의 축적 위에 있게 된다. 과거와 현재가 미래의 상당한 실재를 담보하는 것이다. 다만, 소통의 수준에는 격차가 크다. '역사와의 대화'에서 확인할 수 있는 것처럼 현재가 과거와 소통하는 일은 선명한 이해를 이룰 수 있어도, 현재가 미래와 소통하는 일은 희미한 공감을 넘어서기 어렵다. 이른바 'ICT시대'라 불리는 21세기 '지금 여기'서는 더욱 그러하다. 현란하고 다양한 현재의 상상력들이 서로 융합하고 충돌하면서 예측불허의 창조적 조화를 생성하기 때문이다. 그러나 그것이 인간 또는 인간사회의 어떤 근원적인 문제를 해결할 수는 없다.

나는 어디서 와서 어디로 가는가? 어떻게 살아야 인간답게 사는 것인가? 이런 질문들은 모든 개인에게 가장 근원적인 문제다. 이 문제의 완전한 해답이 나오는 날에 인문학은 사그라질지 모른다.

더 나은 공동체로 가는 변화의 길은 무엇인가? 더 나은 공동체로 가는 시대정신과 비전은 무엇인가? 이런 질문들은 인간사회가 결코 놓아버릴 수 없는 가장 근원적인 문제다. 이 문제가 '현재 공동체에서 벗어날 수 없는 우리'에게 당위적 책무의 하나로서 미래전략 탐구를 강력히 요청한다. 거대담론적인 미래전략도 있어야 하고, 실사구시적인 미래전략도 있어야 한다.

거대담론적인 미래전략 연구가 이상적(理想的)인 체제를 기획하는 원대한 작업에 주력한다면, 실사구시적인 미래전략 연구는 가까운 장래에 공동체가 당면할 주요 이슈들을 예측하고 대응책을 제시하는 작업에 주력한다. 박태준미래전략연구소는 앞으로 일정 기간 동안 후자에 집중할 계획이며, 그 결실들을 총서로 출간하여 더 나은 공동체를 향해 나아가는 사회적 자산으로 공유할 것이다.

꼭두새벽에 깨어난 이는 먼동을 예감한다. 그 먼동의 한 자락이 이 총서에 담겨 있기를 바랄 따름이다.

박태준미래전략연구소

박태준미래전략연구총서 10

비상구는 이쪽이다 ©백승연, 이수현 외

발행일	2018년 11월 28일 초판 1쇄 발행
펴낸이	김재범
펴낸곳	(주)아시아
기획	포스텍 박태준미래전략연구소
글쓴이	백승연, 이수현 외
편집	김형욱, 강민영
관리	강초민, 홍희표
출판등록	2006년 1월 27일 제406-2006-000004호
인쇄·제본	굿에그커뮤니케이션
종이	한솔 PNS
디자인	나루기획

전화	02-821-5055
팩스	02-821-5057
주소	경기도 파주시 회동길 445(서울 사무소: 서울시 동작구 서달로 161-1 3층)
이메일	bookasia@hanmail.net
홈페이지	www.bookasia.org
페이스북	www.facebook.com/asiapublishers

ISBN	979-11-5662-388-5 94080
	979-11-5662-119-5(set)

박태준미래전략연구총서 4

대한민국 행복지도

망고 제인 안기르 외 35인 지음 | 값 15,000원

"Happy Map, 대한민국 행복지도를 만들었어요"
-한국을 사랑하는 21개국 외국인·다문화 엄마 36인이 말하다

개인마다 삶의 모습은 각기 다르겠지만, 공통적으로 추구하는 인생의 목표는 '행복한 삶'일 것이다. 행복은 개인적 측면들, 요컨대 가치관이나 '마음 비우기'같은 수양에서 비롯되기도 하지만, 개인이 살아가고 있는 시대의 사회적 환경이 행복에 미치는 영향도 무시할 수 없다. 어쩌면 사회적 존재인 인간에게는 사회적 영향이 더 클지도 모른다.

이러한 맥락에서 포스텍 박태준미래전략연구소는 실사구시적인 미래전략연구 주제의 하나로서 '더 행복한 한국사회로 나아가기 위해 가장 중요한 과제가 무엇인가'를 선정했다. 행복에 영향을 미치는 사회적 환경에 초점을 맞추고, 조금 더 나은 사회적 환경을 건설하기 위한 방안에 대해 모색하고자 한다. 구체적으로는 이 시대를 살아가는 수많은 사람들이 '불행하다'고 느끼게 만드는 다양한 정치·사회·경제적 문제들을 직시하고 고찰하고자 한다.

한국인의 불행은 대체로 젊은이들에게 초점이 맞춰져 있고, 우울해 하는 노인보다 우울해 하는 젊은이에 더 신경을 쓴다. 다니엘 튜더(영국)

인간의 핵심, 가정과 사회의 핵심은 이타적인 사랑과 신뢰이다. 이것을 회복하지 못하면 결코 행복을 찾을 수 없다. 야마구치 히데코(일본)

호모 컨버전스

권호정 외 지음 | 값 15,000원

우리 삶에 많은 영향과 변화를 줄 제4차 산업혁명

이 책은 '호모 컨버전스: 제4차 산업혁명과 미래사회'라는 주제를 다루며, 과학기술, 경제, 정책, 사회제도 등을 탐구하는 교수 19인이 제4차 산업혁명의 주요 과학기술적 특성을 소개한 다음, 우리 사회가 맞이할 변화를 전망하고, 어떻게 대비할 것인가에 대한 제언을 내놓는다. 다양한 전문성의 융합을 특징으로 하는 제4차 산업혁명의 '집단적 지혜'의 결실과 맥락을 같이하는 것인데, '호모 컨버전스(Homo Convergence)'라는 제목을 택한 이유는 제4차 산업혁명이 초래할 가까운 미래사회가 바로 '융합지식형 인간'을 원하기 때문이다.

제4차 산업혁명은 21세기에 들어서면서부터 기하급수적인 속도로 매우 빠르게 진행되고 있다. 2016년 1월 개최된 세계경제포럼에서 클라우스 슈밥 교수가 '제4차 산업혁명'을 화두로 제시하여 세계인의 주목을 받았다. 3월에는 프로바둑기사 이세돌과 인공지능 '알파고'가 펼친 인간과 컴퓨터의 바둑대결을 지켜보면서 제4차 산업혁명의 일면을 생생히 실감하였다. 제4차 산업혁명은 과학기술의 경계 영역을 넘나들며 끊임없이 융합과 조화를 이루어 수많은 새 분야를 창출하고 발견하는 독특한 특성을 보이는 가운데 이미 우리의 삶에 많은 영향과 변화를 주고 있는 것이다.

제4차 산업혁명은 이미 진행된 세 번의 산업혁명보다도 여러 방면에 매우 크고 강력한 영향력을 발휘함으로써 역사적으로 중요한 의미를 지니게 될 것으로 보인다. 따라서 우리는 제4차 산업혁명의 특성을 선제적으로 잘 이해하고 앞으로 전개될 인간과 사회의 미래를 전망하면서 적절한 대비를 갖춰야 한다.

박태준미래전략연구총서 6

한국사회, 어디로?

김우창, 송복, 송호근, 장덕진 지음
값 15,000원

더 나은 사회를 꿈꾸는 한국인의 필독 교양서

'좌 촛불, 우 태극기'–이 상충 에너지가 어떤 정권을 만들든 그들 세력이 가장 먼저 세심히 살펴봐야 하는 것은 우리 사회의 고질적 병폐이고, 그들 세력이 가장 공들여야 하는 시대적 책무는 그것을 시민과 더불어 극복하고 치유하는 길을 닦는 일이다. 이를 위해 이 책은 당대 석학의 고뇌 어린 목소리들과 그 실증을 담았다.

김우창 교수와 송복 교수는 당대 최고 석학으로서 가히 경지에 노날한 그 인문적이고 역사적인 사유를 진지하고도 감동적인 교향악처럼 한국사회에 들려준다. 송호근 교수는 실증적이고 분석적인 통찰력에 인문학적 상상력을 겸비한 보기 드문 학자로서 그 면모를 유감없이 발휘한다. 장덕진 교수는 실증적이고 분석적인 학문의 세례를 받은 세대의 대표적인 학자답게 세 필자의 사상과 통찰력에서 나오는 주장들을 다양한 경험적 증거들에 근거한 변주를 보여준다.

좋은 질서는 정치와 경제를 포함하면서, 인간성 실현의 요구에 답하는 것이라야 한다. 이 실현의 가능성에 대한 생각을 그 무정형의 전체 속에 포함하고 있는 것이 문화라고 할 수 있다.
김우창

'역사는 반복한다'하지만 재현되지는 않는다. 이제 우리가 만들어내야 할 새 '역사의 동력'은 바로 노블레스 오블리주다. 송복

시민성과 공민을 말하는 데에 왜 갑자기 사회민주화와 복지정치인가? 시민성(공민)은 사회민주화(복지정치)의 전제이고, 사회민주화는 시민성을 강화하는 토양이기 때문이다. 송호근

최종적으로는 정치의 창조적 가능성을 인정하고 참여해야 한다. 장덕진

박태준미래전략연구총서 9

촛불 너머의
시민사회와
민주주의

윤평중, 이진우, 전상인, 임지현, 김석호 지음
값 15,000원

'촛불 너머의 시민사회와 민주주의'를 꿈꾸는
한국인의 필독 교양서

한국 시민사회와 민주주의는 어디쯤에 와 있는가? 민낯과 속살의 실상은 어떠한가? 어떤 한계에 봉착해 있으며 어떻게 그것을 넘어설 수 있는가? '촛불 너머'의 성찰적 시민사회와 성숙한 민주공화정 국가에 도달하기 위해 지금 여기의 우리에게 없거나 모자라는 '시민'으로서의 자질은 무엇인가? 이러한 문제의식에서 출발한 연구와 사유의 결실이 『촛불 너머의 시민사회와 민주주의』이다. 이 책에서 다섯 분의 필자들은 저마다 다른 다섯 개의 시선으로 한국사회를 들여다보고 책의 제목이 가리키는 더 나은 미래로 나아갈 다섯 개의 길을 닦아두고 있다.

경제와 국가안보를 시민정치의 열정으로 해결하는 데는 본질적 한계가 있는 것이다. 대한민국이 '촛불 그 너머'로 나아가야만 하는 까닭이다. 윤평중

성숙한 개인들만이 건강한 시민사회를 만든다. 이진우

한국민주주의의 미래는 공동체주의를 신봉하는 것에 있는 것이 아니라 개인주의를 강조하는 것에 있다. 전상인

20세기 역사 과정에서 식민주의와 전쟁, 분단과 독재를 겪은 한국사회의 고통스러운 기억들이 지구적 기억 공간 속에서 타자의 고통과 만나고 연대하면서 보편적 인권의 기억으로 진화할 때, 한국사회는 이웃과 미래를 향해 열려 있는 기억구성체로 발전해나갈 수 있을 것이다.
임지현

시민성은 시민들이 서로를 견제하지만 배려하고 관용하는 정치적 평등 관계에서 필요한 실천이다. 김석호

지진, 미세먼지가 두려운 시대의 시민 교양서
바른 에너지정책 수립을 바라는 국민 교양서

하얀 석탄

이대환 지음 | 값 12,000원

지금 여기서, 왜 우리는 '하얀 석탄'을 부르는가?
전력 정책의 허와 실을 날카롭게 집어내는 작가의 예리한 시선

'원자력발전의 가장 심각한 단점과 한계는 '사용 후 핵폐기물' 처리문제와 지진이나 뜻밖의 사고가 순식간에 '무시무시한 놈'으로 돌변시킬 수 있다는 사실이다. 태양광발전의 가장 심각한 단점과 한계는 한국 원자력발전들을 몽땅 태양광발전으로 대체할 경우에 경기도 면적에 버금가는 국토를 시커먼 패널로 뒤덮어야 한다는 계산이 보여주는 것과 같이 대용량 전력을 생산하자면 녹지파괴, 생태파괴, 미관 스트레스의 정서불안증 유발 등 새로운 환경문제와 사회적 비용을 야기할 수밖에 없다는 사실이다.

기존 석탄발전의 가장 심각한 단점과 한계는 어느 날부터 미세먼지 배출과 기후온난화를 유발한 온실가스 배출의 주범으로 몰려 '죽일 놈'으로 인식되고 있다는 점이다. 다만 '죽일 놈'의 석탄발전에서 현재 주목할 것은 그 단점, 그 한계를 이미 상당히 극복했으며, 더 빠른 속도로 남은 문제들도 극복하고 있다는 것이다. 이 사실을 나, 석탄은 '하얀 석탄'이라 부른다.

산업용과 대도시용, 느닷없이 남북 화해나 통일의 새 역사를 맞았을 때 그 초기에 북한 동포와 경제를 도와줄 대용량 전력을 어디에 의존할 것인가? 원자력(핵)인가, LNG인가, 태양광 같은 신재생인가, '하얀 석탄'인가?